DIEDERICHS
GELBE REIHE

Mo Ti

Von der Liebe des Himmels zu den Menschen

Aus dem Chinesischen übersetzt und herausgegeben von Helwig Schmidt-Glintzer

Eugen Diederichs Verlag

Die vorliegende Ausgabe ist eine gekürzte und zum Teil überarbeitete Fassung der 1975 im Eugen Diederichs Verlag erschienenen zweibändigen Ausgabe der Schriften Mo Tis, die seit langem vergriffen ist. Die Texte Mo Tis wurden sämtlich übernommen, jedoch wurde die Einleitung beträchtlich gekürzt.

Die Deutsche Bibliothek – CIP-Einheitsaufnahme
Mo, Di:
Von der Liebe des Himmels zu den Menschen / Mo Ti.
Aus dem Chines. übers. und hrsg. von Helwig Schmidt-Glintzer.
– München : Diederichs, 1992
(Diederichs Gelbe Reihe ; 94 ; China)
Einheitssacht.: Mozi <dt.>
Teilausg.
ISBN 3-424-01029-4
NE: Schmidt-Glintzer, Helwig [Hrsg.]; GT

Umschlaggestaltung: Zembsch' Werkstatt, München
Produktion: Tillmann Roeder, München
Satz: Uhl+Massopust, Aalen
Druck und Bindung: Presse-Druck, Augsburg
ISBN 3-424-01029-4
Printed in Germany

Inhalt

Einleitung

Mo Ti, dessen Schriften hier in neuer deutscher Übersetzung vorgelegt werden, lebte in einer Zeit, in der sich die sozialen und wirtschaftlichen Verhältnisse und damit auch die Machtverhältnisse in China änderten. Die Institution der Familie konnte ein geordnetes Zusammenleben nicht mehr garantieren, und die einzelnen Staaten und Fürstentümer in China drohten sich gegenseitig mit Feldzügen heimzusuchen. Angesichts all der Mißstände dieser Zeit der »Streitenden Reiche« formulierte Mo Ti, auch Me Ti oder Mo-tzu, Meister Mo, genannt, Gedanken und Vorstellungen, wie man zu einer Neuordnung gelangen könnte. Mo Ti, der in der Zeit zwischen Konfuzius' Tod (i. J. 479 v. Chr.) und Menzius' Geburt (i. J. 372 v. Chr.) lebte, berief sich dabei auf Yü als seinen geistigen Ahnherrn, auf jenen Kaiser der legendären Hsia-Dynastie (trad. 2205–1767 v. Chr.), »der sein Leben in harter Arbeit für das Wohl der Gesamtheit aufgeopfert habe«. Für Mo Ti war also das Idealbild einer geordneten Gesellschaft zeitlich früher angesiedelt als bei Konfuzius, der sich »nur« auf den Herzog von Chou der früheren Chou-Dynastie (trad. 1122–770 v. Chr.) berief.[1]

Mo Ti und seine Schüler, die Mohisten, waren die schärfsten Kritiker der Konfuzianer. Sie stellten der Ritenlehre der Konfuzianer das Prinzip der Einfachheit und Zweckmäßigkeit entgegen. Während bei Konfuzius die innerfamiliären Beziehungen zwischen Vater und Sohn, älterem und jüngerem Bruder, Mann und Frau den obersten Rang einnehmen, transzendiert Mo Ti diese Beziehungen auf den Bereich der gesamten Gesellschaft und kommt so zu dem Ideal der einigenden allgemeinen Menschenliebe und gegenseitiger Unterstützung aller. Dieses Ideal und die Ablehnung jeder Verschwendung begründen auch seine Verurteilung von Angriffskriegen.

Und weil die Mohisten als Gegner der Konfuzianer Nützlichkeit, Zweckmäßigkeit und den Vorrang der Gesellschaft vor Klan und Familie vertraten, weil darüber hinaus von ihnen eine Protologik entwickelt und technisches Können gepflegt wurden, bezogen sich viele Kritiker des Konfuzius und seiner Lehren in neuerer Zeit auf Mo Ti. In ihrer eigenen Tradition also fanden Chinesen eine Alternative, auf die sie sich beim Aufbau des neuen China berufen konnten.

Die Zeit der »Streitenden Reiche« und der »Wandernden Gelehrten«

Da sich die Zentralgewalt der Chou-Dynastie seit etwa 770 v. Chr. kaum mehr Geltung verschaffen konnte, wuchs die Macht einzelner Fürsten immer mehr, die kleinere Gebiete ihren eigenen Territorien einverleibten und durch die weitgehende Ablösung der Arbeitsrente durch Produktenrente und durch Steuereinnahmen auch zu immer größerem materiellem Reichtum gelangten. Doch bis zur Einigung des Reiches unter Ch'in Shih Huang-ti (i. J. 221 v. Chr.) gelang es keinem von ihnen, die Hegemonialmacht auf sich zu vereinigen.

Das Auftreten einer abgabenpflichtigen freien Bauernschaft und das allmähliche Zerbrechen der alten feudalistischen personalen Bindungen kann man als Folge dieser politischen und wirtschaftlichen Entwicklung bezeichnen. Die grundbesitzlosen Nachkommen aus aristokratischen Familien, deren Zahl sich mit jeder Generation erhöhte, nahmen Stellungen an den Höfen der Landesfürsten an, wurden Krieger oder wandten sich der Lehr- und Erziehungstätigkeit zu. Zu jener Gruppe zählte beispielsweise auch Konfuzius. Als Berater zogen diese Lehrer von Hof zu

Hof, immer Abschied nehmend, wenn sie in Ungnade gefallen waren oder einfach keine Verwendung mehr fanden, um sich nach einem anderen Fürsten umzusehen.

Unter diesen Lehrern gab es einige, die sich besonders profilierten, die eigene Schülerkreise um sich sammelten und Lehrtraditionen begründeten, Schulen gewissermaßen, deren Anhänger oft und – aus Rivalitätsgründen – später dann immer schärfer gegen andere Schulen polemisierten. Ja, in vielen Fällen kann man selbst innerhalb einzelner Schulen von nicht gerade einander wohlgesonnenen Schulrichtungen sprechen. Diese hervorragenden Lehrer und ihre Schulen hatten alle eines gemeinsam: sie alle machten Vorschläge und boten Rezepte an, wie die zwischenmenschlichen Beziehungen und die staatliche Organisation auszusehen habe. Dabei ließen sich die meisten von ihnen von der Idee eines Einheitsreiches leiten, früherer Zeiten der Dynastien Chou, Shang/Yin oder gar der legendären Hsia gedenkend und diese glorifizierend. Und gerade wegen ihrer Orientierung am Einheitsreich wurden sie auch an den Fürstenhöfen gern gehört, von denen die meisten doch davon träumten, die Hegemonie über das Reich zu gewinnen. Es war dies die Zeit der miteinander rivalisierenden Philosophenschulen, die klassische Zeit der chinesischen Philosophie, in der »hundert Schulen« blühten.

Unter diesen Schulen war es die des Mo Ti, die die weitaus meisten Kritiker fand. Vor allem seine Lehre, Familienbeziehungen seien nicht vor nachbarschaftliche und freundschaftliche Beziehungen zu stellen, oder, anders ausgedrückt, sein Transzendieren der innerfamiliären Beziehungen auf die gesamte menschliche Gesellschaft, wurde vor allem von den Konfuzianern heftig angefeindet. Während die Anhänger Mo Tis noch bis zur Einigung des Reiches unter Ch'in Shih Huang-ti gefährliche Rivalen für die Konfuzianer darstellten, wurde ihnen als Folge der Modifizierung der konfuzianischen Ideologie sowie besonderer politisch-sozialer Entwicklungen nach und nach der Boden entzogen, bis der Mohismus dann spätestens im zweiten vorchristlichen Jahrhundert unter der Früheren Han-Dynastie (206 v. Chr. bis 8 n. Chr.) völlig bedeutungslos wurde und bis in jüngste Zeit gleichsam nur unter der Oberfläche fortlebte.

Erst im 18. Jahrhundert wurde Mo Ti in China wiederentdeckt, und in Europa begann man sich seit dem Ausgang des 19. Jahrhunderts für ihn als den »Sozialisten«, den »chinesischen Vorläufer von Christus«, aber auch als den ersten »Logiker Chinas« zu interessieren.[2]

Vielleicht heute mehr denn je verdient die Lehre Mo Tis Beachtung, nicht als Dogma, sondern als die in einer besonderen gesellschaftlichen Lage entwickelte und doch über ihre Zeit hinaus gültige Soziallehre eines der zweifellos bedeutendsten Philosophen Chinas. Sie zeigt ein Gegenbild zur Vorstellung vom konfuzianischen China der Kaiserzeit, ein Gegenbild, an das gerade die kritischsten Köpfe der letzten Dynastie im Ringen um ein neues China anknüpften.

Nicht allein, daß sich sozialrevolutionäre Geheimgesellschaften im traditionellen China häufig auf die Mohistengemeinden als ihren Ausgangspunkt beriefen, sondern vor allem die Forderungen Mo Tis nach einer der Tüchtigkeit entsprechenden Beförderung, nach solidarischer Nachbarschaftshilfe, und seine Brandmarkung von Vergeudung und Angriffskrieg machen die Schriften Mo Tis zu einem aktuellen Klassiker der chinesischen Philosophie.

Die Person Mo Tis

Ob Mo Ti, der im 5. Jahrhundert und vielleicht noch bis in den Anfang des 4. Jahrhunderts v. Chr. lebte, aus dem Fürstentum Lu oder dem Lehnsstatt Sung – beides Zentren geistiger Auseinandersetzung in jener Zeit – stammt, läßt sich schwer sagen. Für das eine wie das andere sind gute

Gründe beigebracht worden. Alles deutet jedenfalls darauf hin, daß er eine Zeitlang in Sung eine Beamtenstelle innehatte, danach aber für die längere Zeit seines Lebens in Lu als Privatlehrer tätig war.[3] Über seine soziale Herkunft läßt sich ebenfalls nichts Genaues sagen, doch liegt die Vermutung nahe, daß er ein Nachkomme freier bäuerlicher Produzenten war.[4]

In jener Zeit des Übergangs vom patriarchalischen Feudalismus zur Patrimonialbürokratie, einer Zeit der »Agonie des feudalen Staatenverbandes«[5], war es auch Angehörigen nichtadeliger Familien möglich, zu Bildung und Amt zu gelangen.[6] Diese Veränderung der Gesellschaft fand ihren Niederschlag im Werk Mo Tis ebenso wie in den Schriften auf ihn folgender Philosophen wie der Konfuzianer Menzius und Hsün-tzu[7]. Sie suchten in ihren Lehren durch Aufstellung neuer und Umwandlung überbrachter Normen und sozialer Wertvorstellungen Antworten auf die Herausforderung der sich ändernden Verhältnisse zu geben.

Bei wem und wo Mo Ti gelernt hat, ist uns nicht bekannt; doch sicher ist, daß er einige jener Texte gekannt hat, die auch die Vorlage für das *Buch der Urkunden (Shu-ching)* und das *Buch der Lieder (Shih-ching)* waren, von denen letzteres von Konfuzius selbst zusammengestellt worden sein soll.[8] Dies mag auch den Verfasser jenes Abschnittes in der dem Liu An (179–122 v. Chr.) zugeschriebenen Textsammlung *Huainan-tzu* angeregt haben, in dem Mo Ti in die Nachfolge des Konfuzius gestellt wird. Lediglich die Ablehnung der aufwendigen Riten- und Trauervorschriften des Konfuzius habe ihn dazu veranlaßt, als Alternative die einfacheren Vorschriften der Hsia-Dynastie zu propagieren.

»Mo-tzu studierte die Lehre der Konfuzianer und übernahm die Grundsätze des Konfuzius. Doch meinte er, daß die Ritenvorschriften bedrückend und unerfreulich seien und aufwendige Begräbnisse nur Mittel vergeuden und das Volk in Armut stürzen würden. Das Tragen von Trauerkleidern beeinträchtige bloß die Zeugung neuen Lebens und sei der Befolgung der Pflichten abträglich. Daher wandte er sich von dem Weg der Chou ab und propagierte die Regierungspraxis der Hsia-Dynastie.«[9]

Mo Ti war also kein Neuerer, sondern er bezog sich bei seiner Forderung nach Mäßigung und Wahl der Tüchtigeren auf die vorbildlichen Herrscher der Hsia-Dynastie, bei denen noch das Wahlkönigtum geherrscht haben soll.[10]

Über den Charakter des historischen Mo Ti wissen wir sehr wenig, und das, was uns über ihn in einigen Legenden und Berichten mitgeteilt wird, ist oft in sich widersprüchlich. Da er Yü zum Vorbild nahm, wurden auch ihm später Eigenschaften Yüs zugeschrieben; ein anderer Text jedoch legt uns nahe, den historischen Mo Ti als einen körperlicher Arbeit durchaus abgeneigten Lehrer zu sehen.

Yü als Vorbild und der Gegensatz von Handarbeit und Kopfarbeit

Unter den legendären Herrschern der Hsia-Dynastie nahm sich Mo Ti besonders Yü zum Vorbild. So heißt es bei *Chuang-tzu*:

»Mo Ti berief sich für seine Lehre auf das Vorbild des großen Yü, der sein Leben in harter Arbeit für das Wohl der Gesamtheit aufgeopfert habe. Er habe sich nicht gescheut, selbst mit Korb und Spaten zu arbeiten, um die Wasserläufe der Welt in Ordnung zu bringen. An den Beinen habe er sich die Haare abgescheuert. Er habe gebadet und sich gekämmt in wehendem Sturm und strömendem Regen, um die Grenzen aller Staaten festzulegen.«[11]

Doch obwohl Mo Ti Yü gerade seines persönlichen Einsatzes und der Handarbeit wegen zum Vorbild erhob, scheint er für sich selbst Handarbeit abgelehnt zu haben. Dies wird aus einer Unterredung deutlich, die Mo Ti mit einem Vertreter der sogenannten Ackerbauschule[12] führte, und in der er den Standpunkt vertritt, durch seine Lehrtätigkeit sei er weitaus nützlicher, als wenn er irgendeiner landwirtschaftlichen oder handwerklichen Beschäftigung nachginge.

»Im südlichen Lu lebte ein Mann, der sich sehr viel auf seine Einsichten einbildete. Im Winter töpferte und im Sommer pflügte er, und er verglich sich selbst mit Shun.[13] Meister Mo Ti, der von ihm gehört hatte, besuchte ihn einmal. Der Eingebildete sagte zu ihm: ›Rechtschaffen handeln, rechtschaffen handeln, was soll da noch das Reden?‹ – Meister Mo Ti fragte ihn daraufhin: ›Gehört zu dem, was du rechtschaffen handeln nennst, auch, sich für andere Menschen abzumühen und die Erzeugnisse an andere Menschen zu verteilen?‹ – ›Freilich!‹ erwiderte jener. Da sagte Meister Mo Ti: ›Früher habe ich mir einmal Gedanken darüber gemacht. Ich gedachte zu pflügen und die Menschen des Reiches zu ernähren. Doch selbst im günstigsten Fall hätte ich am Ende die Arbeit eines einzigen Landmannes verrichtet, und von den Erzeugnissen hätte – auf das ganze Reich verteilt – jeder einzelne nicht einen Scheffel Korn erhalten. Doch selbst wenn jeder einen Scheffel Korn erhalten hätte, hätte ich doch nicht die Hungrigen des ganzen Reiches sättigen können. Das ist unmittelbar einzusehen. – Ich dachte auch, zu weben und die Menschen des Reiches mit Kleidern zu versorgen. Selbst im günstigsten Fall hätte ich am Ende die Arbeit einer einzigen Weberin verrichtet, und von den Erzeugnissen hätte – auf das ganze Reich verteilt – jeder einzelne nicht einen Fuß Stoff bekommen. Doch selbst wenn jeder einzelne einen Fuß Stoff erhalten hätte, hätte ich doch die Frierenden des ganzen Reiches nicht wärmen können. Auch das ist unmittelbar einzusehen. – Ich dachte, einen Panzer anzulegen und ein Schwert in die Hand zu nehmen, um den Lehnsfürsten in ihren Bedrängnissen zu helfen. Ich hätte nur als einzelner Krieger kämpfen können; doch als einzelner Krieger hätte ich nicht ein ganzes Heer abwehren können. Auch das ist einsehbar. – Mir schien es deshalb das Beste, den Weg der früheren Könige zu studieren und ihre Reden zu erforschen, die Worte der Heiligen zu durchdringen und ihre Aussprüche zu verstehen und meine Erkenntnisse nach oben hin den Königen, Fürsten und Würdenträgern und nach unten hin den gewöhnlichen Leuten und dem niederen Adel mitzuteilen. – Wenn die Könige, Fürsten und Würdenträger meine Worte befolgen, dann kommen die Länder bestimmt in Ordnung, und wenn die gewöhnlichen Leute und der niedere Adel meine Worte aufgreifen, wird ihre Handlungsweise sicher veredelt. Deshalb bin ich der Meinung, daß, obgleich ich nicht pflüge, um die Hungernden zu ernähren, und nicht webe, um die Frierenden zu kleiden, meine Verdienste doch größer sind als die derjenigen, die pflügen und sättigen, weben und kleiden, und ich bin der Auffassung, daß meine Verdienste doch größer sind als die der Pflüger und Weber.‹«[14]

Mo Ti war also, wenn man diesem Bericht Glauben schenken darf, von der Bedeutung seiner Lehr- und Beratertätigkeit überzeugt, ja, er hielt sie für verdienstvoller als die Tätigkeit eines Bauern oder Handwerkers oder die eines einfachen Soldaten. Immerhin aber ist bezeichnend, daß er sich überhaupt die Frage vorgelegt hat, ob Handarbeit oder Kopfarbeit wertvoller sei. Dieses Gespräch weist Mo Ti als zu einer Gruppe gehörig aus, die gegenüber den freien Bauern relativ privilegiert war, die jedoch nicht der Erbaristokratie angehörte oder sich auf besondere Beziehungen zu den Mächtigen jener Zeit stützen konnte und deswegen besonders scharf gegen die patriarchalischen Strukturen ihrer Gesellschaft ankämpfte, gegen Vetternwirtschaft, für herkunftunabhängige Auswahl der Tüchtigen, gegen Vergeudung, gegen Angriffskriege, gegen Willkürherrschaft.

Lehrtätigkeit Mo Tis

Als Lehrer erging es Mo Ti aber nicht viel anders als vor ihm Konfuzius. Die Fürsten hörten sich zwar gerne seinen Rat an und belohnten ihn auch, doch sein Rat wurde zumeist nicht befolgt. So berichtet eine Geschichte in der Chronik des Lü Pu Wei davon, wie Mo Ti es ablehnt, ein Lehen von einem Fürsten anzunehmen, der offenbar nicht gewillt ist, seine Prinzipien zu verwirklichen.

»Meister Mo-tzu hieß seinen Jünger Kung Shang Kuo nach Yüeh reisen. Kung Shang Kuo erzählte dem König von Mo Tis Lehren. Der König von Yüeh war damit einverstanden und sagte zu Kung Shang Kuo: ›Wenn dein Meister gewillt ist, nach Yüeh zu kommen, so will ich ihm von dem alten Gebiet von Wu das Ufer des Flusses Yin, das 300 Gemeinden zählt, als Einkommen verleihen.‹ – Kung Shang Kuo kehrte zurück und berichtete es dem Meister Mo Ti. Meister Mo Ti sprach: ›Bist du der Ansicht, daß der König von Yüeh fähig ist, meine Worte zu hören und meine Lehren anzuwenden?‹ Kung Shang Kuo sprach: ›Vermutlich ist er noch nicht so weit.‹ – Mo Ti sprach: ›Nicht nur der König von Yüeh kennt meinen Sinn nicht, selbst du kennst meinen Sinn nicht. Wenn der König von Yüeh auf meine Worte hört und nach meinen Lehren handelt, so bin ich zufrieden, wenn ich Nahrung und Kleidung habe und als Gast Untertan bei ihm sein kann, ohne ein Amt zu begehren. Wenn der König von Yüeh nicht auf meine Worte hört und nicht nach meinen Lehren handelt, so kann er mir ganz Yüeh schenken und ich kann doch nichts mit ihm anfangen. – Wenn der König von Yüeh meine Worte nicht hört und sich nicht nach meinen Lehren richtet, und ich nehme ein Lehen von ihm an, dann habe ich meine Gerechtigkeit verkauft. Wenn ich meine Gerechtigkeit verkaufen will, was brauche ich dazu nach Yüeh zu gehen, das kann ich hier im Mittelreich auch.‹«[15]

In diesem wie in anderen Berichten tritt uns Mo Ti als prinzipientreuer und unbestechlicher Mann entgegen, der seinen aufrechten Gang nicht aufgibt, als Mann von großer Menschenliebe und Friedfertigkeit, der, wie dann auch seine Schüler, ein Leben in größter Bescheidenheit führte und jedem Luxus und jeder Verschwendung abhold war.

Doch war er mit seinen Lehren auch nicht immer erfolglos. So wird berichtet, daß er den König von Ch'u davon abgebracht habe, die Hauptstadt von Sung anzugreifen:

»Kung Shu Pan machte für den König von Ch'u die hohe Wolkenleiter[16], um die Hauptstadt von Sung anzugreifen. Mo Ti hörte es und ging von Lu aus hin, er zerriß seine Kleider und umwickelte sich die Füße; Tag und Nacht ruhte er nicht, so kam er nach zehn Tagen und zehn Nächten nach Ying, der Hauptstadt von Ch'u. – Er trat vor den König von Ch'u und sprach: ›Ich bin ein geringer Mann aus dem Norden und habe gehört, daß Ew. Majestät Sung angreifen will. Ist das wirklich wahr?‹ Der König bejahte. Da sprach Mo Ti: ›Wollt Ihr Sung nur angreifen, wenn Ihr es sicher gewinnen könnt, oder werdet Ihr es auch angreifen, wenn Ihr es nicht bekommt und außerdem ein Unrecht damit tut?‹ Der König sprach: ›Wenn ich Sung nicht sicher bekomme und noch dazu ein Unrecht tue, warum sollte ich es angreifen?‹«[17]

Die Neuordnung der menschlichen Beziehungen

Ebenso wie nach ihm Menzius und Hsün-tzu beklagte Mo Ti die Kämpfe innerhalb der alten Erbaristokratie und die

Verwirrung innerhalb der Sippen- und Familienverbände. Diese Zustände beschreibt er mit folgenden Worten: »Innerhalb der Familien (stritten sich) Väter und Söhne, ältere und jüngere Brüder miteinander, und sie gingen auseinander, unfähig, sich wieder friedlich zu einigen.«[18] – »Wenn Untertanen und Söhne ihren Fürsten und Vätern keine kindliche Pietät bezeugen, dann nennt man das Verwirrung *(luan)*. Der Sohn liebt dann nur sich selbst und nicht seinen älteren Bruder und versagt so gegenüber diesem und nützt nur sich selbst ... Dies ist es, was wir Verwirrung nennen. – Wenn selbst der Vater gegenüber seinem Sohn, der ältere gegenüber seinem jüngeren Bruder oder der Fürst gegenüber seinem Untertan keine liebevolle Gesinnung hegt, so ist dies auch ein Zustand, den man Unordnung im Reiche nennt. Der Vater liebt nur sich selbst und nicht seinen Sohn und schadet deshalb diesem und nützt nur sich selbst ... Und der Fürst liebt sich selbst und nicht seinen Untertan und schadet deshalb diesem und nützt nur sich selbst. Warum ist das so? Dies alles ist eine Folge des Mangels an gegenseitiger Liebe.«[19]

Für die Neuordnung dieser zerrütteten menschlichen Beziehungen schlägt Mo Ti Maßstäbe vor: Menschlichkeit *(jen)*, Rechtschaffenheit *(i)*, kindliche Folgsamkeit des Sohnes und des Untertanen *(hsiao)*, Güte des Herrschers und des Vaters *(tz'u)*, vor allem aber, und das ist das Neue bei Mo Ti, das allen diesen Maßstäben übergeordnete Prinzip, sich durch gegenseitige Liebe zu vereinigen *(chien-[hsiang-] ai)* und gegenseitig Nutzen auszutauschen *(chiao-[hsiang-] li)*. Und ebenfalls neu bei Mo Ti ist, daß er diese Werte ihrer patriarchalischen Konnotationen entkleidet. Nicht nur ist die ehrerbietige Haltung des Sohnes gegenüber seinem Vater unwichtiger als die ehrerbietige Haltung gegenüber den Oberen, sie gilt ebenso für das Verhalten gegenüber dem Vater eines anderen. So wird die Familie, die Mo Ti ja nicht zerschlagen, sondern nur ihrer patriarchalischen Elemente entkleiden will, zu einem – nicht einmal besonders ausgezeichneten – Teil der allgemeinen Menschheit. Blutsverwandtschaft wird so zu einer Nebensächlichkeit, und wo Mo Ti Begünstigung wegen Verwandtschaft feststellt, greift er sie scharf an. Weder der gesellschaftliche Zusammenschluß noch die Stellung des einzelnen darf seiner Ansicht nach etwas mit Blutsverwandtschaft zu tun haben. Das Familienoberhaupt wird eingesetzt, wie auch alle Oberen, Lehnsherren, Fürsten, Minister und der Herrscher selbst nach ihrer Tüchtigkeit eingesetzt werden. Doch im Gegensatz zu dem späteren Hsün-tzu setzt Mo Ti noch die Vertreter der Erbaristokratie an die Spitze, ein Ausdruck dessen, daß sich in seiner Zeit die zentralistische Staatsgewalt gegen die Erbaristokratie noch nicht voll durchgesetzt hatte. Doch die Forderungen, die Mo Ti an diese Oberen stellt, die Maßstäbe, die er aus der Vergangenheit bezieht, zeigen, daß er das patriarchalische Element grundsätzlich ablehnt und somit seiner Zeit voraus ist; ja, erst im 20. Jahrhundert konnten einige wesentliche Elemente der Lehre Mo Tis verwirklicht werden.

Vereinheitlichung der Meinungen

Bei dem von Mo Ti entworfenen Gesellschaftsmodell steht der Himmelssohn an der Spitze. Doch die Vereinheitlichung der Gesellschaft, wesentlich als Vereinheitlichung der Meinungen und Maßstäbe gedacht, geschieht nicht nur einseitig von oben nach unten durch die Sozialisierungsmittel Belohnung und Strafe, sondern als gleichrangiges Element wird die »angemessene« Kritik von unten nach oben genannt, die nicht nur möglich, sondern Pflicht ist: das Unterlassen von Beschwerden macht den Unterlassenden selbst an dem Mißstand mitschuldig. Es ist das Modell einer angepaßten Gesellschaft, in der sich die jeweils Untergebenen zunächst anpassen müssen, die jeweils Oberen jedoch auch selbst für die Anpassung verantwortlich sind, ein pyramidengestaltiges Modell also, das ganz auf den Zentralherrscher, den Himmelssohn, ausgerichtet ist. Die Ordnung wird dadurch gewährleistet, daß die Guten belohnt und die Schlechten bestraft und Mißstände, von unten nach oben gemeldet, kritisiert werden. Zusammenschluß beispielsweise auf unterer Ebene, um sich gegen Mißstände zur Wehr zu setzen, ist dabei untersagt.

Über dem Himmelssohn steht der Himmel mit stark personalen Zügen. Von ihm leitet sich alle Legitimität ab. Der Himmel liebt alle Menschen gleich, er nützt allen gleichermaßen. »Der Himmel wünscht Gerechtigkeit *(i)* und haßt Unrecht. Wenn ich also die Bevölkerung des Reiches zur Gerechtigkeit anleite, dann tue ich, was der Himmel wünscht. Und wenn ich tue, was der Himmel wünscht, dann wird der Himmel tun, was ich wünsche. Doch was wünsche ich und was hasse ich? Ich wünsche Glück und Wohlstand und hasse Unglück und Verderben. Wenn ich nun nicht tue, was der Himmel wünscht, sondern das, was der Himmel nicht wünscht, dann führe ich die Bevölkerung des Reiches in Unglück und Verderben. – Doch woher weiß ich, daß der Himmel Gerechtigkeit wünscht und Ungerechtigkeit haßt? Wo es Gerechtigkeit in der Welt gibt, da ist Leben, und wo es Ungerechtigkeit gibt, da ist Tod. Wo es Gerechtigkeit gibt, da ist Reichtum, und wo es Ungerechtigkeit gibt, da ist Armut. Wo Gerechtigkeit ist, da ist Ordnung, und wo Ungerechtigkeit ist, da ist Unordnung. Der Himmel wünscht Leben und haßt Tod, er wünscht Wohlstand und haßt Armut, er wünscht Ordnung und haßt Unordnung. Daher weiß ich, daß der Himmel Gerechtigkeit liebt und Ungerechtigkeit haßt.«[20]

Daran hat sich alles zu orientieren, und die gegenseitige Liebe, der gegenseitige Nutzen, das Tüchtigkeitsprinzip, müssen mit erbarmungsloser Strenge befolgt werden. Dieser harte, geradezu mitleidslose Zug, der formelle Beziehungen gegen informelle Kontakte durchsetzen will, kommt in der Geschichte über einen Schüler Mo Tis sehr deutlich zum Ausdruck, der im Interesse der Gerechtigkeit auch seinen eigenen Sohn nicht schont.

»Einst lebte ein Vorsteher der Schule des Mo mit Namen Fu T'un im Staate Ch'in als Beamter. Sein Sohn hatte jemanden ermordet. Da sprach der König Hui von Ch'in: ›Ihr seid schon alt, Herr, Ihr habt keine anderen Söhne. Darum habe ich Anweisung gegeben, ihn nicht hinrichten zu lassen. Ihr müßt in diesem Stück auf mich hören.‹ – Fu T'un erwiderte: ›In der Schule des Mo gilt es zu Recht, daß wer einen Menschen tötet, sterben muß, und wer einen Menschen verwundet, körperlich bestraft wird, um Mord und Körperverletzung zu verhindern. Die Verhinderung von Mord und Körperverletzung ist die wichtigste Pflicht auf Erden. Obwohl nun Eure Hoheit ihm Gnade zuwenden wollen und den Befehl erteilt haben, ihn nicht hinzurichten, kann ich doch nicht anders, als nach dem Recht des Meisters Mo zu handeln.‹ – Wirklich widersetzte er sich dem König Hui und ließ seinen Sohn töten. Der Sohn steht einem Menschen am nächsten. Da er es über sich gebracht hatte, seinen Nächsten zu opfern, um der allgemeinen Pflicht zu genügen, muß dieser Vorsteher gerecht genannt werden.«[21]

Strenge und Hartherzigkeit fordert Mo Ti auch, wenn er alles in seinen Augen Nutzlose und Überflüssige ablehnt, wie Musik, pomphafte Begräbnisse, Prunkbauten, wodurch ja nur das Volk ausgesaugt werde. Dies wird am heftigsten von Chuang-tzu (4. Jahrhundert v. Chr.) angegriffen, der Mo Tis Vorschriften als der menschlichen Natur zuwiderlaufend und somit als unrealistisch verurteilt. In Mo Tis Lehren zeige sich sowohl Mangel an Liebe und an Verständnis für die anderen als auch Mangel an Selbstliebe.

»Mo Tis Lehre war die Brüderlichkeit, der allgemeine Nutzen, die Verurteilung des Streits und Zorns, Liebe zum Lernen, umfassende Bildung und Gleichheit. Er wich ab von den Königen der alten Zeit und schaffte die Riten und Musik des Altertums ab ... Mo Ti wollte den Gesang aus dem Leben und die Trauerkleidung bei Todesfällen verbannt wissen. Statt der mehrfachen Särge des Altertums duldete er nur einen drei Zoll starken Sarg aus weichem Holz ohne Sarkophag als allgemeine Regel. Indem er die Menschen diese Dinge lehrte, zeigte er einen Mangel an Menschenliebe; indem er selbst danach sich richtete, zeigte er zumindest einen Mangel an Selbstliebe. Zwar ist daran die Lehre des Mo Ti noch nicht zugrunde gegangen, aber immerhin muß man sich fragen, ob es der menschlichen Natur entspricht, alle Regungen der natürlichen Gefühle zu unterdrücken. Im Leben Mühsal, im Tode Kärglichkeit, in der Lehre die äußerste Einfachheit: Das macht die Menschen traurig und elend, und es ist schwer, danach zu leben. Das ist wohl nicht die Lehre des berufenen Heiligen; denn es widerspricht allzusehr den Gefühlen der Welt, und die Welt ist nicht imstande, das auszuhalten. Mo Ti selbst mag wohl imstande gewesen sein, nach seinen Lehren zu leben, aber was soll die Welt damit anfangen? Eine Lehre, die sich allzusehr von den tatsächlichen Zuständen der Welt entfernt, ist weit davon, mit den Herrschern des Altertums in Einklang zu sein.«[22]

Anders als Chuang-tzu verwarfen spätere Kritiker Mo Tis Lehre ihres extremen Altruismus wegen, wobei sie freilich ebenso wie manche Interpretatoren der Bergpredigt das »wie dich selbst« nach dem »liebe deinen Nächsten« unterschlugen.

Solidarität und die Gleichheit aller vor dem Himmel

Das wichtigste aller Ziele, das Mo Ti an vielen Stellen in seinen Schriften propagiert, ist die »Mehrung des Nutzens im Reiche und die Abwendung von Schaden«. Er fragt sich, was den größten Nutzen und was den größten Schaden bringe, und kommt zu dem Ergebnis, daß Universalität *(chien)* den größten Nutzen bringt. Unter Universalität, man kann den Begriff auch mit »Vereinigung« übersetzen, versteht er, daß man den anderen wie sich selbst behandelt, die andere Familie wie die eigene usf., ein kategorischer Imperativ also, dazu abgesichert durch den Willen des Himmels, der alle Menschen liebe und ihnen nütze. Daher braucht man, ja soll man nicht Eltern, Fürsten, Könige zum Vorbild nehmen, sondern den Himmel. Und der Himmel wünscht, daß die Menschen einander lieben und sich gegenseitig unterstützen. Solidarität ist also die Maxime; wie aber steht es mit der Gleichheit?

Gleichheit im Sinne der *égalité* hatte Mo Ti sicher nicht im Sinn, wenn man nicht die Gleichheit vor dem Himmel und die theoretische Möglichkeit für alle, auf der sozialen Stufenleiter aufsteigen zu können, schon für ein solches Gleichheitsprinzip hält. Wenn bei Mo Ti auch gewisse sozialistische Züge anklingen, beispielsweise in der Solidarität aufgrund des gemeinsamen Interesses, im Prinzip des »Jeder nach seinen Fähigkeiten«, in der Ablehnung von Luxus und Vergeudung, so hegt er doch die Illusion, daß die Reichen unter Beibehaltung der Besitz- und Machtverhältnisse ihre Häuser wie die der Armen betrachten, und billigt in seiner Theorie vom »Oben angleichen« eine hierarchisch gegliederte Gesellschaft.

Mo Ti sieht wohl, daß »alles, was ein Glied des Gesellschaftskörpers mehr besitzt als es zur Befriedigung seiner verschiedenen Bedürfnisse immer braucht, Ergebnis einer Beraubung anderer Gesellschaftsglieder ist, die eine mehr oder minder große Zahl von Menschen um ihren rechtmäßigen Anteil an den gemeinschaftlichen Gütern gebracht haben.«[23] So tritt er für Maßhalten ein. Doch entspringt diese Forderung wohl mehr einer Zweckmäßigkeitsüberlegung, nämlich, den Bauern, von deren Abgaben hauptsächlich der Reichtum des Landes abhängt, ein einigermaßen erträgliches Leben zu ermöglichen, damit sie sich nicht erheben oder abwandern, sondern bereitwillig und regelmäßig ihre Abgaben leisten. Nicht ein erfülltes Leben der Menschen, sondern die Aufrechterhaltung bzw. Wiedergewinnung eines geordneten Zustandes ist also die letzte Orientierungsmarke für sein Ordnungskonzept. Mo Ti ist gegen gleichmäßige Landaufteilung; vielmehr tritt er für eine mit dem Rang sich steigernde Belohnung für die – nach dem Tüchtigkeitsprinzip auszuwählenden – Staatsdiener und Oberen ein. Diese werden sich zwar in Notjahren auch einschränken und notleidenden Nachbarn etwas abgeben müssen. Doch die Frage, ob nicht ein höheres Salär zugleich zu Luxus führt, läßt er ungeklärt. Er vertraut auf die moralische Tüchtigkeit der Oberen, von dem, was sie mehr haben, jenen abzugeben, die zu wenig haben.

Die Verurteilung von Angriffskrieg und damit von Krieg überhaupt gründet Mo Ti auf das Argument, daß Krieg nur Unheil bringe, nutzlos sei und das Volk sinnlos bluten lasse. Immer wieder bringt er seine Argumente im Zusammenhang mit Angriffen gegen die Verhältnisse seiner Zeit, deren Verderbtheit seine Vorschläge für eine bessere Ordnung hervorruft und rechtfertigt. Das Volk, argumentiert er, werde durch zu hohe Abgaben ausgebeutet; dabei sei die Aufrüstung die größte Vergeudung und bringe nicht nur Elend und Not, sondern führe auch zum Rückgang der Geburten.

»Die heute die Regierung im Reich ausüben, vermindern auf mannigfache Weise die Bevölkerung. Sie lassen das Volk bis zur Erschöpfung arbeiten und erheben von ihm hohe Steuern; und die Vorräte des Volkes reichen nicht aus, so daß unzählige an Kälte und Hunger zugrunde gehen. Außerdem denken die Oberen nur daran, Armeen aufzustellen und benachbarte Staaten anzugreifen; solche Kriegszüge dauern oft Jahre oder doch zumindest Monate. Männer und Frauen können solange nicht einander sehen. Und dies trägt dazu bei, die Bevölkerung zu vermindern. In den Siedlungen herrscht Friedlosigkeit und groß ist die Zahl derer, die nicht regelmäßig zu essen bekommen und dadurch krank werden und sterben.«[24]

Doch nicht allein Mäßigkeit, Friedfertigkeit, allumfassende Liebe und gegenseitiger Nutzen sind die von Mo Ti propagierten Werte, sondern er fordert auch Anstrengungen auf allen Ebenen, äußerste Bemühung und Pflichterfüllung, um die Lebensgrundlagen für die Menschen immer wieder neu zu schaffen.[25] Mit dieser Forderung geht die Ablehnung von Schicksalsgläubigkeit einher. Mo Ti geißelt diese Haltung, da durch sie die Menschen geradezu davon abgehalten würden, sich rechtschaffen zu verhalten. Denn wenn Belohnungen und Strafen nur vom Schicksal bestimmt würden, nicht aber eine Antwort auf das Maß an eigener Rechtschaffenheit und Tüchtigkeit seien, dann wäre damit jedem Ordnungskonzept die Grundlage entzogen und an dessen Stelle eine irrationale Erklärungsweise gesetzt, die jede Orientierung unmöglich machen würde und das absolute Chaos mit sich brächte. Den Anlaß für seine heftigen Attacken gegen den Fatalismus fand Mo Ti in zeitgenössischen Deutungsversuchen, die ungesicherten und ungeordneten Unrechtsverhältnisse jener Zeit eben nur noch durch Hinweis auf das Schicksal erklärbar zu machen.

Die Geister – Wächter der Gerechtigkeit

Da Mo Ti so vehement gegen die Schicksalsgläubigkeit seiner Zeit zu Felde zieht, scheint es zunächst widersinnig, wenn er andererseits gerade gegen den Agnostizismus seiner konfuzianischen Gegner die Existenz von Geistern behauptet und in der Leugnung ihrer Existenz ein Unheil sieht. Doch diese Geister, zuoberst Shang-ti, ein gottähnliches Wesen, das dem Himmel entspricht, in der Mitte die Geister der Berge und Täler, zuunterst die Geister der Erde, handeln nicht zufällig, schicksalhaft oder willkürlich. Sie sind selbst einbezogen in das Ordnungsgefüge Himmel-Erde-Mensch; sie sind es auch, die strafen und belohnen. Und auch dann noch, wenn in der Welt die Oberen sich nicht mehr rechtschaffen verhalten, Luxus treiben, das Volk ausbeuten, Vetternwirtschaft die Regel ist, dann gibt es doch immer noch diese Geister, die, Lohn und Strafe austeilend, eingreifen. So erhält das zunächst anthropozentrisch erscheinende Ordnungssystem sein Korrelat in dem Bereich der Geister. Dieser Bereich ist jedoch kein jenseitiger, sondern integraler Bestandteil dieser Welt.

»Selbst in tiefen Schluchten, weiten Wäldern und an dunklen und entlegenen menschenleeren Orten muß man sich beim Handeln in acht nehmen, denn auch dort werden einen die Geister erblicken.« – So kann Mo Ti hoffen: »Wenn man heute alle Menschen im Reiche dazu veranlassen könnte, zu glauben, daß die Geister in der Lage sind, die Tüchtigen zu belohnen und die Schlechten zu bestrafen, wie könnte es da im Reiche Unordnung geben?«[26]

Diese Überzeugung Mo Tis, daß es Dämonen, Geister und Götter gebe, wird man auch im Zusammenhang mit seiner Herkunft aus den unteren Gesellschaftsschichten sehen können, in denen im Gegensatz zu den »aufgeklärten« oberen Adelskreisen der Glaube an Geister lebendig geblieben war. Diese religiöse Komponente findet sich auch bei allen späteren Geheimgesellschaften und – oft messianistischen – Aufstandbewegungen, die, wie oben bereits angedeutet, in den Mohistengemeinden vermutlich ihre ersten Vorläufer gehabt haben.[27]

Und jenen, die nicht an Geister zu glauben vermögen oder noch ihre Zweifel haben, legt Mo Ti nahe, dennoch den Geistern zu opfern, da die Opfergelage eine gemeinschaftsstiftende Funktion hätten.

»Und wenn die Geister und Seelen wirklich nicht existieren, dann würden wir Wein, Most und Hirse bei den Opferfesten nur vergeuden. Aber selbst wenn wir dies dabei vergeuden, so ist das doch nicht so, als würden wir es in Kloaken und Gräben schütten und verkommen lassen. Die anderen Familienangehörigen und die Leute aus der Nachbarschaft kommen alle zusammen und trinken und essen, so daß, selbst wenn es keine Geister und Seelen gäbe, man dadurch eine fröhliche Gesellschaft zusammenbringen würde und so ein gutes Verhältnis zu den Nachbarn im Orte erlangt.«[28]

Die Utopie von der »Großen Gemeinsamkeit«

Ein Text, der sich bemerkenswerterweise in dem konfuzianischen Ritenklassiker, dem *Li-chi*, findet, der jedoch wesentliche Elemente mohistischen Gedankengutes enthält und auf die Mohisten zurückgehen dürfte[29], skizziert eine befriedete Gesellschaft. In ihm wird die »Große Gemeinsamkeit« oder »Große Gemeinschaft« *(ta-t'ung)* beschworen, so wie sie einst bestanden habe, beschworen als Utopie, wie sie auch Mo Ti vorgeschwebt hat, wenngleich der Ausdruck *ta-t'ung* selbst sich nicht in seinen Schriften findet.

»Zur Zeit, als der große Weg herrschte, war die Welt gemeinsamer Besitz. Man wählte die Tüchtigsten und Fähigsten zu Führern; man sprach die Wahrheit und pflegte die Eintracht. Darum liebten die Menschen nicht nur ihre eigenen Eltern und versorgten nicht nur ihre eigenen Kinder. Die Alten konnten in Ruhe ihrem Ende entgegensehen; die kräftigen Männer hatten ihre Arbeit; die Witwer und Witwen, die Waisen und Kinderlosen und die Kranken hatten alle ihre Pflege; die Männer hatten ihre Stellung und die Frauen ihr Heim. Die Güter wollte man nicht ungenützt verlorengehen lassen; aber man suchte sie nicht unter allen Umständen für sich selbst aufzustapeln. Die eigene Kraft wollte man nicht unbetätigt lassen; aber man arbeitete nicht um des eigenen Vorteils willen. Mit allen Listen und Ränken war es zu Ende; man brauchte sie nicht. Diebe und Räuber, Mörder und Totschläger gab es nicht. Darum hatte man zwar draußen Tore, aber man schloß sie nicht. Das war die Zeit der ›Großen Gemeinsamkeit‹.«[30]

Daß dieser Abschnitt, der vermutlich im zweiten vorchristlichen Jahrhundert verfaßt oder doch zumindest in das *Li-chi* eingefügt wurde, mohistischen Ursprungs ist, daran ist sicher nicht zu zweifeln. Daß er jedoch in einem konfuzianischen Klassiker steht, deutet darauf hin, daß die Konfuzianer gerade durch die Einverleibung bestimmter mohistischer Vorstellungen in ihren Kodex den Mohisten selbst den Rang abliefen. Und durch das Überbieten der Mohisten mit dem Begriff der »Großen Gemeinschaft« *(ta-t'ung)* konnten sie die Sprengkraft des Mohismus entschärfen und schließlich für lange Zeit lahmlegen. Immerhin ist aber dann auch der Begriff *ta-t'ung* gegen die konservativen Konfuzianer gewendet worden, wie beispielsweise gegen Ende des vergangenen Jahrhunderts von K'ang Yu-wei, dem dieser Begriff Programm war. Diese kompensatorische Entschärfung mohistischen Gedankengutes durch die Konfuzianer ist jedenfalls erkennbar als eine der Ursachen dafür, daß der Mohismus von ihnen in den Hintergrund gedrängt und so für lange Zeit zur Bedeutungslosigkeit verdammt wurde.

Die Mohistengemeinden

Die Schüler Mo Tis und seine Enkelschüler vertraten und verteidigten seine Lehre, vor allem gegen die Angriffe der Konfuzianer, und sie entwickelten die Lehre auch weiter und veränderten sie sogar in mancher Hinsicht. Daher wird in Philosophiegeschichten zumeist auch zwischen Mo Ti und seinen Schülern einerseits und den späteren Mohisten andererseits unterschieden. So sind auch etliche der späteren Kritiken an Mo Ti eher Kritiken an seinen Enkelschülern als an ihm selbst. Auch blieben die Schüler nicht bei einer einheitlichen Richtung, sondern sie spalteten sich bald in verschiedene – oft regional bezogene – miteinander rivalisierende Gruppen. Bei Chuang-tzu wird von diesen Schulrichtungen und ihrer Rivalität untereinander berichtet:

»Die Schüler des Hsiang-li Ch'in, die Jünger Wu Hous und die Mohisten des Südens wie K'u Huo, Chi Ch'ih, Teng Ling-tzu und andere zitieren alle den mohistischen Kanon[31], doch streiten sie sich und stimmen nicht miteinander überein und nennen sich einander ›häretische Mohisten‹ ... Sie halten alle ihren Großmeister *(chü-tzu)* für einen Heiligen und suchen alle ihren jeweiligen Großmeister zum Oberhaupt der ganzen Schule zu machen in der Hoffnung, er werde von späteren Generationen als solcher anerkannt. Doch bis heute ist diese Frage ungelöst.«[32]

Und Han Fei-tzu (gest. 233 v. Chr.), der Theoretiker des Legalismus, berichtet:

»Nach dem Tode Mo Tis gab es die Mohisten Hsiang-li shih, Hsiang-fu shih und Teng-ling shih. So spalteten sich nach ... Mo Tis Tod ... die Mohisten in drei Schulen. Jede akzeptierte dieses und verwarf jenes, und sie stritten gegeneinander und stimmten nicht miteinander überein. Doch alle behaupteten von sich, sie seien ... die ›wahren Mohisten‹.«[33]

Daß sich die Schüler Mo Tis gleich nach seinem Tode gespalten haben sollen, ist sehr unwahrscheinlich; vermutlich hat die Trennung erst gegen Ende des vierten vorchristlichen Jahrhunderts stattgefunden. Eine genaue Bestimmung der

Standpunkte jener Schulrichtungen ist heute kaum zu leisten. Soviel scheint jedoch sicher, daß sich eine dieser Gruppen vornehmlich Argumentationsübungen zuwandte. Eine andere Gruppe hatte die Verteidigungskunst zu ihrem Schwerpunkt gemacht. Ja, es liegen Anzeichen dafür vor, daß diese straff organisierte Gruppe sich von einzelnen Fürsten als Kriegstechniker einstellen ließ. Bekanntlich maß Mo Ti der Errichtung von Verteidigungsanlagen große Bedeutung bei, hegte er doch optimistischerweise die Hoffnung, dadurch Kriege verhindern zu können. Und so geschah das geradezu Widersinnige, daß die Fraktion der Kriegstechniker unter seinen Schülern zu den Begründern der Lehre von der Kriegskunst in China wurden. – Aus dieser Beschäftigung der Mohisten mit Techniken und Handwerklichem ist der Schluß gezogen worden, daß die Mohisten vor allem aus der Handwerkerschicht stammten.[34]

Eine straffe Organisationsform scheinen alle mohistischen Schulrichtungen gehabt zu haben, die sich in hierarchisch gegliederten Mohistengemeinden zusammenschlossen, in denen Bescheidenheit und absolute Gefolgschaftstreue oberstes Prinzip waren. Dabei standen die Großmeister an der Spitze, die möglicherweise als Inkarnationen Mo Tis angesehen wurden und ihre Legitimation jeweils von ihrem Vorgänger bezogen. Ein weiteres Charakteristikum der Mohistengemeinden war ihre Bescheidenheit und die Forderung nach karger Lebensführung, wobei sie sich Yü zum Vorbild nahmen.

»Yü war ein großer Heiliger, und daß er also sich abmühte um die Welt, das nahmen sich die Anhänger des Mo Ti zum Vorbild, indem sie härene und grobe Kleider trugen und hölzerne und stroherne Sandalen. Tag und Nacht gönnten sie sich keine Ruhe. So legten sie sich die äußersten Entbehrungen auf, indem sie sprachen: ›Wer das nicht vermag, der wandelt nicht in den Wegen des großen Yü und ist nicht wert, ein Schüler des Mo Ti zu heißen.‹«[35]

Und von der absoluten Gefolgschaftstreue der Schüler Mo Tis zu ihrem Meister heißt es, seine 180 ergebenen Anhänger habe er sämtlich veranlassen können, durch Feuer zu gehen und auf Schwerter zu treten.[36]

Zusammenfassend schreibt Eichhorn: »Die Mohistengemeinden sind deshalb der Ausgangspunkt einer sich durch die ganze chinesische Geschichte hinziehenden Tendenz der unteren sozialen Schichten, sich zur Förderung oder Verteidigung ihrer religiösen oder wirtschaftlichen Interessen offen oder geheim in Gesellschaften, Gilden usw. zu verbünden.«[37]

Mo Ti und das erwachende China

Obwohl die Lehren des Mo Ti bereits von Menzius (372–289 v. Chr.) bekämpft und später von den Konfuzianern geradezu verfemt wurden, gerieten sie doch nicht gänzlich in Vergessenheit. So blieb der Mohismus als ein gewissermaßen verdrängtes, aber als solches höchst wirksames Erbe erhalten. Insbesondere hat die Lehre von der Bedeutung überfamiliärer Beziehungen ihre Sprengkraft bis in unsere Zeit behalten. In der Bewegung vom 4. Mai 1919 diente Mo Ti den Antikonfuzianern als Zeuge und als derjenige Meister, der – so wurde jedenfalls behauptet – bereits im fünften vorchristlichen Jahrhundert eine Logik entwikkelt habe, die der des Aristoteles ebenbürtig sei. Von den radikalen Antitraditionalisten allerdings wurde auch er strikt abgelehnt.

Einen wichtigen Aspekt für die starke Beachtung Mo Tis in neuerer Zeit zeigen Ausführungen Hu Shihs (1891–1962) in seinem 1922 erschienenen Buch *The Development of the Logical Method in Ancient China*. Nachdem er die einfache Übernahme philosophischer und wissenschaftlicher Methoden aus dem Westen für China als unzureichend bezeichnet hat, formuliert er seine entscheidende Frage: »Wie können wir Chinesen uns in dieser neuen Welt wohl fühlen, die auf den ersten Blick so unvereinbar mit dem erscheint, was wir lange Zeit als unsere eigene Zivilisation betrachtet haben? Denn es ist doch ganz natürlich und gerechtfertigt, daß eine Nation mit glorreicher Vergangenheit und eigenständiger Zivilisation sich in einer neuen Zivilisation niemals recht zu Hause fühlen wird, wenn sie diese neue Zivilisation als eine aus dem Ausland importierte Sache betrachtet, die allerdings, obwohl aufgezwungen, zur nationalen Selbstbehauptung notwendig war. Das eigentliche Problem läßt sich so formulieren: Wie können wir uns am besten moderne Zivilisation so aneignen, daß sie geistesverwandt mit unserer eigenen Zivilisation ist, ihr entspricht und sie fortführt?

»Die Betonung von Erfahrung im Gegensatz zu Dogmatismus und Rationalismus, die entwickelte wissenschaftliche Methode in allen ihren Formen und die historische oder evolutionistische Betrachtung von Wahrheit und Sittlichkeit – all dies, was ich als die bedeutendsten Errungenschaften der modernen Philosophie des Westens ansehe, hat bereits in den großen nichtkonfuzianischen Schulen des fünften, vierten und dritten Jahrhunderts v. Chr. seine hochentwickelten Vorläufer gehabt. Es scheint daher die Pflicht des neuen China zu sein, die so lange vergessenen eigenen Systeme im Lichte und mit Hilfe moderner westlicher Philosophie zu studieren.

Wenn die Philosophien des chinesischen Altertums auf dem Niveau moderner Philosophie neu ausgelegt und die moderne Philosophie im Lichte Chinas eigener Systeme interpretiert worden sind, dann, und erst dann, können sich Chinas Philosophen und Studenten der Philosophie wirklich wohl fühlen bei den neuen Methoden und Hilfsmitteln der Betrachtung und Forschung... Es ist mein stärkster Wunsch, meinem Volke klarzumachen, daß jene Methoden des Westens dem chinesischen Geist nicht vollständig fremd sind...«[38]

Die wichtigste nichtkonfuzianische Schule jener Zeit, von der Hu Shih spricht, waren die Mohisten. Bei ihnen meinte er bereits vorzufinden, was der Westen zu bieten hatte. So brauchte dann auch Modernisierung keine Abwendung von der eigenen Zivilisation zu bedeuten. Daß dies vielen Intellektuellen Chinas eine neue Sicherheit und ein neues Selbstwertgefühl gab, ist leicht verständlich.

Doch nicht nur auf dem Gebiet der Logik und Methodologie konnte man dem Westen gegenüber bereits eine eigene alte Tradition vorweisen, sondern auch auf dem Gebiet der Technik. Und auch hier konnte man sich auf Mohisten berufen, die Maschinen zur Stadtwallverteidigung entwarfen und bauten sowie beispielsweise bereits über weitreichende Kenntnisse in der Optik verfügten.[39]

Und schließlich fand man bei Mo Ti sozialistische Gedanken formuliert, so daß man auch in dieser Hinsicht dem Westen eine eigene Tradition entgegenhalten konnte. Und im Gebot der allumfassenden vereinigenden Liebe konnte man sehr wohl ein Gegenstück zur christlichen Lehre der Bergpredigt sehen. Natürlich fand gerade dieser Aspekt bei den christlichen Missionaren in China große Beachtung. Die meisten von ihnen vertraten jedoch die Auffassung, daß die Liebe bei Mo Ti der christlichen Lehre unterlegen sei. Erstere, so meinte beispielsweise James Legge, laufe auf eine gute Regierung hinaus, während die christliche Liebe ein Gesetz für die ganze Menschheit sei und keine Unterschiede kenne.[40]

So suchte man schon in der eigenen Tradition zu finden, was man zunächst als Fremdartiges vom Westen übernehmen zu müssen meinte. Daß bei all den Bemühungen manchmal mehr in die überlieferten Schriften hineininterpretiert wurde als tatsächlich darin stand, braucht nun nicht zu verwundern. Immerhin hat diese Bestrebung bis in unsere Tage in China eine starke Beschäftigung mit den Schriften Mo Tis bewirkt. (Siehe auch den Literaturhinweis unten S. 227f.)

Die Beschäftigung mit Mo Ti setzte bereits im 18. Jahrhundert ein. Zwar hatte bereits Lü Liu-ling (1629–1683), ein Loyalist der Ming-Dynastie, der unter den Mandschus kein Amt annehmen wollte, über Mo Ti geschrieben. Doch erst Pi Yüan (1730–1797) stellte den durch die Überlieferung stark verderbten Text der Schriften Mo Tis wieder her. In seinem Vorwort erklärt er, zwischen Konfuzius und Mo Ti gebe es gar keinen Widerspruch, doch komme Mo Ti der Wahrheit am nächsten. Mit seiner Textedition, die 1783 gedruckt wurde, schuf Pi Yüan den Anfang eines neuen Interesses an jenem alten Philosophen, der von den orthodoxen Konfuzianern der Vergangenheit so stark vernachlässigt worden war. Noch zu Lebzeiten Pi Yüans verfaßte Chang Hui-yen (1761–1802) im Jahre 1792 eine Studie über die vier schwierigsten Kapitel der Schriften Mo Tis – jene über Definitionen – unter dem Titel *Mo-tzu ching-shuo chieh*.

Wang Nien-sun (1744–1832), ein Schüler Tai Chens, meinte, daß man, um die Bedeutung der klassischen Schriften zu verstehen, vorab etymologische Studien treiben müsse; in seinem Hauptwerk *Tu-shu tsa-chih*, das in Folgen zwischen 1812 und 1831 gedruckt wurde, ist auch eine Abhandlung über die Schriften Mo Tis enthalten. Gegen Ende des 19. Jahrhunderts verfaßte dann Sun I-jang (1848–1908) mit seinem Werk *Mo-tzu chien-ku* die immer noch gültige kritisch kommentierte Gesamtausgabe der Schriften Mo Tis und seiner Schüler. Nach Sun I-jang wandte sich das Interesse vornehmlich einzelnen Aspekten zu, darunter vor allem dem *Kanon*, den Kapiteln zur Argumentationslehre und Dialektik also, und den ökonomischen Vorstellungen Mo Tis und der Mohisten.

Das unter der Ch'ing-Dynastie (1644–1911) erwachte neue Interesse an Mo Ti erstreckte sich also, wie wir gesehen haben, zunächst auf Bemühungen um eine philologische Aufbereitung des Textes, wodurch schließlich auch die Voraussetzung geschaffen wurde, sich mit den Schriften Mo Tis und der Mohisten inhaltlich zu beschäftigen. Dies gilt namentlich für den *Kanon,* der ohne Kommentar überhaupt nicht zu verstehen ist. Und je mehr man sich mit westlichen Ideen konfrontiert sah, desto intensiver suchten chinesische Gelehrte in der eigenen Tradition nach etwas, das sie dieser Herausforderung entgegensetzen konnten. Diese Suche aus dem Bemühen, eine nationale chinesische Identität aufrechtzuerhalten, führte zu Mo Ti, in dessen Werk man Schriften zur Logik und Technik fand, und der nicht zuletzt selbst als ein Ahnherr des Sozialismus in China gelten konnte.

Die Schriften Mo Tis und der Mohisten

Die Schriften, die unter dem Titel »Meister Mo Ti« in 15 Büchern, aufgeteilt in 71 Kapitel, überliefert sind und die nicht nur die Schriften Mo Tis und seiner Schüler, sondern auch die der späteren Mohisten enthalten, lassen sich in vier Gruppen unterteilen.

1. Die systematischen Kapitel (Kapitel 1–39; die Kapitel 22–24, 29, 30, 33, 34 und 38 sind nicht erhalten); vielleicht abgesehen von den Kapiteln 1 und 2, die starken konfuzianischen Einfluß zeigen, und dem Kapitel 39, das sicher erst von Enkelschülern, die in einer verschärften Konfrontation mit den Konfuzianern standen, geschrieben wurde, ist in diesen systematischen Kapiteln die ganze Lehre Mo Tis niedergelegt. Ein Novum gegenüber früheren Schriften ist bei Mo Ti die streng thematische Orientierung der einzelnen Kapitel. In der mit dem achten Kapitel *Hochschätzung der Weisen* beginnenden Reihe der sogenannten synoptischen Kapitel wird in jeweils drei Kapiteln ein und dasselbe Thema behandelt. Dabei handelt es sich um die vermutlich auf eine längere mündliche Überlieferung zurückgehenden Lehrreden von drei Schulrichtungen, die sich im Zusammenhang der inneren Schulauseinandersetzungen herausge-

bildet hatten. Angus C. Graham, der in den Mohisten die Begründer rationaler Argumentationsformen in China sieht, hat diese Schulrichtungen als »puristisch«, »vermittelnd« und »reaktionär« bezeichnet und zugleich versucht, etwas mehr Licht in die innere Ordnung dieser synoptischen Kapitel zu bringen. Denn ihre Zuordnung zu den einzelnen Schulrichtungen war durch das Fehlen einiger Kapitel im Zuge der Textüberlieferung etwas durcheinander geraten.

2. Die Kapitel 46–51 (Kapitel 51 ist nicht erhalten); hierbei handelt es sich um Dialoge zwischen Mo Ti und seinen Schülern oder Gegnern, um eine Art von Schulgesprächen, in denen einzelne Themen der in den Kapiteln 1–39 entfalteten Lehre verhandelt werden. An manchen Stellen finden sich jedoch auch Äußerungen, die – offenbar später hinzugefügt – über die Lehre Mo Tis hinausgehen oder ihr gar in einigen Punkten widersprechen. Diese Kapitel können als die von Schülern oder Enkelschülern aufgezeichneten Gespräche zwischen Mo Ti und seinen Schülern angesehen werden, in denen sich oft schon die besonderen Ansichten der späteren Mohisten niedergeschlagen haben.

3. Die Kapitel zur Argumentationslehre (Kapitel 40–45); dies sind die Schriften, die einer bestimmten Schulrichtung unter den Mohisten, der der »Logiker« oder »Dialektiker«, entstammen. Man kann sie als den Kern der – schnell in Vergessenheit geratenen und erst im vergangenen Jahrhundert wieder neu beachteten – ältesten chinesischen »Proto-Wissenschaftstheorie« bezeichnen.

4. Die Kapitel 52–71 (Kapitel 54, 55, 57, 59, 60 und 64–67 sind verloren gegangen); Schriften zur Verteidigungskunst und über Verteidigungswaffen und -gerät. Diese Schriften stammen offenbar aus der mohistischen Kriegstechnikerschule, welche die Verteidigungskunst, der Mo Ti selbst große Bedeutung beimaß, zu ihrem Schulziel gemacht hatte.

Zur vorliegenden Ausgabe

Von diesen vier Textgruppen wird in der vorliegenden einbändigen Ausgabe die erste Gruppe in deutscher Übersetzung vorgelegt, da in dieser Textgruppe bereits die gesamte Lehre Mo Tis entfaltet ist. Eine deutsche Neuübersetzung auch der dritten Textgruppe (zur Argumentationslehre) erscheint wünschenswert, doch gehört sie nicht in den Rahmen der vorliegenden Ausgabe. Vielmehr ist sie in den Zusammenhang mit anderen Texten zur Logik und Argumentationstechnik zu stellen, namentlich den Texten aus der Schule der Benennungen *(ming-chia)* der Zeit der kämpfenden Staaten (481–221 v. Chr.).

Für die vorliegende Übersetzung wurde der Text *Mo-tzu chien-ku (Mo-tzu mit eingeschobenen Kommentaren)* von Sun I-jang, aus dem Jahre 1894, verbesserte Ausgabe von 1907, nach dem Druck in der Sammlung *Chu-tzu chi-ch'eng (Vollständige Ausgabe aller Philosophen),* Shanghai 1935, zugrunde gelegt. Die Übersetzungen von Alfred Forke (1922), Mei Yi-pao (1929) und Burton Watson (1963) wurden konsultiert.

Bei der Übersetzung haben wir uns immer bemüht, einen Kompromiß zwischen philologischer Genauigkeit und Lesbarkeit zu finden. Anmerkungen sind nur dort beigegeben worden, wo sie zum Verständnis des Textes wichtig erschienen. Auf philologische Annotation, wo beispielsweise der Lesung eines bestimmten Kommentators und nicht derjenigen Sun I-jangs gefolgt wurde, ist durchweg verzichtet worden, da sie dem des Chinesischen Unkundigen nichts gegeben hätte, während dem Sinologen die Ausgabe Sun I-jangs, der auch alle wichtigen früheren Kommentatoren in seinen Kommentar einbezieht, sicher zur Hand ist.

Auf eine besondere Schwierigkeit bei der Übersetzung soll hier noch hingewiesen werden. Für etliche Ausdrücke erwies es sich als besonders schwierig, passende und zugleich durchgängig benutzbare Übersetzungsbegriffe zu finden. Obwohl es sich dabei meist um zentrale Begriffe handelt, mußten, um allzu große Sprödigkeit zu vermeiden, oft für ein und denselben chinesischen Ausdruck in unterschiedlichen Zusammenhängen auch voneinander abweichende Übersetzungsbegriffe in Kauf genommen werden. So ist beispielsweise *sheng-jen* und *sheng-wang*, »Heiliger«, »heiliger König«, an manchen Stellen auch als »Vorbildlicher«, »vorbildlicher König« übersetzt worden. *Hsien* ist manchmal mit »tüchtig«, »der Tüchtige«, sonst mit dem gebräuchlicheren »weise«, *shih* mal als »Beamter«, mal als »Gelehrter« wiedergegeben. Im übrigen sind diese Begriffe wie im Chinesischen so auch in der Übersetzung aus dem Zusammenhang heraus zu verstehen.

Als Umschriftsystem wurde, außer bei so geläufigen Namen wie Konfuzius und Menzius, das Wade-Giles-System verwendet.

Einzelerörterungen

Vertrauen zu den Gelehrten

Wenn in einem Staat für Gelehrte *(shih)*[41] kein Platz ist, wird er untergehen. Wenn tüchtige Männer[42] erscheinen und man sich nicht um sie bemüht, dann vernachlässigt man seinen Fürsten. Stellt man sich gegen die Tüchtigen und bemüht sich nicht um sie, mißachtet man die Gelehrten und kümmert man sich nicht gemeinsam mit ihnen um den Staat, oder vernachlässigt man die Tüchtigen und vergißt die Gelehrten – ein Staat, in dem dies der Fall ist, hatte noch niemals lange Bestand.

Einst zog Herzog Wen[43] aus und ordnete das Reich; Herzog Huan[44] verließ seinen Staat und brachte die Lehnsfürsten unter seine Vorherrschaft. Der König von Yüeh, Kou Chien[45], wurde zwar von dem König von Wu gedemütigt, und doch brachte er schließlich den Fürsten Chinas den Frieden. Diese drei waren fähig, Ruhm zu erwerben und sich um das Reich verdient zu machen, obgleich sie zunächst in ihren eigenen Staaten unterdrückt und stark gedemütigt worden waren.

Die Herrscher des hohen Altertums wurden niemals geschlagen. Ihre Nachfolger erlitten wohl manche Niederlage, doch mit Hilfe des Volkes erholten sie sich wieder davon. Folgendes habe ich sagen hören: Man könnte sehr wohl in Frieden leben, aber es fehlt eben oft die Friedfertigkeit; man könnte sehr wohl genug haben, doch es fehlt bloß oft an der Genügsamkeit.

So nimmt der Edle *(chün-tzu)*[46] selbst das Schwierige auf sich und verschafft anderen Erleichterung, während die Menge sich selbst den leichtesten Weg sucht und das Schwierige den anderen aufbürdet. Der Edle gibt bei seinem

Vorgehen nicht seine Absicht auf und wird nicht mißmutig, und selbst wenn er mit der einfachen Bevölkerung auf eine Stufe gestellt wird, beklagt er sich nicht. Im Gegenteil, er vertraut auf sich selbst. Und gerade weil er das tut, was ihm schwerfällt, erreicht er bestimmt, was er sich wünscht. Denn noch niemals hat man davon gehört, daß einer dadurch, daß er nur tut, was er gern mag, das, was ihm unangenehm ist, vermeidet.

Minister, die ihren Fürsten bloß ermuntern, sind ihm verderblich, und schmeichelnde Untertanen schaden ihrem Herrscher. Der Fürst braucht Beamte, die ihm auch zu widersprechen wagen, und der Herrscher braucht Untertanen, die ihn kritisieren. Solange Diskussion herrscht und Opposition auftritt, ist der Herrscher seines Lebens sicher und die Existenz des Staates nicht gefährdet. Wenn jedoch Beamte und Untertanen ihren Rang und ihre Stellung am wichtigsten nehmen und nicht wagen, sich zu äußern, wenn die Beamten im Lande nicht den Mund öffnen, dann staut sich Unmut in den Herzen des Volkes an. Schmeichelei nimmt dann bei Hofe überhand und eine offene Meinungsäußerung wird blockiert. Dann ist der Staat in Gefahr.

Sind nicht Chieh und Chou, weil sie von den Gelehrten des Reiches nichts wissen wollten, selbst zugrunde gegangen, und haben sie dadurch nicht auch das Reich zerstört?[47] Daher heißt es: Statt die Schätze des Staates einzuheimsen, sollte man eher Weise und Gelehrte heranziehen.

Angenommen, wir haben fünf Nadeln, dann werden die spitzesten mit Sicherheit als erste abbrechen; ebenso ist es bei Messern, bei denen die schärfsten zuerst stumpf und schartig werden. Süße Quellen versiegen bald[48], herausragenden Bäumen droht die Axt, die heiligen Schildkröten sind dem Feuertod nahe[49], und die Schlangen erwartet der Opfertod.[50] So wurde auch Pi Kan hingerichtet, weil er Einwendungen machte[51], und der Tod Meng Pens war Folge seiner Kühnheit, das Ertrinken Hsi Shihs war Folge ihrer Schönheit[52], und Wu Ch'i wurde seiner Taten wegen zerrissen.[53] So gibt es unter außergewöhnlichen Leuten nur wenige, die nicht infolge ihrer Vorzüglichkeit den Tod fanden. Daher sagt man: Allzu große Fülle ist nur schwer zu bewahren.[54]

Selbst ein weiser Fürst liebt keinen Beamten, der nichts leistet, wie auch ein gütiger Vater einen Sohn nicht liebt, der nichts taugt. Wer ein Amt innehat, den Amtspflichten aber nicht entspricht, ist nicht der richtige Mann für dieses Amt, und wer Einkünfte für eine Stellung bezieht, der er nicht gewachsen ist, sollte diese Stellung nicht bekleiden.

Ein guter Bogen ist schwer zu spannen, doch man kann mit ihm hoch schießen und der Pfeil dringt tief ein. Ein edles Pferd ist schwer zu reiten, doch kann es eine große Last tragen und den Reiter weit bringen. Einem Mann mit herausragenden Fähigkeiten ist schwierig zu befehlen, doch er kann seinem Fürsten zu großem Ansehen verhelfen.

Ströme und Flüsse verachten nicht die Bäche, die ihnen aus kleinen Tälern zufließen. Ebenso verschmäht auch der Heilige nicht die Dienste von Männern mit großem Können; er weist ihre Gaben nicht zurück und läßt sie so zum Werkzeug für das ganze Reich werden. Denn das Wasser der Ströme und Flüsse ist nicht das Wasser aus einer Quelle, und ein Pelzmantel für tausend Goldstücke ist nicht aus dem Pelz eines einzigen Weißfuchses gefertigt. Warum sollte daher ein Fürst nicht Gleichgesinnte heranziehen, anstatt sich nur auf sich selbst zu beschränken? Dies wäre im übrigen auch nicht die Art eines Weltherrschers.

Wenn Himmel und Erde nicht im Glanz erstrahlen, die großen Wasser nicht reichlich strömen, die großen Feuer nicht lodern und flammen, des Königs Tugend nicht erhaben waltet[55], dann haben wir es nur mit dem Anführer einer Tausendschaft zu tun. Seine Geradheit mag die eines Pfeiles, seine Glattheit die eines Reibsteins sein, er vermag doch nicht, alle Geschöpfe zu beschirmen.

In Engtälern versiegt das Wasser am schnellsten, seichte Stellen liegen am ehesten trocken und auf steinigem Boden trägt die Erde keine Frucht. Wenn der Strom königlicher Wohltaten nicht aus dem Palast herauskommt, so kann er den Staat nicht durchfließen.

Das eigene Selbst vervollkommnen

Beim Kampf ordnet sich der Edle zwar einer Schlachtreihe ein, jedoch ist der Mut dabei das Ausschlaggebende. Bei einer Begräbnisfeier gibt es zwar bestimmte Zeremonien, doch die Trauer ist dabei die Hauptsache. Ein Gelehrter verfügt zwar über Wissen, doch seine Handlungsweise ist das Entscheidende.

Einer, der noch keine feste Grundlage hat, sollte sich nicht um glücklichen Ausgang kümmern. Einer, der sich nicht mit seiner Nachbarschaft verständigt hat, sollte nicht nach der Ferne streben. Bevor man mit seiner Verwandtschaft nicht ins Reine gekommen ist, sollte man sich nicht um Beziehungen nach außen bemühen, und ehe man nicht seine eigenen Angelegenheiten in Ordnung gebracht hat, sollte man sich nicht auf andere Geschäfte einlassen. Solange einem die einfachsten Dinge noch nicht klar sind, sollte man sich nicht schon um umfassende Bildung bemühen. So regierten auch die ersten Herrscher das Reich; sie prüften das Näherliegende und gingen dann erst zu dem weiter entfernt liegenden über.

Auch der Edle prüft zunächst das Naheliegende, und das bedeutet für ihn die Kultivierung des eigenen Selbst. Wenn er seine eigene Handlungsweise nicht kultivierte, so würde er verfallen, und daher beschäftigt er sich zunächst mit sich selbst. Er prüft, wo er mit sich selbst nicht zufrieden ist, und müht sich um Besserung.[56]

Verleumderische Worte dringen nicht an sein Ohr, gehässige Reden kommen nicht aus seinem Mund, und der Gedanke, ein Menschenkind zu töten oder zu verletzen, findet in seinem Herzen keinen Platz, und auch Denunzianten traut er nicht. So leistet der Edle in seiner angestrengten Arbeit täglich mehr, seine Wünsche werden täglich weniger; Kraft und Fülle nehmen täglich zu. Das ist der Weg des Edlen.

In Armut zeigt er Bescheidenheit, im Wohlstand Rechtschaffenheit. Lebenden gegenüber zeigt er sich liebevoll, angesichts des Todes ist er voll Trauer. Diese vier Seiten seines Verhaltens dürfen nicht hohl und falsch sein, und deshalb geht er in sich. Ohne sich je zu erschöpfen, kommen sein inneres Gefühl in seiner Liebesbetätigung, seine Ehrfurcht in seiner Körperhaltung, seine Gelehrsamkeit in seinen Äußerungen zum Ausdruck; sie beherrschen alle seine Glieder und dringen bis in die äußere Haut vor. Und selbst wenn ihm schon das weiße Haar ausgeht, hält er noch daran fest. Ist er nicht wie ein Heiliger?

Wo die Willenskraft nicht stark ist, reicht auch die Einsicht nicht weit, und wo Worte kein Vertrauen verdienen, ist auch das Verhalten nicht echt. Wer von seinen Gütern nicht anderen abzugeben vermag, eignet sich nicht zum Freund. Wer seine Prinzipien nicht ernst nimmt und die Dinge um sich nicht kennt, wer bei Diskussionen über wahr und falsch nicht sorgfältig urteilt, eignet sich nicht für den Umgang.

Wo die Wurzel nicht kräftig ist, da ist sicher auch der Wipfel dürftig. Wenn ein Starker nicht an sich arbeitet, dann wird er bald erschlaffen. Aus trüber Quelle fließt kein klares Wasser. Wenn man der Handlungsweise eines Menschen nicht trauen kann, dann ist sein guter Ruf bald zerstört. Ein guter Ruf stellt sich nicht einfach ein, und man wird nicht ohne Grund gepriesen. Hervorragende Leistungen bringen einen guten Ruf ein. Da Ruf und Preisungen nicht leer und falsch sein dürfen, geht man in sich.

Wenn man sich dem Reden hingibt und das Handeln vernachlässigt, dann wird trotz aller Erörterungen einem doch keiner zuhören; und wenn man sich noch so sehr anstrengt, sich aber seiner Verdienste rühmt, dann wird man trotz aller Mühen nichts ausrichten. Die Verständigen erwägen alle Angelegenheiten in ihrem Herzen, aber sie reden nicht viel. Sie geben sich viel Mühe und rühmen sich doch nicht ihrer Verdienste. So verbreitet sich ihr Ruf und ihr Ruhm in der ganzen Welt.

Bei Worten ist es nicht die Menge, sondern die Verständigkeit, worauf es ankommt, nicht die literarisch schöne Form, sondern die Überlegtheit. Wer daher jene Verständigkeit nicht zum Ziel seiner Überlegungen macht, schlägt den falschen Weg ein. Wenn das Gute im Herzen keinen festen Platz hat, dann hält es nicht lange an, und wenn das Handeln nicht im eigenen Selbst des Handelnden erwogen worden ist, dann hat es keinen Bestand. Ein guter Ruf wird nicht im Nu erworben, und Ruhm läßt sich nicht durch Scharlatanerie begründen. Der Edle achtet auf seine eigene Handlungsweise. Wer beständig auf seinen Vorteil sinnt und nur gelegentlich nicht auf seinen Ruf bedacht ist, der konnte noch niemals als Gelehrter in der Welt gelten.

Womit gefärbt wird

Meister Mo Ti sah zu, wie Seide gefärbt wurde, und sprach seufzend:[57] In Blau gefärbt wird sie blau und in Gelb gefärbt wird sie gelb. Wechselt man, worein man sie taucht, dann wechselt auch ihre Farbe. Wird sie in fünf verschiedene Farben getaucht, dann wird sie fünffach gefärbt. Daher ist beim Färben äußerste Sorgfalt geboten. Denn nicht allein beim Färben von Seide ist es so, auch im Staate wird gefärbt.

Shun wurde von Hsü Yu und Po Yang gefärbt[58], Yü von Kao Yao und Po I[59], T'ang und I Yin und Chung Hui[60], König Wu von Herzog T'ai und Herzog Chou[61]. Die Färbung dieser vier Könige war die richtige, und deshalb herrschten sie über das Reich und wurden zu Himmelssöhnen erhoben. Der Ruhm ihrer Verdienste erfüllt die Welt. Und wenn Männer genannt werden, die sich in der Welt durch Menschlichkeit und Rechtschaffenheit ausgezeichnet haben, dann sind es vor allem diese vier Könige.

Chieh aus dem Hause Hsia wurde von Kan Hsin und T'ui Che gefärbt[62], Chou aus dem Hause Yin von Ch'ung Hou und O Lai[63], König Li vom Herzog von Li, Chang Fu und Jung I Chung[64], König Yu vom Herzog I von Fu, und Ku von Ts'ai. Die Färbung dieser vier Könige war nicht die richtige. Deshalb wurde ihr Staat zerstört und sie selbst kamen um und wurden im ganzen Reich geschmäht. Wenn unrechtschaffene und schändliche Leute des Reiches genannt werden, dann sind es bestimmt die Namen dieser vier Könige.

Herzog Huan von Ch'i wurde von Kuan Chung[65] und Pao Shu[66] gefärbt, Herzog Wen von Chin von Chiu Fan und Kao Yen[67], König Chuang von Ch'u durch Sun-shu und Shen Yin[68], König Ho-lü von Wu durch Wu Yüan und Wen[69] und König Kou Chien von Yüeh durch Fan Li und den Großbeamten (Wen) Chung.[70] Die Färbung dieser fünf Fürsten war die richtige. Daher erlangten sie die Hegemonie über die Lehnsfürsten und ihre Verdienste lebten im Andenken späterer Zeiten fort.

Fan Chi-she wurde gefärbt von Chang-liu Shuo und Wang Hsing[71], Chung-hang Yin von Chi Ch'in und Kao Ch'iang[72], Fu Ch'ai von Wu durch Wang-sun Lo[73] und den Minister P'i, Chih Po-yao von Chih Kuo und Chang Wu[74], Shang von Chung-shan[75] durch Wei I und Yen Ch'ang, und Sung K'ang von T'ang Yang und Tien Pu-li.[76] Die Färbung dieser sechs Fürsten war nicht die richtige. Daher wurden ihre Staaten und Familien zerstört und sie selbst wurden hingerichtet. Ihre Ahnentempel stürzten zusammen und sie hinterließen keine Nachkommenschaft. Ihre Beamten zerstreuten sich und das Volk wanderte aus und ging zugrunde. Will man habsüchtige und gewalttätige Männer nennen, dann sind es vor allem die Namen dieser sechs Fürsten.

Wie aber kann ein Fürst in Frieden leben? – Indem er in seiner Handlungsweise richtige Grundsätze befolgt, die selbst wiederum aus der richtigen Färbung hervorgehen. Daher bemüht sich ein guter Fürst, die Menschen einzuschätzen, und gibt sich nicht damit ab, seinen Beamten Anweisungen zu geben. Ein unfähiger Fürst hingegen richtet seinen Körper zugrunde, vergeudet seine Geisteskraft, martert sein Herz und quält seinen Verstand. Doch sein Land gerät immer mehr in Gefahr und er selbst in immer größere Schande. Jene sechs Fürsten nahmen ihren Staat schon sehr wichtig und kümmerten sich um sich selbst. Aber sie wußten nicht, was das Wichtige ist, und weil sie dies nicht wußten, wurden sie nicht richtig gefärbt.

Doch nicht allein im Staate wird gefärbt. Auch jeder Gelehrte hat seine Färbung. Hat er Freunde, die alle Menschlichkeit und Rechtschaffenheit hochhalten, einen makellosen Lebenswandel führen und die Gesetze fürchten, dann gedeiht seine Familie und er selbst findet immer mehr Ruhe und sein Ruhm wächst täglich. Als Beamter entspricht er seinen Pflichten vollkommen. Tuan-kan Mu, Ch'in-tse und Fu Yüeh[77] waren solche Leute. Wenn jedoch alle seine Freunde auf ihre verwegenen Taten stolz sind und eine Neuerung nach der anderen (zur Angleichung an die Zeit der Chou) einführen wollen, dann verfällt sein Haus immer mehr, er selbst kommt täglich in größere Gefahren, sein Name wird immer mehr zum Gespött und in seiner Amtsführung vernachlässigt er seine Pflichten. Tse Hsi, I Ya und Shu Tiao[78] waren solche Leute. Im Buch der Lieder heißt es: »Man muß wählen, was angemessen ist.«[79] Das paßt auf unseren Fall.

Maßstäbe

Meister Mo Ti sagte: Einer, der in der Welt etwas ausführt, kann dies nicht ohne einen Maßstab. Denn wenn er keinen Maßstab hat, ist er nicht in der Lage, sein Unternehmen auszuführen. Selbst die vollkommensten Gelehrten, welche

Generäle oder Minister werden, sie alle haben einen Maßstab. Und ebenso die besten Handwerker, die irgendeine Arbeit ausführen, haben alle einen Maßstab. Machen sie ein Rechteck, benutzen sie den Winkel, für den Kreis nehmen sie den Zirkel, für die Gerade eine Schnur und für die Senkrechte ein Lot. Geschickte Handwerker ebenso wie ungeschickte bedienen sich dieser fünf Instrumente[80] als Richtmaße. Die geschickten treffen die Richtung, und die ungeschickten, obwohl sie nicht treffen, verlassen sich doch auch bei ihren Arbeiten auf ihre Instrumente und kommen dadurch gleichsam über sich selbst hinaus. So haben alle Handwerker bei ihren Arbeiten eine Richtschnur, mit der sie messen.

Nun regieren die Größten das Reich, und nach ihnen kommen die Großstaaten, doch sie haben keine Richtschnur, mit der sie messen könnten, und so reichen sie noch nicht einmal an die Handwerker heran. Was sollten sie aber auch als Richtschnur für ihre Regierungstätigkeit nehmen? Sollten sie etwa alle ihre Eltern als Vorbild nehmen? Eltern gibt es in der Welt ja eine Menge, aber menschlich sind nur wenige unter ihnen. Würden sie nun alle ihre Eltern zum Vorbild nehmen, dann wäre dies ein unmenschliches Vorbild, und ein Vorbild, das unmenschlich ist, darf nicht als Vorbild gelten. Oder sollten sie alle ihre Lehrer zum Vorbild nehmen? Lehrer gibt es in der Welt eine Menge, aber menschlich sind nur wenige unter ihnen. Würden sie nun alle ihre Lehrer zum Vorbild nehmen, dann wäre dies ein unmenschliches Vorbild, doch ein unmenschliches Vorbild darf nicht als Vorbild dienen. Oder sollten sie etwa alle die Fürsten zum Vorbild nehmen? Die Zahl der Fürsten in der Welt ist groß, aber wenige unter ihnen sind menschlich. Falls alle das Vorbild ihrer Fürsten befolgten, so wäre dies ein schlechtes Vorbild, doch ein schlechtes Vorbild darf nicht als Vorbild dienen.

Demnach taugen also weder Eltern noch Lehrer noch Fürsten zum Vorbild für die Regierung. Was kann aber dann als Vorbild für die Regierung dienen? Die Antwort ist: Das beste Vorbild ist der Himmel. Des Himmels Wege sind allumfassend und uneigennützig; er gewährt in Hülle und Fülle und bildet sich nichts auf seine Wirkkraft ein. Sein Licht ist ewig und nimmt nie ab. Daher haben die heiligen Könige den Himmel zum Vorbild genommen.

Nimmt man den Himmel zum Vorbild, dann muß man sich in allem seinem Tun am Himmel orientieren und das, was der Himmel wünscht, befolgen, und unterlassen, was er nicht wünscht. Doch was wünscht der Himmel und was mißfällt ihm? Ganz gewiß wünscht der Himmel, daß die Menschen einander lieben und sich gegenseitig unterstützen, und er wünscht nicht, daß die Menschen einander hassen und sich gegenseitig schädigen. Doch woher nehmen wir die Überzeugung, der Himmel wünsche, daß die Menschen einander lieben und sich gegenseitig unterstützen, und er wünsche nicht, daß sie sich hassen und gegenseitig schädigen? Daher, daß der Himmel selbst alle liebt und allen nutzt. Und woher wissen wir das? Daher, daß er alle Menschen in seiner Macht hat und sie alle ernährt.[81]

In der Welt sollte es nicht die Unterscheidung in große und kleine Staaten geben, denn alle sind Stätten des Himmels. Und die Menschen sind alle ohne Ansehung des Alters oder der Klassenzugehörigkeit Untertanen des Himmels.[82]

Daher züchten sie überall Rinder und Schafe, mästen Hunde und Schweine, lagern Wein und Most und Gefäße mit Hirse, um verehrend dem Himmel zu dienen. Heißt das nicht, daß der Himmel alle ohne Ausnahme in seiner Gewalt hat und sie alle ernährt? Und wenn der Himmel alle besitzt und nährt, wie könnte man da behaupten, er wünsche nicht, daß alle Menschen einander lieben und sich gegenseitig fördern?

Deshalb heißt es: Solche, die ihre Mitmenschen lieben und sie unterstützen, beglückt der Himmel; doch jene, die ihre Mitmenschen hassen und schädigen, denen bringt er

Unglück. Solche, die täglich Unschuldige ermorden, laden dadurch Unheil auf sich. Wie könnte da einer behaupten, denjenigen, die sich gegenseitig umbringen, sende der Himmel kein Unheil? Somit ist klar: der Himmel wünscht, daß die Menschen einander lieben und sich gegenseitig unterstützen, und es ist gegen seinen Willen, wenn sie einander hassen und sich schädigen.

Die heiligen Könige des Altertums, Yü, T'ang, Wen und Wu, haben alle Menschen des Reiches geliebt, sie angeleitet, den Himmel zu verehren und den Geistern zu dienen, und in vielfältiger Weise nutzten sie den Menschen. Deshalb hat der Himmel sie belohnt und sie zu Söhnen des Himmels erhoben, und die Lehnsfürsten des Reiches dienten ihnen alle in Ehrfurcht.

Die verbrecherischen Könige Chieh, Chou, Yu und Li haben alle die Menschen des Reiches verachtet und sie veranlaßt, den Himmel zu schmähen und die Geister zu beschimpfen, und in vielfältiger Weise schädigten sie die Menschen. Daher ließ der Himmel Unheil über sie kommen, ließ sie ihren Staat und ihre Familie verlieren und sie selbst umkommen. Sie wurden zum Gespött des ganzen Reiches, und Söhne und Enkel späterer Geschlechter verfluchen sie bis auf den heutigen Tag.

So haben also Chieh, Chou, Yu und Li durch schlechtes Verhalten Unheil auf sich geladen. Und weil sie die Menschen liebten und ihnen nützten, haben Yü, T'ang, Wen und Wu die Belohnung des Himmels erlangt. Daß Liebe und Förderung der Menschen zum Glück gereichen, Haß und Schädigung dagegen zu Unheil führen, dafür haben wir hier Beispiele.

Sieben Mißstände

Meister Mo Ti sagte: Im Staat gibt es sieben Mißstände. – Worin bestehen sie?

Erstens. Wenn man Wälle, Mauern und Wassergräben nicht zu verteidigen in der Lage ist und man doch Paläste errichten läßt.

Zweitens. Wenn ein feindlicher Staat auf die eigenen Grenzen zumarschiert, doch die Nachbarn nicht zu Hilfe eilen.

Drittens. Wenn man die Kräfte des Volkes voreilig für nutzlose Aufgaben erschöpft und unfähige Personen beschenkt. Die Kräfte des Volkes werden für Nutzlosigkeiten erschöpft und Reichtümer und Kostbarkeiten an Gäste verschwendet.

Viertens. Wenn die Beamten an ihrem Gehalt hängen und auf Reisen die Beziehungen zu ihren guten Freunde pflegen. Wenn der Fürst Gesetze zur Disziplinierung seiner Beamten erläßt, doch vor lauter Scheu nicht wagt, ihnen entgegenzutreten.

Fünftens. Wenn der Fürst sich selbst für heilig und weise hält und sich nicht über die Sachverhalte erkundigt. Wenn er sich für gesichert und stark hält und keine Verteidigungsvorbereitungen trifft und sich nicht um Vorkehrungen gegen die Pläne der Nachbarstaaten kümmert.

Sechstens. Wenn, was geglaubt wird, nicht aufrichtig ist und das Aufrichtige keinen Glauben findet.

Siebtens. Wenn Viehbestände, Hülsenfrüchte und Getreide nicht für die Versorgung ausreichen; wenn die hohen Beamten nicht für den Staatsdienst geeignet sind; wenn Belohnungen keine Freude bereiten und Strafen keinen Respekt mehr zur Folge haben.

Wenn sich in einem Land diese sieben Mißstände finden, werden auch die Landesgötter nichts mehr ausrichten können. Und will man bei diesen sieben Mißständen noch die Wälle verteidigen, dann wird der Feind bald den Staat überrennen. Wo diese sieben Mißstände die Oberhand haben, wird der Staat sicher in Unheil geraten. Die fünf Feldfrüchte sind es, wonach das Volk strebt und wovon der Fürst seinen Lebensunterhalt hat. Hat das Volk nichts zu essen, dann kann es auch nicht dienen. Daher darf die Nahrungsfrage auf keinen Fall vernachlässigt werden, das Land darf nicht unbearbeitet und die Aufwendungen nicht unkontrolliert bleiben. Werden die fünf Feldfrüchte ausreichend eingebracht, so kann sich der Regent Speisen jeden Geschmacks leisten, werden sie aber nicht genügend eingebracht, so muß auch er sich einschränken.

Fällt eine Feldfrucht aus, so spricht man von Teuerung, wenn zwei ausfallen, von Mangel, wenn drei ausfallen, von einem Notjahr, wenn vier ausfallen, von Mißernte, und wenn alle fünf ausfallen, von Hungersnot. In einem Teuerungsjahr büßen alle Beamten vom Großwürdenträger abwärts ein Fünftel ihrer Bezüge ein, bei einem Mangel zwei Fünftel, in einem Notjahr drei Fünftel, bei einer Mißernte vier Fünftel und bei einer Hungersnot erhalten sie überhaupt keine Bezüge, sondern lediglich Beköstigung. Wenn ein Notjahr oder Hungersnot unter der Bevölkerung eines Landes herrscht, geht der Fürst drei Fünftel seiner Bezüge verlustig, der Großbeamte entfernt sein Glockenspiel und der Student geht nicht mehr zur Schule. Die Tracht am Fürstenhof wird nicht geändert. Gäste der Prinzen und Gesandte der Nachbarstaaten erhalten nur Frühstück und Abendessen, und dies nicht gerade üppig. Die Seitenpferde werden abgeschafft, die Wege werden nicht gejätet, Pferde werden nicht mit Hirse gefüttert, Dienerinnen und Konkubinen tragen keine Seide mehr. All dies sind Anzeichen äußersten Mangels.

Da mag ein Mann mit seinem Sohn auf dem Rücken Wasser holen gehen und ihn in den Brunnen hineinwerfen. Die Mutter wird ihm sicher nachlaufen, und er wird ihr erklären: »Dies ist ein Notjahr und das Volk verhungert auf den Straßen. Hunger ist schwerer zu ertragen als der Verlust eines Sohnes, und das Leid ist größer als ihn zu ertränken.« Ist das etwa nicht erklärlich?

Wenn die Ernte eines Jahres gut ist, dann ist das Volk menschlich und friedfertig; in einem schlechten Erntejahr hingegen ist das Volk geizig und böse. Wie kommt es, daß das Volk sich stets so verhält? Wenn es wenige Produzenten, aber viele Esser gibt, dann ist die Ernte nicht ausreichend. Daher heißt es: Wenn die Güter nicht ausreichen, dann sucht man die Schuld in der Zeit, und wenn die Nahrungsmittel nicht genügen, dann sucht man den Grund im Verbrauch.

Deshalb erzeugten früher die Leute Vorräte entsprechend der Zeit und schufen damit eine solide Basis; und wenn sie dann die Güter verbrauchten, reichten sie aus. Denn nicht einmal die heiligen Könige des Altertums waren in der Lage, beständig das Einbringen aller fünf Feldfrüchte und das Ausbleiben von Dürren und Überschwemmungen zu bewirken. Wie kam es aber dann, daß das Volk nicht fror und hungerte? Sie bekämpften die Not der Zeit und schränkten ihren eigenen Verbrauch ein.

Im Buch Hsia heißt es beispielsweise, daß Yü sieben Jahre Überschwemmung, und im Buche Yin, daß T'ang fünf Jahre Dürre hatte. Beide hatten Jahre äußerster Not zu ertragen. Doch wie schafften sie es, daß die Bevölkerung nicht Kälte und Hunger leiden mußte? Sie ließen die Felder eng bestellen und rationierten den Verbrauch.

Wenn in den Speichern kein Getreidevorrat angelegt worden ist, dann läßt sich eine Hungersnot nicht ertragen. Wenn in den Arsenalen keine Waffen vorrätig sind, dann läßt sich auch mit Gerechtigkeit nicht die Ungerechtigkeit bekämpfen. Wenn Wälle und Mauern nicht in gutem Zustand sind, dann ist eine Selbstverteidigung unmöglich. Wenn man in seinem Herzen nicht wohl vorbereitet ist, dann kann man Zufällen nicht entsprechen. So etwa ging es Ch'ing Chi, der unvorbereitet fort reiste und nicht einfach zu entkommen vermochte.[83]

Chieh war nicht auf die gute Vorbereitung von T'ang gefaßt und mußte daher in die Verbannung ziehen; Chou hatte die Vorkehrungen Wus nicht erwartet und fand daher den Tod. Chieh und Chou hatten die Stellung eines Himmelssohnes und geboten über die ganze Welt. Wie kommt es, daß dennoch beide einem über bloß hundert Quadratmeilen herrschenden Fürsten unterlagen? Sie verfügten über Reichtum und eine überragende Position, doch sie trafen keine Vorbereitungen. Vorbereitet zu sein, ist das Wichtigste für einen Staat: Nahrungsmittelvorräte sind eines Landes Schatz, Rüstung seine Klauen und Wälle, wodurch er sich selbst verteidigt.

Dies sind die drei Mittel des Staates.

Daher heißt es: Wenn man übertriebene Geschenke macht, um verdienstlose Beamte zu belohnen, dann vergeudet man seine Vorräte. Wenn man Wagen und Pferde, Kleider, Pelze und andere Extravaganzen anschafft, bedrückt man Diener und Gefolge. Durch Aufführen von Prachtbauten und Einrichtung von Prachtvorstellungen, aufwendige Särge und Sarkophage und die Fertigung zahlreicher Kleider und Pelze für die Toten, durch die Errichtung von Terrassen und Pavillons für die Zeit des Lebens und die Aufführung von Grabmälern für die Verstorbenen wird das Volk im Lande bedrückt und die fürstlichen Schatzkammern erschöpft. Während die Oberen sich in ihrem Wohlleben nicht genug tun können, sind die Leiden für die Unteren kaum zu ertragen. Wenn dann der Staat von Räubern und Feinden heimgesucht wird, so nimmt er Schaden, und wenn das Volk in eine Hungersnot gerät, so geht es zugrunde. Das ist die Strafe für ungenügende Vorsorge.

Die Nahrungsmittelvorsorge halten die Heiligen für das Allerwichtigste. Deshalb heißt es in den Schriften der Chou: Wenn ein Staat nicht für drei Jahre Lebensmittelvorräte hat, dann ist ihm die Grundlage entzogen, und wenn eine Familie nicht für drei Jahre Lebensmittel hat, dann ist es um die Söhne geschehen. Das bezieht sich auf die Vorsorge des Staates.

Keine Übertreibungen

Meister Mo Ti sagte: In ältester Zeit, als das Volk noch nicht wußte, Häuser zu bauen, stieg man auf Hügel und Anhöhen und lebte dort, oder man wohnte in Höhlen. Da die Feuchtigkeit des Untergrundes dem Volk abträglich war, ließen die heiligen Könige Häuser bauen. Die Bauweise dieser Häuser war folgendermaßen: Die Bodenhöhe reichte gerade aus, die Feuchtigkeit abzuhalten, die Seitenwände schützten vor Wind und Kälte, das Dach hielt Schnee, Reif, Regen und Tau auf, und die Höhe der Innenwände war gerade hinreichend, um Männer und Frauen der Sittlichkeit entsprechend voneinander zu trennen. Und damit begnügte man sich. Verschwendung von Material und Vergeudung von Arbeitskraft, die keinen Nutzen mit sich brachten, gab es nicht.

Wenn das Volk bei seinen gewöhnlichen Fronarbeiten Wälle und Mauern zu bauen hat, dann muß es sich anstrengen, aber es nimmt keinen Schaden, und wenn es nach dem gewöhnlichen Satz Pachtzins und Produktenrente zu entrichten hat, dann muß es zwar Aufwendungen machen, doch es verelendet nicht. Dies ist es nicht, worunter das Volk zu leiden hat, vielmehr leidet es unter den Abgaben, die ihm für großartige Unternehmungen auferlegt werden. Deshalb haben die heiligen Könige Häuser bauen lassen, um das Leben angenehm zu machen, nicht um sich an dem Anblick der Bauten zu ergötzen; und sie ließen die Leute Kleider, Gürtel und Schuhwerk tragen als Annehmlichkeit für den Leib und nicht als Extravaganzen. So waren sie selbst bescheiden und entsprechend unterwiesen sie auch das Volk. Auf diese Weise ließ sich das Volk des Reiches leicht beherrschen und die Gebrauchsgüter reichten aus.

Wie die jetzigen Herrscher Häuser bauen lassen, ist davon jedoch ganz verschieden. Sie treiben großen Aufwand und erheben dafür Sonderabgaben vom Volk. Kaltblütig nehmen sie dem Volk die Mittel für Kleidung und Nahrung, um damit Paläste, Terrassen und Aussichtstürme zu bauen, deren gerade und geschweifte Linien weithin sichtbar, die grün und gelb bemalt und mit Schnitzereien verziert sind. Baut man Häuser auf diese Weise, machen die in der Umgebung es alle ebenso, und ihre Mittel reichen dann nicht aus, um einer Hungersnot zu begegnen und Witwen und Waisen zu unterstützen. So verarmt der Staat und das Volk ist schwierig zu regieren. Wünscht ein Fürst wirklich ein geordnetes Reich und mißfällt ihm dessen Unordnung, dann muß er beim Bau von Häusern unbedingt Sparsamkeit walten lassen.

Als das Volk in ältester Zeit noch nicht Kleider zu fertigen wußte, hüllte man sich in Häute und gürtete sich mit Seilen aus Grasfasern, was im Winter nicht leicht und warm und im Sommer nicht leicht und kühl war. Die heiligen Könige hielten das nicht für den menschlichen Bedürfnissen entsprechend, und so unterwiesen sie die Frauen im Spinnen von Seide und Hanf und im Weben von Stoffen, um Kleider für das Volk zu fertigen. Die Machart der Kleider war so, daß man für den Winter solche aus weicher Seide machte, die sowohl weich als auch warm war, und für den Sommer solche aus Grasleinen, das sowohl leicht als auch kühl war. Damit hatte es aber auch sein Bewenden. So machten die Weisen Kleidung, die dem Körper angemessen und für die Haut verträglich war, und dabei beließen sie es. Sie wollten nicht die Sinne entzücken und den törichten Leuten ein Schauspiel geben.

Zu jener Zeit wußte man auch nicht, gut gebaute Wagen und schöne Pferde zu schätzen, und man wußte sich nicht an Schnitzereien und Malereien zu erfreuen. Warum? Man war einfach so erzogen worden. So hatte man an Erzeugnissen zur Bekleidung und zum Unterhalt des Volkes in jeder Familie genug, um auch eine Dürre, eine Überschwemmung oder Not- und Hungerjahre überstehen zu können. Denn man begnügte sich mit dem, was man zur Befriedigung der eigenen Bedürfnisse benötigte, und ließ sich nicht von außen beeinflussen. So war das Volk maßvoll und ließ sich leicht regieren, und die Fürsten waren bescheiden im Verbrauch von Gütern und leicht zufriedenzustellen. Die Kammern und Speicher waren bis oben hin gefüllt und bargen genügend, um außergewöhnliche Ereignisse durchzustehen. Die Waffen waren in gutem Zustand, Gelehrte und Volk wurden nicht überfordert, und man war immer bereit, Unbotmäßige zu bekämpfen. So ließ sich die Macht der herrschenden Fürsten im ganzen Reich durchsetzen.

Die jetzigen Herrscher verhalten sich gegenüber dem Anfertigen von Kleidern ganz anders. Wenn sie im Winter leicht und warm und im Sommer leicht und kühl sind, wäre das ja schon völlig ausreichend. Doch die Fürsten treiben darüber hinaus großen Luxus und erheben dafür besondere Abgaben von der Bevölkerung. Kaltblütig nehmen sie dem Volk die Mittel für Kleidung und Nahrung, die sie für Brokate und Stickereien und buntbestickte leichte Gewänder verwenden. Sie lassen Gold einschmelzen, um daraus Schnallen anzufertigen, und Perlen und Edelsteine benutzen sie für ihre Gürtelgehänge. Frauen haben Stickereien und Männer Stoffe mit eingewebten Figuren zu verfertigen, in welche der Leib gehüllt wird. Man kann nicht sagen, daß dadurch das Gefühl der Wärme erhöht wird, sondern dadurch werden nur Mittel verschwendet und Arbeitskraft vergeudet, und zwar für ganz und gar Unnützes. Schaut man diese Dinge einmal an, so sieht man, daß sie die Kleider nicht für die Körper gemacht haben, sondern um die Augen zu erfreuen. Daher ist die Bevölkerung unmoralisch und pervertiert und schwer zu regieren; und der Fürst ist verschwenderisch und extravagant und schwer zu beraten. Wenn ein verschwenderischer und extravaganter Fürst ein Volk, das selbst zu Üppigkeit und Ausschweifung neigt, lenken will, dann sind Unruhen im Lande unausbleiblich. Wünscht ein Fürst wirklich geordnete Zustände in seinem Reich, und haßt er Unordnung, so muß er bei der Anfertigung von Kleidern maßhalten.

In frühester Zeit, als die Leute noch nicht Nahrungsmittel und Getränke zu produzieren wußten, aßen sie nur vegetarisch und wohnten getrennt. Erst die Heiligen unterwiesen die Männer im Pflügen, Ernten und Pflanzen, um dadurch die Bevölkerung zu ernähren. Und die Nahrungsmittel reichten aus, die Lebensgeister zu mehren, die Leere zu füllen, den Körper zu stärken und den Magen zu befriedigen. Sie selbst waren sparsam im Verbrauch und mäßig in der Ernährung. Das Volk war wohlhabend, und der Staat war geordnet.

Heutzutage ist es nicht mehr so. Man treibt großen Aufwand und erhebt dafür Abgaben vom Volk, um erlesene Speisen zu bereiten. Man mästet Hunde und Schweine, und Fische und Schildkröten werden gesotten und gebraten. An den Fürstenhöfen größerer Staaten hat man Hunderte von Schüsseln, und in kleineren Staaten immerhin Dutzende davon, und die feinen Speisen bedecken eine Fläche von zehn Fuß im Geviert. Das Auge kann sie gar nicht alle überschauen, die Hand kann nicht alle antasten, und man kann sie schon gar nicht alle kosten. Im Winter werden die Speisen kalt und gefrieren, und im Sommer setzt sich Schimmel an und sie verderben. Wenn der Fürst derartig aufwendig speist und trinkt, ahmen ihn die anderen in seiner Umgebung nach. Dann werden die Reichen und Ehrbaren verschwenderisch und extravagant, während Witwen und Waisen frieren und darben. Selbst wenn man da noch so sehr wünscht, daß es keine Aufstände gebe, wird man sie nicht vermeiden können. Wünscht ein Fürst wirklich geordnete Zustände in seinem Reich, und haßt er Unordnung, dann muß er sparsam beim Bereiten von Speisen und Getränken sein.

Als die Leute in ältester Zeit noch keine Schiffe und Wagen herzustellen wußten, wurden keine schweren Lasten bewegt, und man reiste nicht weit. Deshalb ließen die heiligen Könige Schiffe und Wagen bauen, um dem Volk die Arbeit angenehmer zu machen. Die Schiffe und Wagen, die sie bauten, waren solide, leicht und beweglich, so daß man damit Lasten befördern und auch weit fahren konnte. Bei der Herstellung ging man sparsam mit dem Material um und erzielte so den größten Nutzen. Das Volk war darüber sehr erfreut und genoß diese Errungenschaft, und ohne daß eine Anordnung erlassen worden wäre, machten sie davon Gebrauch. Das Volk wurde dadurch nicht besonders belastet und die Herrscher hatten genügend Nutzen. So hielt sich das Volk an sie.

Heutzutage verfahren die Herrscher beim Bau von Schiffen und Wagen anders. Obwohl Solidität, Leichtigkeit und Beweglichkeit als Eigenschaften genügen würden, treiben sie Luxus und erheben dafür Abgaben von der Bevölkerung, um ihre Schiffe und Wagen ausschmücken zu können, die Wagen mit Stickereien und die Schiffe mit Schnitzereien. Die Frauen müssen ihre Webarbeit aufgeben, um die Stickereien zu verfertigen, so daß das Volk Kälte ertragen muß, und die Männer müssen dem Pflug fernbleiben und können sich nicht der Ernte widmen, weil sie die Schnitzereien anzufertigen haben, so daß das Volk Hunger leiden muß. Wenn ein Fürst so verschwenderisch Schiffe und Wagen baut, dann werden die Nachbarfürsten es ihm nachtun und das Volk muß äußersten Hunger und Kälte erleiden. Dann werden Sittenlosigkeit und Verbrechen zunehmen und infolgedessen die Bestrafungen schärfer, was Aufruhr im Lande zur Folge hat. Wenn der Fürst wirklich geordnete Zustände im Reich haben will und Unruhen vermeiden möchte, dann muß er beim Bauen von Schiffen und Wagen sparsam sein.

In allem, was sich zwischen Himmel und Erde bewegt, was umschlossen wird von den vier Meeren, wirkt die Spannung von Himmel und Erde, die Harmonie von Yin und Yang. Selbst die größten Heiligen können nichts daran ändern. Woher weiß man, daß das so ist? Die Heiligen haben überliefert, daß mit Himmel und Erde das Oben und Unten gemeint ist, mit den vier Jahreszeiten Yin und Yang, mit den menschlichen Gefühlen jene zwischen Mann und Weib, und bei Tieren und Vögeln jene von Männchen und Weibchen, von Hahn und Henne. Dies sind wahrhaftig kosmische Kräfte, und selbst die ersten Könige konnten daran nichts ändern. Und sogar die größten Heiligen des hohen Altertums hatten ihr Geschlechtsleben, doch beeinträchtigte das nicht ihre Handlungsweise, so daß das Volk keine Klagen hatte. Im Palast gab es keine Haremsfrauen, so daß es im Reich auch keine Junggesellen gab. Da es im Inneren keine Haremsdamen und draußen keine Junggesellen gab, hatte das ein Anwachsen der Bevölkerung zur Folge.

Die jetzigen Fürsten dehnen ihr Geschlechtsleben in größeren Staaten auf Tausende und in kleineren Staaten auf Hunderte von Haremsdamen aus. Infolgedessen gibt es im Reich viele ledige Männer, die ohne Frau sind, und viele Haremsdamen, die keinen Mann haben. Männer und Frauen verpassen so den rechten Zeitpunkt, und infolgedessen nimmt die Bevölkerung ab. Wenn der Fürst wirklich ein Anwachsen der Bevölkerung wünscht und einen Rückgang nicht mag, dann darf er in seinem Geschlechtsleben nicht so maßlos sein.

In all diesen fünf Dingen – Herstellung von Häusern, Kleidern, Speisen und Getränken, Wagen und Schiffen, Geschlechtsverkehr – waren die Heiligen sparsam und maßvoll, die niedrigen Menschen dagegen ausschweifend und maßlos. Sparsamkeit und Mäßigkeit hat Gedeihen zur Folge, Ausschweifung und Maßlosigkeit jedoch Untergang. Deshalb darf man in diesen fünf Dingen nicht maßlos sein. Wenn Mann und Weib Mäßigung üben, dann sind Himmel und Erde in Harmonie. Wenn Wind und Regen[84] Mäßigung üben, dann reifen die fünf Feldfrüchte; Mäßigung in der Kleidung bringt Wohlbefinden für die Haut.

Drei Erörterungen

Ch'eng Fan[85] fragte Meister Mo Ti: »Der Meister sagte, die heiligen Könige des Altertums hätten keine Musik gehabt; aber wenn im Altertum die Lehnsfürsten von den Audienzen und Regierungsgeschäften ermüdet waren, dann erholten sie sich beim Klang von Glocken und Trommeln, und wenn die Beamten und Großwürdenträger von ihren Amtsgeschäften müde waren, entspannten sie sich bei den Klängen von Flöten und Psaltern. Und wenn die Landwirte im Frühjahr gepflügt, im Sommer gejätet, im Herbst geerntet und im Winter eingelagert hatten, erholten sie sich bei den Klängen von tönernen Instrumenten. Nun behauptet der Meister, die heiligen Könige hätten keine Musik gehabt. Dies wäre eingeschirrten Pferden, die niemals entschirrt werden, oder einem angespannten Bogen, der niemals entspannt wird, vergleichbar. So etwas können doch Wesen aus Fleisch und Blut niemals aushalten!«

Meister Mo Ti erwiderte: »Im Altertum lebten Yao und Shun in strohgedeckten Hütten, und doch begründeten sie Riten und Musik. T'ang verbannte Chieh an das Meer am Rande des Reiches und machte sich selbst zum Herrscher über das ganze Reich. Als er sein Werk vollendet und sich verdient gemacht und keine größeren Sorgen mehr hatte, hörte er selbst die Musik der früheren Könige und führte dazu noch weitere Musik ein, eine, die er ›Die Errettung‹[86] und eine andere, die er ›Die Neun Erklärungen‹ nannte.

König Wu eroberte die Dynastie Yin, ließ Chou hinrichten und machte sich selbst zum Herrscher über das ganze Reich. Als er sein Werk vollendet und sich verdient gemacht und er keine größeren Sorgen mehr hatte, hörte er selbst die Musik der früheren Könige an, und er fügte noch die von ihm eingeführte Musik hinzu, die er ›Hsiang‹ nannte. Auch König Ch'eng von Chou hörte die Musik der früheren Könige und fügte selbst die von ihm eingeführte Musik hinzu, die er ›Tsou-yü‹[87] nannte.

Die Regierung des Königs Ch'eng von Chou über das Reich war nicht so gut wie die des Königs Wu; und des Königs Wu Regierung war nicht so gut wie die des erfolgreichen T'ang, und dessen Regierung wiederum blieb hinter der des Yao und des Shun zurück. Demnach ist also die Politik desto mangelhafter, je weiter die Musik entwickelt ist. Von diesem Gesichtspunkt aus ist Musik etwas, wodurch man das Reich nicht regieren kann.«

Ch'eng Fan sagte darauf: »Der Meister sagte, daß die heiligen Könige keine Musik hatten; doch sie hatten Musik. Wie kann man da behaupten, daß die heiligen Könige keine Musik hatten?«

Meister Mo Ti sagte daraufhin: »Der Auftrag der heiligen Könige war es, das Zuviel zu verringern. Und der Nutzen des Essens ist, wenn man Hunger kennt und dann ißt, durchaus so einsichtig, daß man eigentlich gar nicht von Einsicht sprechen kann. Die heiligen Könige hatten wohl Musik, doch so wenig, als ob sie überhaupt keine gehabt hätten.«[88]

Synoptische Erörterungen

Hochschätzung der Weisen I[89]

Meister Mo Ti sagte: Heutzutage wollen alle Könige, Fürsten und hohen Beamten, die im Staate für geordnete Verhältnisse zu sorgen haben, daß ihr Staat reich, die Menschen vielzählig und die staatliche Macht wohl verwaltet ist. Doch statt Reichtum erlangen sie Armut, statt Vielzähligkeit Minderung, statt ordentlicher Verwaltung Unordnung. So entgeht ihnen, was sie eigentlich wünschen, und gerade das, was sie nicht mögen, tritt ein. Warum ist das so?

Meister Mo Ti sagte: Dies ist, weil Könige, Fürsten und hohe Beamte, die im Staate für geordnete Verhältnisse zu sorgen haben, nicht in der Lage sind, die Weisen heranzuziehen und die Fähigen mit den Regierungsgeschäften zu betrauen. Denn wenn ein Staat zahlreiche Weise in seinen Amtsstellen hat, werden die Regierungsgeschäfte ersprießlich ausgehen, wenn die Weisen jedoch in der Minderzahl sind, wird die Ordnung unstabil sein. Daher muß es im Bestreben der hohen Beamten liegen, die Zahl der Weisen zu erhöhen. Doch mit welchen Mitteln läßt sich dies erreichen?

Meister Mo Ti sagte: Wenn man beispielsweise wünscht, daß sich die Anzahl guter Bogenschützen und geschickter Wagenlenker im Land erhöht, dann wird man sie reich belohnen und ihnen eine entsprechend angesehene Stellung zuweisen, man wird sie mit Respekt behandeln und loben. Das wird zur Folge haben, daß sich gute Bogenschützen und geschickte Wagenlenker in großer Anzahl im Lande aufhalten werden. Mit viel mehr Berechtigung sollte man sich so gegenüber Weisen und Vortrefflichen verhalten, die fest sind in ihrem tugendhaften Wandel, geübt in der Debatte, und die große Erfahrung haben in Lehren und Methoden. Solche sind zweifellos die Juwelen eines Staates und die Gehilfen der Götter des Landes. Deshalb sollte man auch sie reich belohnen, sie adeln und ihnen Respekt und Lob entgegenbringen, so daß sie als hervorragende Beamte im Staate bleiben und sich ihre Zahl noch vermehrt.

Doch machten die heiligen Könige des Altertums auch zum Grundsatz ihrer Regierung: »Einer, der nicht rechtschaffen ist, soll nicht reich belohnt und nicht geadelt werden, und er soll nicht in den Kreis der Verwandten aufgenommen noch in unserer Nähe zugelassen werden.« Als die Begüterten und der Adel des Landes davon hörten, taten sie sich zusammen und beratschlagten: »Bisher haben wir uns immer auf unsere Güter und unsere Adelsstellung verlassen; doch nun wählt der Herrscher die Rechtschaffenen aus und macht dabei auch nicht vor den Armen und dem einfachen Volk halt. Da bleibt uns nicht anderes übrig, als auch rechtschaffen zu sein.« – Und als die Angehörigen des Herrscherklans davon hörten, taten auch sie sich zusammen und beratschlagten: »Bislang haben wir immer auf unsere verwandtschaftliche Beziehung gebaut; doch nun wählt der Herrscher die Rechtschaffenen aus und schließt dabei auch Fremde nicht aus. Da bleibt uns nichts anderes übrig, als auch rechtschaffen zu sein.« Und auch die Vertrauten des Herrschers traten zusammen, als sie davon hörten, und beratschlagten: »Wir haben uns immer auf unsere Nähe zum Herrscher verlassen; doch nun wählt der Herrscher die Rechtschaffenen aus und läßt dabei auch weit entfernt wohnende nicht außer acht. Da bleibt uns nichts anderes übrig, als auch rechtschaffen zu sein.« Und die an den Grenzen des Reiches Lebenden sagten, als sie davon hörten: »Da wir so weitab wohnen, hatten wir bislang nichts, worauf wir uns hätten verlassen können. Doch nun, da der Herrscher die Rechtschaffenen auswählt und auch uns weit entfernt wohnende nicht außer acht läßt, wollen auch wir uns rechtschaffen verhalten.«

Nachdem selbst die Beamten in den entferntesten Gegenden ebenso wie die im Palast dienenden Söhne hoher Beamter, nachdem das Volk in der Hauptstadt und die Bauern in den vier Grenzbezirken davon gehört hatten, suchten alle einander in Rechtschaffenheit zu überbieten. – Was ist der Grund dafür? Ein Herrscher hat nur eines, womit er die Dienste eines Untergebenen für sich gewinnen kann: materielle Vergünstigungen; und auch der Untergebene hat nur eines, womit er seinem Vorgesetzten dienen kann: seine Fähigkeiten. Da gibt es beispielsweise einen reichen Mann, der sich eine hohe Mauer um sein Haus hat bauen lassen. Die Mauer ist fertig aufgeführt, und er läßt nur ein einziges Tor brechen. Und dann dringt ein Dieb ein. Der Mann läßt das Tor, durch das dieser eingedrungen ist, schließen und den Dieb suchen. Der Dieb hat nichts mehr, wodurch er entweichen könnte. Warum ist das so? Der Überlegene achtet auf den entscheidenden Punkt!

Daher stuften die heiligen Könige des Altertums bei ihrer Regierung die Tugendhaften hoch ein und zogen die Weisen heran. Und auch einen Bauern oder einen Handwerker in seiner Werkstatt, wenn er nur Fähigkeiten besaß, wählten sie aus. Sie ehrten solche mit Titeln, erhöhten ihre Bezüge, vertrauten ihnen Aufgaben an und stärkten ihre Befehlsgewalt. Denn es heißt: Wenn die Stellung nicht hoch ist, dann hat das Volk keinen Respekt; wenn die Bezüge nicht reichlich sind, hat das Volk kein Vertrauen, und wenn die Befehlsgewalt nicht stark ist, hat das Volk keine Ehrfurcht. Diese drei Vergünstigungen werden den Weisen nicht als Lohn für ihre Tüchtigkeit gegeben, sondern weil der Fürst wünscht, daß sie ihre Aufgaben erfüllen. Daher wurde zu jener Zeit nach Tugendhaftigkeit eingestuft, wurden je nach Amt die Aufgaben übertragen, je nach persönlichem Einsatz die Belohnungen festgesetzt und entsprechend den Leistungen wurde das Gehalt aufgeteilt. So war ein Beamter nicht unbedingt auf Dauer in seiner gehobenen Position und die Leute waren nicht auf immer dazu verdammt, als Gemeine zu leben. Hatte einer Fähigkeiten, wurde er ausgewählt, war er aber unfähig, wurde er seines Amtes enthoben. Dies ist, was mit dem Anspruch gemeint ist: »Öffentliche Rechtschaffenheit fördern, persönliche Begünstigungen abschaffen.«

So erwählte im Altertum Yao den Shun, der an der Nordseite des Fu-Sees wohnte, und übertrug ihm die Regierungsgeschäfte, und das Reich war in Frieden. Und Yü erwählte I aus der Gegend von Yin und vertraute ihm die Regierungsgeschäfte an, und die neun Provinzen waren wohl geordnet.[90] T'ang holte I Yin mitten aus der Küche und übergab ihm die Regierung und er war erfolgreich mit seinen Plänen.[91] König Wen holte Hung Yao und T'ai Tien von seinem Platz unter den Schlingen und Netzen und vertraute ihm die Regierungsgeschäfte an, und die westlichen Länder unterwarfen sich.[92]

Zu jener Zeit gab es auch unter den Beamten mit hohem Salär und in hoher Position keinen, der nicht respektvoll und vorsichtig war und sich nicht besonders bemühte. Unter den Bauern und Handwerkern in ihrer Werkstatt wetteiferte man und ermutigte man sich und hielt die Tugend hoch. Ehrenwerte Beamte müssen daher die Regierung unterstützen und fortführen. Verfügt ein Herrscher über solche Beamte, dann werden seine Vorhaben nicht in Schwierigkeiten geraten, und er selbst muß sich nicht überanstrengen. Er macht sich einen guten Namen, und seine Vorhaben werden vollendet. Seine Besonderheit wird klar hervortreten und keine Bösartigkeit wird aufkommen. All dies hat seinen Grund darin, daß er ehrenwerte Beamte aufgenommen hat.

Daher sagte Meister Mo Ti: Wenn die Verhältnisse gut sind, muß man tüchtige Beamte auswählen, und wenn sie nicht gut sind, muß man auch tüchtige Beamte befördern. Will man den Weg von Yao, Shun, Yü und T'ang fortführen, dann muß man die Weisen in Ehren halten. Denn die Weisen in Ehren zu halten, ist die Grundlage jeder Regierung.

Hochschätzung der Weisen II

Meister Mo Ti sagte: Die Könige und hohen Beamten, die heutzutage das Volk beherrschen, den Vorsitz bei der Verehrung der Götter des Landes innehaben und das Land regieren, wollen dies bewahren und nichts davon aufgeben. Warum beachten sie nicht, daß die Heranziehung von Weisen die Grundlage für die Verwaltung des Landes ist?

Woher wissen wir, daß die Heranziehung von Weisen die Grundlage für die Verwaltung ist? – Weil, wenn die Vornehmen und Wissenden über die Törichten und Gemeinen regieren, Ordnung herrscht, wenn aber die Törichten und Gemeinen über die Vornehmen und Wissenden regieren, Chaos eintritt. Daher weiß man, daß die Weisen heranzuziehen die Grundlage der Regierung ist.

So verehrten im Altertum die heiligen Könige die Weisen sehr und ehrten sie und stellten die Fähigen in ihren Dienst. Sie taten sich nicht mit ihren Verwandten zusammen, bevorzugten nicht einseitig nur die Vornehmen und Reichen und trieben keine Günstlingswirtschaft mit denen, die ihnen besonders genehm waren. Sondern sie wählten die Weisen aus und beförderten sie, indem sie sie reich belohnten und adelten und sie in hohe Ämter einsetzten. Die Unwürdigen aber wurden zurückgestuft und ausgesondert, so daß sie bald wieder arm und einfach waren und schließlich nur noch als einfache Arbeiter und Handlanger eingesetzt wurden. Daher eiferte das Volk um Auszeichnungen und fürchtete Bestrafungen, und man leitete einander an, weise zu handeln. Die Weisen wurden infolgedessen immer zahlreicher und Unwürdige seltener. Dies nannte man: die Weisen hochschätzen.

Damals hörten die heiligen Könige auf die Worte der Weisen, sie verfolgten ihre Handlungsweise, betrachteten ihre Fähigkeiten und nach sorgfältiger Überlegung stuften sie diese dann in ein Amt ein. Dies nannte man: die Fähigen verwenden.

So setzte man diejenigen, die für die Regierung des Landes geeignet waren, in der Regierung ein, solche, die für den Vorsitz in einem Amt befähigt waren, setzte man als Vorsitzende in einem Amt ein, und andere, die als Regierungsvertreter in Außenbezirken tauglich waren, wurden dort eingesetzt. So war die Regierung des Staates, die Verwaltung von Ämtern und die Regierungsvertretung in den Außenbezirken vollständig in den Händen der Weisen des Landes.

Die Weisen in der Regierungsarbeit erscheinen früh bei Hofe und gehen erst spät wieder nach Hause. Sie nehmen die Rechtsprechung und die Regierungsgeschäfte wahr. So ist der Staat wohl geordnet und die Rechtsprechung korrekt. Ein Weiser, der einem Amt vorsteht, geht spät ins Bett und erhebt sich früh am Morgen, um an Toren, auf Märkten, auf Bergen, in den Wäldern, an Teichen und Reusen Abgaben zu erheben und so die Schatzkammern zu füllen. So bleiben die Schatzkammern immer voll und dem Staat entgeht keine Abgabe.

Ein Weiser, der in einem Außenbezirk die Regierung vertritt, verläßt in der Frühe sein Haus und kehrt erst abends wieder heim. Er kümmert sich um die Bestellung der Felder, den Anbau und das Einbringen von Hülsen- und Feldfrüchten. Infolgedessen sind dann Hülsen- und Feldfrüchte reichlich vorhanden, so daß die Bevölkerung genug zu essen hat. Wenn die Regierung in Ordnung ist, ist auch die Rechtsprechung korrekt, wenn die Speicher voll sind, geht es auch dem ganzen Volke gut.

Die Herrscher hatten reinen Wein und Most und Schüsseln voll Hirse, um sie dem Himmel und den Geistern als Opfer darzubringen. Und für das Ausland hatten sie Häute und wertvolle Geschenke zum freundschaftlichen Verkehr mit den Lehnsfürsten der Nachbarländer. Im Lande selbst speisten sie die Hungrigen, erquickten die Leidenden und sorgten so für das ganze Volk und zogen aus allen Teilen des Reiches die Weisen an ihren Hof. Daher sandten der Himmel und die Geister Reichtum herab, die auswärtigen Fürsten waren mit ihnen verbunden, und die Weisen wandten sich ihnen zu. Daher konnten sie alle ihre Pläne ausführen und alles, was sie unternahmen, konnten sie erfolgreich abschließen. In ihrem Land waren sie sicher, und bei Vergeltungsaktionen gegen andere Staaten demonstrierten sie ihre ganze Stärke.

Auch bei den heiligen Königen der drei alten Dynastien[93], Yao, Shun, Yü, T'ang, Wen und Wu war allein dies die Politik, mit der sie das Reich beherrschten und die Fürsten anführten.

Aber wenn man nur von dieser Politik weiß und nicht weiß, mit welchen Mitteln sie durchzuführen ist, dann lassen sich die Vorhaben doch nicht mit Erfolg ausführen. Daher muß man drei grundlegende Prinzipien einführen. Welches sind diese drei grundlegenden Prinzipien? 1. Wenn Rang und Titel der Weisen nicht hoch genug sind, dann werden die Leute keinen Respekt zeigen; 2. wenn ihre Bezüge nicht großzügig sind, dann werden die Leute kein Vertrauen haben; 3. wenn hinter ihren Befehlen keine Autorität steht, dann werden die Leute sich nicht fürchten. Daher haben die heiligen Könige des Altertums ihnen einen hohen Rang gegeben, umfangreiche Bezüge eingeräumt, verantwortungsvolle Aufgabenbereiche anvertraut und ihre Autorität gestärkt. Sie taten dies nicht deshalb, weil sie ihre Beamten belohnen wollten, sondern sie erwarteten, damit Erfolg in den Regierungsangelegenheiten zu bewirken.

Im *Buch der Lieder* heißt es:[94]

> Ich ermahne dich, für die Bedürftigen zu sorgen;
> Ich rate dir, Rang und Würden zu verleihen.
> Wer kann schon Heißes anfassen,
> Ohne seine Hand zu befeuchten!

Diese Zeilen zeigen, daß im Altertum die Herrscher und Lehensfürsten des Landes gar nicht anders konnten, als sich der Guten zu bedienen, damit diese ihnen bei der Regierung behilflich waren, so wie man vergleichsweise seine Hand mit Wasser benetzt, will man Heißes anfassen, um seine Hand zu bewahren.

Die heiligen Könige des Altertums mühten sich sehr, Weise zu finden und sie einzustellen, und sie gaben ihnen hohe Ränge, um sie zu ehren, und belehnten sie durch Landzuweisungen, und bis zu ihrem Tode hielten sie daran fest. Die Weisen mühten sich sehr, einen aufgeklärten Fürsten zu finden, um ihm zu dienen, und sie erschöpften ihre ganze Kraft, wenn sie sich den Angelegenheiten eines Fürsten widmeten, und bis zu ihrem Tode wurden sie nie müde. Wenn sie irgend etwas Hervorragendes vollbracht hatten, dann hielten sie es dem Fürsten zugute, so daß alles, was schön und gut war, bei der Person des Fürsten lag, doch alle Ärgernisse und Verleumdungen trafen die Untergebenen. Unbehelligtheit und Freude war des Herrschers, Sorge und Kummer aber der Minister Teil. So war die Regierungsführung der heiligen Könige des Altertums.

Die heutigen Könige und Fürsten wollen zwar diesen nacheifern und die Weisen ehren und die Fähigen zu Regierungstätigkeiten heranziehen. Sie wollen ihnen auch hohe Würden verleihen, sie aber nicht entsprechend bestallen. Doch wenn jemand einen hohen Rang innehat und nicht entsprechend bezahlt wird, dann haben die Leute kein Vertrauen. Und sie werden sagen: »Der Fürst liebt uns im Grunde gar nicht, er stützt sich nur auf uns und will uns nur benutzen.« Und wie können Leute, die sehen, daß sie nur als Mittel dienen, sich je ihrem Herrscher verbunden fühlen? Daher pflegten auch die früheren Herrscher zu sagen: »Wer auf die Regierungsgewalt starrt, ist nicht in der Lage, die Regierungsgeschäfte zu delegieren, und einer, der sich an seinem Reichtum berauscht, ist unfähig, noch Gehälter auszuzahlen.« Regierungsgeschäfte werden dann nicht übertragen, und Gehälter werden nicht ausbezahlt. Und wenn man in einem solchen Falle die Weisen des Reiches herbittet, welchen Grund sollten sie haben, zur Unterstützung des Herrschers und seiner Umgebung herbeizueilen?

Wenn die Weisen aber nicht kommen, den Herrscher zu unterstützen, dann werden die Unfähigen um ihn sein, wenn aber die Unfähigen um ihn sind, dann werden die Weisen nicht mehr gelobt und die Verbrecher nicht bestraft. Wenn der Herrscher jene ehrt und mit ihrer Hilfe das Land regiert, dann werden Vergünstigungen sicherlich nicht die Weisen erreichen und die Verbrecher nicht bestraft werden, dann werden die Weisen auch nicht ermutigt und das Treiben der Verbrecher wird nicht gestoppt. Diese lieben zu Hause nicht ihre Eltern und bezeugen ihnen keine kindliche Pietät, und nach außen hin respektieren und achten sie nicht ihre Nachbarn. Im Hause kennen sie keine Mäßigung und nach außen hin keine Schranken, und Männer und Frauen sind nicht getrennt. Läßt man sie die Speicher verwalten, werden sie stehlen und diese ausplündern, und läßt man sie eine Stadt verteidigen, dann werden sie Verrat üben oder rebellieren. Wenn ihr Fürst in Schwierigkeiten ist, werden sie nicht für ihn sterben, und wenn er ins Exil gehen muß, werden sie ihm nicht folgen. Wenn sie Vergehen zu verurteilen haben, werden sie nicht einen angemessenen Spruch fällen, und in der Verteilung von Gütern werden sie nicht gerecht sein. Mit solchen Leuten werden die Pläne des Fürsten nicht durchgeführt und seine Unternehmungen keinen Erfolg haben. Die Verteidigung wird nicht stark und auswärtige Kriegsunternehmen nicht siegreich sein. Dies war auch der einzige Grund, warum die verbrecherischen Könige der drei Dynastien, Chieh, Chou, Yu und Li, ihr Reich verloren und die Altäre der Götter des Landes zerstört wurden. Dies geschah, weil sie alle zwar unbedeutende Angelegenheiten verstanden, nicht aber die bedeutenden.

Heute wissen die Könige und hohen Beamten, daß sie, wenn sie nicht imstande sind, ein Kleid selbst zu fertigen, einen guten Schneider damit betrauen, und wenn sie einen Ochsen oder ein Schaf nicht zu schlachten vermögen, dann werden sie einen geübten Schlachter hinzuziehen. Während sie sich in diesen beiden Fällen angemessen verhalten, wissen sie nicht, Weise zu ehren und Fähige für die Regierungsgeschäfte anzustellen.[95] Wenn Unordnung in ihrem Staate um sich greift und die Altäre der Landesgötter in Gefahr sind, dann haben sie nicht die Einsicht, Fähige damit zu betrauen, die Angelegenheit zu steuern. Statt dessen stellen sie ihre Verwandten ein oder Leute, die ohne eigenes Verdienst reich sind oder eine Adelsstellung innehaben, oder solche von besonders guter äußerer Erscheinung. Doch wenn ein Mann, der zufällig reich oder von adeliger Stellung oder aber von gutem Aussehen ist, angestellt wird, dann wird er sich nicht schon mit Sicherheit als klug und einsichtig erweisen. Wenn man mit der Regierung des Landes solche beauftragt, dann betraut man nicht Kluge und Einsichtige mit der Regierung, und der Staat wird in Unordnung geraten. Dies ist jedermann einsichtig.

Ja, die Könige und hohen Beamten stellen sogar solche ein, deren Aussehen sie mögen, und ohne in ihrem Herzen deren Kenntnisse zu prüfen, behandeln sie diese mit Wohlwollen. Infolgedessen hat ein Mann, der schon unfähig für ein Amt über hundert Leute ist, ein Amt über tausend Leute inne, und einer, der schon unfähig für ein Amt über tausend ist, wird auf ein Amt über zehntausend bestellt. Warum handeln die Herrscher so? Wenn jemand auf einem solchen Posten ist, dann ist sein Rang hoch und die Bezüge sind großzügig, und deshalb übertragen sie denjenigen, deren Aussehen sie mögen, diese Ämter. Doch wenn einer, der unfähig ist, über tausend zu herrschen, in einem Amt über zehntausend sitzt, dann verlangt dieses Amt das Zehnfache von dem, wozu er fähig ist. Angelegenheiten für die Regierung treten täglich neu auf, und sie müssen erledigt werden, doch ein Tag ist nicht um das Zehnfache zu verlängern, und auch die Kenntnisse, die zur Bearbeitung nötig sind, lassen sich nicht verzehnfachen. Und doch hat er einen Posten, der das Zehnfache dessen von ihm verlangt, wozu er fähig ist, und so kann er nur einen Teil erledigen und neun Zehntel werden vernachlässigt. Und selbst wenn der Mann Tag und

Nacht tätig ist, um seines Amtes zu walten, so ist das Amt doch nicht angemessen verwaltet. Der Grund dafür liegt darin, daß Könige und hohe Beamte nicht eingesehen haben, daß sie die Weisen schätzen und die Fähigen zur Regierung des Landes heranziehen müßten.

Daß die Weisen zu ehren und die Fähigen in Regierungsämter einzustellen geordnete Verhältnisse mit sich bringt, habe ich zu Beginn dargestellt, während ich zuletzt erörtert habe, wie die Zurücksetzung der Weisen bei der Regierung zu Chaos führt. Wenn heute die Könige und hohen Beamten tatsächlich wünschen, daß ihr Staat ordentlich regiert wird, und wenn sie ihn erhalten und nicht verlieren wollen, warum sehen sie dann nicht ein, daß die Heranziehung der Weisen die Grundlage einer guten Regierung ist?

Ferner wird der Grundsatz, daß die Heranziehung der Weisen die Grundlage für eine gute Regierung ist, ja beileibe nicht allein von Meister Mo Ti vertreten. Es ist der Grundsatz der heiligen Könige gewesen, man findet ihn in den schriftlichen Berichten über die früheren Könige und in Überlieferungen aus alter Zeit. So heißt es an einer Stelle: »Suche dir Heilige und weise Männer, dich zu beschützen und dir zu helfen.« Und in der Erklärung des T'ang heißt es: »Dann suchte ich einen großen Heiligen, um mit ihm meine Kraft zu verbinden und mein Herz zu vereinen und so das Reich zu regieren.«[96] Diese Worte zeigen, daß die heiligen Könige es nicht versäumten, die Weisen heranzuziehen und die Fähigen mit den Regierungsgeschäften zu betrauen. So kümmerten sich die heiligen Könige des Altertums nur darum, daß die Weisen herangezogen und die Fähigen mit Regierungsgeschäften betraut wurden, und sie ließen sich durch keine andere Angelegenheit davon abbringen, und im Reich hatten alle Vorteil davon.

Im Altertum pflügte Shun an dem Berge Li, töpferte an den Flußufern und fischte im Donnersee. Yao fand ihn an der Sonnenseite des Fu-Sees, und er machte ihn zum Himmelssohn und übertrug ihm die Herrschaft über das Reich und die Regierung über das Volk. I Yin, der den Beinamen Chih hatte, diente in der Brautgefolgschaft des Hsin-Klans und versorgte die Küche.[97] T'ang fand ihn dort, machte ihn zu seinem Kanzler und übertrug ihm die Herrschaft über das Reich und die Regierung über das Volk. Fu Yüeh trug ein Gewand aus grobem Tuch und gürtete sich mit einem Strick und war Arbeiter in Fu-yen, als Wu-ting ihn fand und ihn zu einem seiner drei höchsten Minister machte. Er übergab ihm die Herrschaft über das Reich und die Regierung des Volkes.

Wie kam es, daß diese zuerst einfache Leute waren und dann plötzlich so hohe Stellungen erreichten, daß sie zuerst arm und dann auf einmal reich waren? Dies ist, weil die Könige und hohen Beamten erkannt hatten, daß sie die Weisen heranziehen und die Fähigen für die Regierungsgeschäfte einsetzen müssen. So gab es unter dem Volk keinen, der Hunger hatte und sich nicht sättigen konnte, keinen, der fror und sich nicht kleiden konnte, keinen, der litt und keine Linderung erfuhr und keine Unordnung, die nicht wieder in Ordnung endete.

Indem die heiligen Könige des Altertums so sorgfältig die Weisen ehrten und die Fähigen bei der Regierung einsetzten, nahmen sie sich am Himmel ihr Vorbild *(fa)*. Denn auch der Himmel macht keinen Unterschied zwischen arm und reich, vornehm und gering, fern und nah, zwischen engen und entfernten Verwandten. Den Weisen hebt er heraus und ehrt ihn, und die Untauglichen setzt er zurück und entfernt sie.

Wenn das so ist, wer war es dann, der sich trotz Reichtum und Vornehmheit wie ein Weiser verhielt und seine Belohnung empfing? Es heißt, die heiligen Könige der drei Dynastien des hohen Altertums, Yao, Shun, Yü, T'ang, Wen und Wu waren solche. Und wodurch erreichten sie ihre Belohnung? Sie herrschten über das ganze Reich, liebten alle Menschen, strebten danach, ihnen zu nützen, und unterwiesen das Volk des Reiches, den hochehrwürdigen Himmel zu ehren und den Geistern zu dienen. Sie liebten und nützten allen Menschen. Daher belohnten der Himmel und die Geister sie, setzten sie als Söhne des Himmels und als Eltern des Volkes ein. Das ganze Volk pries sie und nannte sie »heilige Könige«, was ja heute auch noch gebräuchlich ist. Dies also waren die Reichen und Vornehmen, die sich wie Weise verhielten und infolgedessen ihre Belohnung empfingen.

Wer aber waren die Reichen und Vornehmen, die sich schlecht verhielten und auch ihre Strafen bekamen? Es waren die schlechten Könige der drei Dynastien des hohen Altertums, Chieh, Chou, Yu und Li. Woher wissen wir, daß sie so waren? Es heißt: in ihrer Herrschaft über das ganze Reich haßten sie alle Menschen und schädigten sie; auch lehrten sie die Bevölkerung des Reiches, den Himmel zu schmähen und die Geister zu beschimpfen, und sie unterdrückten und tyrannisierten das Volk. Daher straften Himmel und Geister sie und ließen sie sterben oder durch Hinrichtung umkommen. Und sie zerstreuten ihre Söhne und Enkel in alle Gegenden, zerstörten die Häuser ihrer Familien und verwehrten ihnen spätere Nachkommen; und auch das Volk verdammte sie und nannte sie »üble Könige«, wie sie ja auch heute noch genannt werden. Dies waren die Reichen und Vornehmen, die sich verwerflich verhielten und dafür ihre Strafe bekamen.

Wer war es, der zwar eng mit dem Herrscher verwandt, der jedoch nicht gut war und daher bestraft wurde? So einer war Graf Kun, der älteste Sohn eines Kaisers in früherer Zeit, der die Tugendverdienste des Kaisers schädigte. Er wurde daher in die Felder von Yü verbannt und so eingekerkert, daß ihn weder Wärme noch Licht erreichten, und selbst der Kaiser fand keine Zuneigung mehr zu ihm. Dies war so ein naher Verwandter des Herrschers, der nicht gut war und seine Strafe erhielt.

Wer waren diejenigen, die wegen ihrer Fähigkeiten vom Himmel in Dienst genommen wurden? Solche waren einst Yü, Chi und Kao T'ao.[98] Woher wissen wir, daß sie so waren? Unter den Aufzeichnungen der früheren Könige gibt es eine Schrift, *Strafgesetzbuch von Lü,* wo es heißt:

»Der große Kaiser *(Huang-ti)* ließ sorgfältige Erkundigungen bei dem einfachen Volk einziehen; dort gab es Beschwerden über die Miao-Barbaren... Die Aufmerksamkeit des Fürsten richtete sich auf die einfachen Leute und er klärte die unregelmäßigen Praktiken auf, und selbst Witwer und Witwen blieben nicht unberücksichtigt. Die Strenge der Tugend des Souveräns beeindruckte die Leute; seine tugendhafte Erleuchtung erleuchtete auch sie. Sodann benannte er die drei Fürsten, die sich durch Wohltaten gegenüber dem Volk verdient machen sollten. Po I erließ Gesetze und unterwies das Volk in der Strafordnung. Yü regulierte die Gewässer und ließ Berge und Täler benennen. Chi kam herab und warf die Saat aus, und die Bauern brachten vortreffliches Getreide ein. Als diese drei Fürsten ihre Aufgabe vollendet hatten, war dem Volk ein großer Nutzen zuteil geworden.[99]

Die hier erwähnten drei Heiligen waren sorgfältig in ihren Reden, umsichtig in ihrem Handeln und gründlich in ihren Gedanken und Plänen. Sie forschten nach dem, was verborgen in der Welt war und nach bisher vernachlässigten Vorteilen. Sie dienten dem Himmel droben, und der Himmel war ihrer Tugendhaftigkeit geneigt. Sie handelten im Interesse des Volkes und das Volk genoß ihre Segnungen solange sie lebten.

Daher pflegten die früheren Könige zu sagen: »Folge diesem Weg in der Welt in großem Maßstab, und er wird niemals beengt sein, folge diesem Weg für lange Zeit, dann wird sich das ganze Volk sein Leben lang seines Nutzens erfreuen.«

In den *Hymnen der Chou* heißt es:

Des Heiligen Tugend
Ist wie der Himmel so hoch
Und so weit wie die Erde;

Sie erleuchtet die Welt,
Beständig wie das Land,
Emporragend wie ein Berg,
Schwankt oder stürzt sie nie.
Wie das Leuchten der Sonne, der Glanz des Mondes
Beständig wie Himmel und Erde.[100]

Dies beschreibt, wie leuchtend und weit, wie tiefverwurzelt und beständig die Tugend des Weisen ist, die Tugend des Weisen, die Himmel und Erde vollständig umspannt.

Die heutigen Könige und hohen Beamten wollen das Reich beherrschen und die Feudalfürsten lenken. Doch wie sollten sie das ohne Tugend und Rechtschaffenheit können? Nun gibt es einige, die sagen, sie könnten das durch Gewalt und Stärke erreichen; doch warum sollten sie Gewalt und Stärke nehmen? Zu unterwerfen bedeutet doch nur den Tod des Volkes. Wonach die Leute am meisten streben, ist Leben, und was sie am meisten hassen, ist der Tod. Wonach sie streben, das würden sie dann nicht erlangen, und was sie hassen, träte häufig ein. Vom Altertum bis zur heutigen Zeit hat es noch keinen gegeben, der mit solchen Mitteln in der Lage gewesen wäre, das Reich zu beherrschen und die Feudalfürsten in ihren Schranken zu halten. Heute nun sagen die Könige und hohen Beamten, sie wollten das Reich beherrschen und die Feudalfürsten anführen. Wenn sie aber wollen, daß ihr Wille im Reich gilt und ihr Name noch bei späteren Generationen gerühmt wird, warum erkennen sie dann nicht, daß die Heranziehung der Weisen die Grundlage für eine gute Regierung ist, das Prinzip, dem die Heiligen höchst umsichtig folgten!

Hochschätzung der Weisen III

Mo Ti sagte: Die Könige und hohen Beamten des Reiches wollen alle, daß in ihrem Land Wohlstand herrsche, daß die Bevölkerung sich mehre und Recht und Gesetz herrsche. Aber sie verstehen nicht, durch Heranziehen der Weisen ihr Land und die Bevölkerung zu regieren, und vernachlässigen so die Grundlage für das Regieren, die in der Heranziehung der Weisen besteht. Wenn sie die Grundlage für das Regieren vernachlässigen, dann muß man dies an einem Beispiel erläutern:

Angenommen, es gäbe heute einen Fürsten, der sein Land gut regieren will und der sagte: »Alle Gelehrten in meinem Staat, die in der Lage sind, mit dem Bogen zu schießen und den Wagen zu fahren, die will ich belohnen und ihnen Würden verleihen; solche aber, die dazu nicht in der Lage sind, die will ich bestrafen und herabsetzen.« – Wenn wir die Gelehrten dieses Staates fragten, wer erfreut und wer verängstigt sei, so glaube ich, daß sicherlich diejenigen, welche fähig sind, mit dem Bogen zu schießen und den Wagen zu lenken, erfreut, die dazu aber nicht in der Lage sind, verängstigt sein werden.[101] Oder ich lasse einen solchen Fürsten entsprechend sagen: »Alle loyalen und zuverlässigen Gelehrten meines Landes, die will ich belohnen und ihnen Würden verleihen; solche aber, die nicht loyal und unzuverlässig sind, die will ich bestrafen und herabsetzen.« Fragt man die Gelehrten dieses Landes nun, wer glücklich ist oder wer Angst hat, so behaupte ich, daß mit Sicherheit die loyalen und zuverlässigen glücklich, die illoyalen und unzuverlässigen hingegen bestürzt sein werden. Wenn nun einer die Weisen zur Regierung seines Staates und des Volkes heranzieht, dann werden die Guten seines Landes dadurch angespornt, die Üblen aber zurückgehalten; und wenn dies im großen im ganzen Reich geschieht, dann werden im ganzen Reich die Guten angefeuert und die Üblen zurückgehalten.

Aber was ist der Grund dafür, daß wir die Regierungsmethode von Yao, Shun, Yü, T'ang, Wen und Wu so hochschätzen? Weil sie immer volksnah ihre Regierung ins Werk zu setzen pflegten und das Volk lenkten und dadurch die Guten im Reich anspornten, die Üblen aber zurückhielten. Eine solche Heranziehung der Weisen ist also mit dem Weg von Yao, Shun, Yü, T'ang, Wen und Wu identisch.

Heutzutage loben die Fürsten der Welt alle in ihren privaten Reden die Weisen, doch wenn sie ihre Regierungspolitik öffentlich ins Werk setzen und das Volk regieren, dann verstehen sie es nicht, die Weisen heranzuziehen und die Fähigen einzusetzen. Daraus wird mir offenkundig, daß die Fürsten in der heutigen Welt sich zwar auf das Kleine, nicht aber auf das Große verstehen. Woher weiß ich, daß es sich so verhält?

Wenn heutzutage die Könige oder hohen Beamten einen Ochsen oder ein Schaf zur Verfügung haben und nicht in der Lage sind, es zu schlachten, dann suchen sie gewiß einen geschickten Metzger, und wenn sie ein Kleid zu fertigen haben, aber nicht in der Lage sind, es selbst herzustellen, dann werden sie gewiß einen geschickten Schneider suchen. Obwohl in diesen Fällen den Königen und hohen Beamten auch Blutsverwandte oder solche, die unverdientermaßen reich und hoch geehrt sind, oder solche, die ihnen aufgrund ihrer äußeren Erscheinung sehr sympathisch sind, zur Verfügung stünden, so wissen sie doch genau, daß jene für solche Tätigkeiten nicht geeignet sind, und stellen sie deshalb nicht ein. Warum? Weil sie fürchten, sie könnten die Dinge verderben. In diesen Angelegenheiten also unterlassen es die Könige und hohen Beamten nicht, Weise heranzuziehen und Fähige zu beauftragen. Oder wenn die Fürsten und hohen Beamten ein krankes Pferd haben, das sie nicht kurieren können, werden sie bestimmt einen guten Arzt hinzuziehen. Oder wenn sie einen angeknacksten Bogen haben, den sie nicht spannen können, dann suchen sie bestimmt einen guten Bogenmacher auf. Auch in diesen Fällen vertrauen die Könige also nicht ihren Blutsverwandten oder solchen, die unverdientermaßen reich und hoch geehrt, oder die ihnen aufgrund der äußeren Erscheinung sehr sympathisch sind, diese Sachen an, da sie von ihnen wissen, daß sie unfähig dazu sind. Warum? Sie fürchten, daß jene die Dinge verderben werden. So unterlassen es auch in diesen Fällen die Könige und hohen Beamten nicht, Weise heranzuziehen und Fähige zu betrauen. Wenn es sich aber um ihren Staat handelt, dann handeln sie nicht mehr so. Da ziehen dann Könige und hohe Beamte ihre Blutsverwandten, solche, die unverdientermaßen reich und hochgeehrt sind, oder ihrem Aussehen nach schöne Männer heran. Das Interesse der Könige und hohen Beamten für ihren Staat ist also noch nicht einmal so wie ihr Interesse an einem angeknacksten Bogen, einem erkrankten Pferd, einem Kleidungsstück, einem Ochsen oder einem Schaf. Daraus ersehe ich, daß die Fürsten des Reiches allesamt die kleinen Dinge begreifen, das Wichtigste aber nicht verstehen. Dies ist, wie wenn man einen Stummen zum Gesandten oder einen Tauben zum Musikmeister machen wollte.

Jene, die von den heiligen Königen des Altertums zur Regierung des Reiches eingesetzt, die bereichert und denen vornehme Stellungen gegeben wurden, waren nicht unbedingt gerade Blutsverwandte der Könige oder der hohen Beamten oder unverdientermaßen reiche und in hoher Stellung sich befindende, oder solche, die wegen ihres galanten Aussehens beliebt waren. So pflügte in früherer Zeit Shun am Li-Berg, töpferte am Fußufer, fischte im Donnersee und machte Mörtel in Ch'ang-yang. Yao fand ihn an der Sonnenseite des Fu-Sees, machte ihn zum Himmelssohn, übertrug ihm die Verwaltung des Reiches und die Regierung über die Menschen des Reiches. Einst wurde I Yin, Begleiter der Gouvernante der Tochter des Herrn von Hsin, als Koch eingesetzt. T'ang entdeckte ihn und erwählte ihn zu einem seiner drei Minister, übertrug ihm die Verwaltung des Reiches und die Herrschaft über dessen Bewohner. Fu Yüeh wohnte einst auf einer Insel im Nordmeer, oberhalb der Gefängnismauern. Seine Kleidung war rauh und als Gürtel trug er einen Strick. Er war Arbeiter in Fu-yen, als Wu-ting ihn fand und ihn zu einem seiner drei Minister machte. Er übertrug ihm die Verwaltung des Reiches und die Herrschaft über dessen Bewohner.

Daß im Altertum Yao den Shun erhob, T'ang den I Yin und Wu-ting den Fu Yüeh, war das, weil es ihre Blutsverwandten, weil es Leute von unverdientem Reichtum oder Ansehen oder Leute von bestechendem Äußeren waren? Es geschah nur, weil ihre Worte zum Vorbild zu nehmen, ihre Pläne auszuführen und ihrem Weg zu folgen in den oberen Regionen dem Himmel, in den mittleren Regionen den Geistern und in den unteren Regionen den Menschen nützlich war. Dies war der Grund, warum sie gefördert und erhoben wurden.

Als die heiligen Könige des Altertums entschieden hatten, daß die Heranziehung von Weisen zum Prinzip erhoben werden sollte, da schrieben sie es auf Bambus und Seide und ritzten es in Teller und Gefäße, um es so den Söhnen und Enkeln späterer Generationen zu überliefern.

In dem Buch eines früheren Königs[102], dem *Strafkodex von Lü*, heißt es:

»Der König sagte: Hu! Kommt, die ihr Staaten und Länder habt, ich will euch berichten von den Prozessen und Bestrafungen. Wenn ihr jetzt dem Volke Frieden bringt, wen werdet ihr auswählen, wenn nicht angemessene Leute? Was werdet ihr mit der größten Sorgfalt bedenken, wenn nicht die Bestrafungen? Worauf werdet ihr sinnen, wenn nicht das Ziel zu erreichen?«[103]

Kann man die richtigen Männer auswählen und die Bestrafungen mit größter Sorgfalt bedenken, dann erreicht man den Weg des Yao und Shun, des Yü und T'ang, des Wen und Wu. Auf welche Weise? Durch Heranziehen der Weisen. Und im *Shu Nien*[104], einem anderen Buch eines früheren Königs, heißt es:

»Siehe, der heilige Wu kennt die Menschen, um euch zu schützen.« Das heißt, daß die früheren Könige bei der Regierung ihres Reiches stets Weise zur Unterstützung ihrer Untertanen auswählten.

Heute wünschen die Gelehrten und Edlen des Reiches alle Reichtum und eine vornehme Stellung, und sie hassen Armut und eine geringe Stellung. Nun, was kann man tun, um zu einer vornehmen Stellung zu gelangen und Armut und niedrige Stellung zu vermeiden? Es gibt keinen besseren Weg als weise zu werden. Doch was ist der Weg zur Weisheit?

Wer Kraft hat, muß bereit sein, anderen Menschen zu helfen; wer Güter hat, muß sich dazu aufraffen, mit anderen zu teilen, und wer das Tao besitzt, muß sich dazu bewegen, die Menschen zu belehren. Dann werden die Hungrigen zu essen haben, die Frierenden Kleider bekommen und die Aufständischen zur Ruhe kommen. Wenn die Hungrigen zu essen bekommen, die Frierenden Kleider erhalten und die Aufständischen zur Ruhe kommen, dann werden die Lebewesen in Frieden leben.

Doch die heute von den Königen und hohen Beamten bereichert und in vornehme Stellungen gesetzt werden, sind alle mit ihnen blutsverwandt, unverdientermaßen Reiche oder Vornehme oder von ansprechendem Äußeren. Müssen diese auch notwendigerweise Wissende sein? Wenn sie nicht wissend sind und man sie mit der Regierung des Staates beauftragt, dann gerät das Land bestimmt in Unordnung; das läßt sich voraussehen.

Heutzutage wünschen sich alle Gelehrten und Edlen des Reiches Reichtum und eine vornehme Stellung, und sie hassen Armut und Elend. Doch wie erreicht man Reichtum und eine vornehme Stellung, und wie vermeidet man Armut und Elend? Es scheint da keinen anderen Weg zu geben, als Blutsverwandter eines Königs oder eines hohen Beamten oder unverdientermaßen reich und von vornehmer Stellung oder von bestechendem Aussehen zu werden. Doch dies zu werden, ist etwas, was man nicht zu lernen vermag.

Wenn man nicht den Wert eines tugendhaften Verhaltens zu erkennen vermag, dann werden auch Leute wie Yü, T'ang, Wen oder Wu nichts erreichen. Und wenn die Blutsverwandten der Könige und hohen Beamten lahm, stumm, taub und schlecht sind, dann werden auch Leute wie Chieh und Chou nicht noch mehr verderben können. Dann werden nicht die Weisen belohnt und die Schlechten bestraft. Sondern die, welche belohnt werden, haben keine Schuld. Infolgedessen wird das ganze Volk ängstlich in seinem Herzen und es läßt sich gehen und wird abgehalten, Gutes zu tun. Es läßt seine Kräfte ungenutzt, und man ermutigt sich nicht untereinander. Die überflüssigen Produkte verfaulen und verrotten und werden nicht aufgeteilt, gute Lehren behält man heimlich für sich und teilt sie keinem anderen mit. Die Folge ist, daß die Hungrigen nichts zu essen bekommen und die Frierenden keine Kleider haben und die Aufständischen nicht wieder zur Ruhe kommen.

Blicken wir zurück in frühere Zeiten, so hatte im Altertum Yao den Shun, Shun den Yü, Yü den Kao Yao und T'ang den kleinen Beamten I Yin. König Wu hatte Hung Yao, T'ai Tien, Nan-kung K'uo und San-i Sheng[105], und das Reich war in Harmonie und dem Volk ging es gut. Die dem Herrscher nahe waren, lebten in Frieden, die fernab Wohnenden strömten herbei. Wo immer Sonne und Mond schienen, Schiffe und Wagen hingelangten, Regen und Nebel sich niedersenkten und die Leute sich von Getreide ernährten[106], überall wurde dieser Zustand gepriesen.

Wenn jetzt die Könige und Fürsten des Reiches wirklich Menschlichkeit und Rechtschaffenheit üben wollen, wenn sie überragende Gelehrte zu werden versuchen, den Weg der heiligen Könige zu betreten und den Nutzen des Volkes im Reich zu bewirken wünschen, dann dürfen sie unsere Darlegungen von der Heranziehung der Weisen nicht unberücksichtigt lassen. Die Heranziehung der Weisen geschieht zum Nutzen des Himmels, der Geister und des Volkes und ist dabei die Grundlage einer Regierung.

Oben angleichen I[107]

Meister Mo Ti sagte: Als im hohen Altertum die Menschen zuerst auftraten und noch keine Rechtsprechung und keine Regierung hatten, da hatte, wenn sie sich äußerten, jeder eine andere Meinung. So hatten ein Mann eine, zwei Leute zwei und zehn Leute zehn Meinungen. Je mehr Menschen es gab, desto mehr geäußerte Ansichten gab es. Jeder hielt seine eigene Ansicht für richtig und die Ansichten aller anderen für falsch, so daß sie sich alle untereinander bekämpften. Infolgedessen stritten sich innerhalb der Familien Väter und Söhne, ältere und jüngere Brüder miteinander, und sie gingen auseinander, unfähig, sich wieder friedlich zu einigen. Und mit Wasser, Feuer und Gift schadeten sie einander. Trotz überschüssiger Kräfte kam man den Bedrängten nicht zu Hilfe, und überschüssige Vorräte verfaulten und verrotteten, statt daß sie ausgeteilt wurden, und man verbarg gute Lehren und teilte sie anderen nicht mit, und das Chaos auf der Welt war so, als wäre sie nur von wilden Tieren bewohnt.

Jedem, der die Gründe für das Chaos in der Welt untersuchte, wurde klar, daß sie im Fehlen von Führern lagen. Daher wurde der fähigste Weise des Reiches ausgewählt und als Himmelssohn eingesetzt. Und als man den Himmelssohn eingesetzt hatte und sah, daß seine Kraft nicht ausreichte, da wählte man auch andere fähige und weise Männer des Reiches aus und machte sie zu den drei Ministern. Und nachdem man den Himmelssohn und die drei Minister eingesetzt hatte und sah, daß das Reich weit und groß war und es dem Himmelssohn und seinen drei Ministern nicht möglich war, immer klar zu entscheiden, was für die Menschen in entfernten Landesteilen richtig und falsch, vorteilhaft und schädlich war, teilten sie das Ganze in zahllose Gebiete und setzten Feudalfürsten und Landesherren ein. Und als diese eingesetzt waren, waren auch deren Kräfte nicht ausreichend, und man wählte die weisesten und fähigsten Männer jedes Landes aus und setzte sie als Beamte ein.

Als diese Beamten eingesetzt waren, da eröffnete der Himmelssohn gegenüber der Bevölkerung des Reiches seine Regierungspolitik und sprach:

»Wenn einer Gutes oder Schlechtes erfährt, dann soll er seinem Vorgesetzten davon berichten. Und was der Vorgesetzte für richtig hält, das müssen alle für richtig halten, und was er für falsch hält, das müssen alle für falsch halten. Wenn ein Vorgesetzter einen Fehler begeht, dann soll man sich in angemessener Weise beklagen, und wenn seine Untertanen Gutes tun, soll sie der Vorgesetzte empfehlen. Die sich mit dem Vorgesetzten identifizieren und nicht mit den Untertanen Grüppchen bilden, werden von den Vorgesetzten belohnt und von den Untertanen gepriesen. Wenn also einer Gutes oder Schlechtes erfährt und seinem Vorgesetzten nicht davon berichtet, wenn man das, was der Vorgesetzte für richtig hält, nicht selbst für richtig hält, oder was er für falsch hält, nicht auch für falsch hält, oder wenn man nicht den Fehler eines Vorgesetzten in angemessener Weise beklagt, oder wenn die Untertanen Gutes tun und der Vorgesetzte sie nicht empfiehlt, wenn man mit den Untertanen Grüppchen bildet und sich nicht mit dem Vorgesetzten identifiziert, dann soll der Vorgesetzte den, der solches tut, bestrafen und das Volk ihn verdammen.«

Auf dieser Grundlage belohnten und bestraften die Oberen, und sie prüften dabei mit äußerster Sorgfalt, damit allen Gerechtigkeit widerfahre.

Der menschlichste Mann einer jeden Gemeinde wurde der Gemeindevorsteher. Dieser legte gegenüber der Bevölkerung der Gemeinde seine Regierungsgrundsätze mit folgenden Worten dar:

»Wenn einer Gutes oder Schlechtes erfährt, dann soll er dem Bezirksobersten davon berichten. Und was der Bezirksoberste für richtig hält, das müssen alle für richtig halten, und was er für falsch hält, das müssen alle für falsch halten. Laßt euer ungutes Reden und lernt die guten Worte des Bezirksobersten, gebt eure schlechte Handlungsweise auf und lernt von der guten Handlungsweise des Bezirksobersten.« Wie konnte einer dann noch von Unordnung im Bezirk reden? Wenn wir untersuchen, worin der Grund für die Wohlgeordnetheit des Bezirks liegt, so vermag es der Bezirksvorsteher einfach, die Ansichten in dem Bezirk zu vereinheitlichen, und das führt zur Wohlgeordnetheit im Bezirk.

Der Bezirksvorsteher war der menschlichste Mann im Bezirk. Dieser legte gegenüber der Bevölkerung seines Bezirks seine Regierungsgrundsätze mit folgenden Worten dar:

»Wenn einer Gutes oder Schlechtes erfährt, dann soll er seinem Landesfürsten davon berichten. Und was dieser für richtig hält, das müssen alle für richtig halten, und was er für falsch hält, das müssen alle für falsch halten. Gebt euer übles Reden auf und lernt von dem guten Reden des Landesfürsten, laßt von dem schlechten Lebenswandel ab und ahmt den guten Lebenswandel des Landesfürsten nach.« Wer konnte dann noch von Unordnung im Lande reden? Prüft man, worauf die Wohlgeordnetheit des Landes beruht, so liegt sie daran, daß der Landesfürst einfach die vielfältigen Meinungen in seinem Land zu vereinheitlichen versteht. Darauf beruht die Wohlgeordnetheit des Landes.

Der Fürst war der menschlichste Mann seines Landes. Er legte gegenüber der Bevölkerung seines Landes seine Regierungsgrundsätze folgendermaßen dar:

»Wenn einer Gutes oder Schlechtes erfährt, dann soll er dem Himmelssohn davon berichten. Und was dieser für richtig hält, das müssen alle für richtig halten, und was er für falsch hält, das müssen alle für falsch halten. Gebt also euer übles Reden auf und lernt von dem guten Reden des Himmelssohnes, laßt von dem schlechten Lebenswandel ab und nehmt euch den guten Lebenswandel des Himmelssohnes zum Beispiel.« Wer konnte dann noch von Unordnung im Reiche reden? Denn prüfte man, worauf die Wohlgeordnetheit im Reiche beruht, so liegt sie einfach daran, daß der

Himmelssohn die vielfältigen Ansichten in seinem Reiche zu vereinheitlichen versteht. Darauf beruht die Wohlgeordnetheit des Reiches.

Wenn aber die Menschen des Reiches sich alle nach oben dem Sohn des Himmels, nicht aber dem Himmel angleichen, dann wird Unheil doch niemals enden.

Wenn wir heute verheerende Stürme und zerstörende Regenfälle in solcher Häufigkeit haben, so bestraft damit der Himmel die Bevölkerung, die sich nicht nach oben dem Himmel angleicht.

Daher sagte Meister Mo Ti: Im Altertum führten die heiligen Könige die fünf Bestrafungen ein[108], um dadurch ihr Volk zu regieren. Diese waren wie die Wickelungen der Seidenfäden oder die Leitschnur eines Fangnetzes, worin sich solche Leute im Reich verstrickten, die sich nicht oben ihren Vorgesetzten anglichen.

Oben angleichen II

Meister Mo Ti sagte: Wenn wir heutzutage zurückblicken in das Altertum, als die Menschheit entstand, sehen wir, daß es noch keine Vorgesetzten und Regierenden gab. Wenn die Leute sich äußerten, hatte jedermann im Reiche eine andere Ansicht. So hatte ein Mensch eine Ansicht, zehn Menschen zehn Ansichten, hundert Menschen hundert Ansichten, und je mehr die Anzahl der Menschen zunahm, desto mehr geäußerte Ansichten gab es. Jeder hielt seine Ansicht für richtig und die Ansichten der anderen für falsch, so daß sich alle untereinander anfeindeten. Und selbst in den Familien zürnten und haderten Vater und Sohn, älterer und jüngerer Bruder miteinander, wünschten sich zu trennen und waren unfähig, sich wieder in Eintracht zu versöhnen. Infolgedessen verwandte man die überschüssigen Kräfte in der Nachbarschaft nicht an die Bedrängten, gute Lehren hielt man geheim und teilte sie anderen nicht mit, und überschüssige

Güter ließ man verrotten, statt sie mit anderen zu teilen, und die Unordnung im Reich war so, als handele es sich um wilde Tiere. Es gab keine Vorschriften für die Beziehungen zwischen Fürst und Untertan, Vorgesetztem und Untergebenem, Älteren und Jüngeren, keine Verhaltensmaßregel für das Verhalten von Vater und Sohn und älterem und jüngerem Bruder; daher war das Reich in Verwirrung.

Es war offensichtlich, daß der Grund für die Verwirrung des Reiches darin bestand, daß es keine Führer gab, welche die Ansichten im Reiche hätten vereinheitlichen können. Daher wählte man den tugendhaftesten, weisesten und umsichtigsten Mann des Reiches aus und machte ihn zum Sohn des Himmels, damit er die Vereinheitlichung der Ansichten im Reiche durchführe. Als der Himmelssohn installiert war, sah er, daß er mit seinen eigenen Ohren und Augen allein nicht in der Lage war, die Ansichten im Reiche zu vereinheitlichen, und er wählte zu seiner Unterstützung die tugendhaftesten, weisesten und umsichtigsten Männer des Reiches aus und machte sie zu den drei Ministern, damit sie mit ihm zusammen für die Vereinheitlichung der Ansichten im Reiche Sorge trügen. Doch auch der Herrscher und seine drei Minister konnten angesichts der Größe und Weite des Reiches die in den Bergen, Wäldern und entfernten Gegenden lebenden Leute bei der Vereinheitlichung nicht erfassen. Daher teilte man das Reich auf und ernannte zahlreiche Lehnsfürsten und Landesherren, damit sie in ihren Ländern die Vereinheitlichung der Ansichten erwirkten. Doch auch als diese eingesetzt waren, sah man, daß sie allein mit dem, was ihnen zu Gehör und Gesicht gebracht wurde, unfähig waren, die Ansichten in ihrem Land zu vereinheitlichen.

Daher wählten sie die Weisesten in ihrem Lande aus und setzten sie als Berater, Generäle, Großbeamte bis hinab zu den Vorstehern von Bezirken und Gemeinden ein, um mit ihnen zusammen für die Vereinheitlichung der Ansichten im Lande zu sorgen.

Als nun der Herrscher, die Fürsten und die Oberen des Volkes eingesetzt waren, da verkündete der Herrscher seine Regierungsprinzipien und erteilte folgende Belehrung: »Wenn einer Gutes hört oder sieht, muß er dies seinem Vorgesetzten anzeigen, und wenn er Schlechtes hört oder sieht, muß er dies ebenfalls mitteilen. Was die Oberen für richtig halten, das müssen auch alle anderen für richtig halten, und womit sie nicht übereinstimmen, damit darf ebenfalls keiner übereinstimmen. Wenn einer gute Eigenschaften hat, müssen die Oberen ihn empfehlen; und wenn einer der Oberen einen Fehler begeht, soll das in aller Form zur Kenntnis gebracht werden. Man soll sich mit den Oberen identifizieren, auf gar keinen Fall aber sich mit den Unteren zusammentun. Die Oberen werden ein solches Verhalten, wenn sie es bemerken, belohnen, und wenn die Bevölkerung davon erfährt, wird sie es preisen.

Wenn aber einer Gutes hört oder sieht, und es seinem Vorgesetzten nicht mitteilt, oder Schlechtes erfährt und es nicht zur Kenntnis bringt, wenn einer mit dem, was der Obere für richtig hält, nicht übereinstimmt, und das, was er verurteilt, für richtig hält, oder einen, der gute Eigenschaften hat, nicht empfiehlt oder den Fehler eines Oberen nicht in aller Form zur Kenntnis bringt, sich mit den Untergebenen zusammentut und mit seinem Vorgesetzten nicht übereinstimmt, den wird dieser, wenn er es bemerkt, tadeln und bestrafen, und das Volk, wenn es davon hört, wird ihn verdammen.«

Daher waren die heiligen Könige des Altertums bei der Rechtsprechung und Verwaltung sowie bei der Verteilung von Belohnungen und Lob sehr sorgfältig und genau, um die Wahrheit zu erforschen. Die Menschen im Reich strebten infolgedessen alle nach Belohnung und Lob ihrer Oberen und fürchteten Verdammung und Strafe.

Auch die Gemeindevorsteher suchten in Übereinstimmung mit der Politik des Himmelssohnes die Ansichten in ihrem Ort zu vereinheitlichen, und als sie das erreicht hatten, hielten sie die gesamte Bevölkerung ihres Ortes dazu an, sich mit dem Bezirksvorsteher zu identifizieren, und sprachen: »Die Einwohner des gesamten Ortes sollen mit dem Bezirksvorsteher übereinstimmen und nicht wagen, sich untereinander zusammenzuschließen. Was der Bezirksvorsteher für richtig hält, das sollt auch ihr für richtig erachten, und damit nicht übereinstimmen, womit er nicht übereinstimmt. Laßt ab von dem schlechten Gerede und eifert den guten Worten des Bezirksvorstehers nach, laßt ab von üblem Treiben und ahmt die gute Handlungsweise des Bezirksvorstehers nach, denn der Bezirksvorsteher ist bestimmt der vortrefflichste Mann im ganzen Bezirk.« Wenn die Leute im Distrikt alle den Bezirksvorsteher zum Vorbild nehmen, wie kann dann noch einer behaupten, daß der Distrikt nicht wohlgeordnet sei?

Was ist es nun, wodurch der Bezirksvorsteher seinen Bezirk in Ordnung hält? Es ist lediglich durch seine Fähigkeit, die Meinungen in seinem Bezirk zu vereinheitlichen; dadurch wird der Bezirk regiert.

Nachdem der Bezirk durch den Bezirksvorsteher wohl geordnet war, brachte er die Bewohner des Bezirks dazu, sich mit dem Landesfürsten zu identifizieren, und sagte: »Von der Bevölkerung des ganzen Bezirks muß sich jeder mit dem Landesfürsten identifizieren und darf nicht wagen, sich mit Untergebenen zu vereinigen. Was der Landesfürst für richtig hält, das müßt auch ihr für richtig halten, und was er für falsch hält, das müßt ihr ebenfalls für falsch erachten. Laßt euer ungutes Gerede und lernt von den guten Worten des Landesfürsten; gebt eure schlechten Tätigkeiten auf und ahmt die gute Handlungsweise des Landesvaters nach. Denn der Landesfürst ist der Weiseste des Landes.«

Wenn die Leute den Landesfürsten zum Vorbild nehmen, wie kann dann noch einer behaupten, daß es im Lande keine Ordnung gebe? Untersucht man, wodurch der Landesfürst das Land regiert, so daß es in Ordnung ist, so ist die Antwort: Lediglich durch seine Fähigkeit, die verschiedenen

Ansichten seines Landes zu vereinheitlichen, ist das Land wohl geordnet.

Nachdem der Landesfürst sein Land gut geordnet hatte, führte er die Bewohner seines Landes dazu, sich mit dem Himmelssohn zu identifizieren, und sagte:

»Die Menschen im ganzen Lande müssen sich mit dem Himmelssohn identifizieren und dürfen nicht wagen, mit einfachen Leuten gemeinsame Sache zu machen. Was der Himmelssohn für richtig hält, sollen auch sie für richtig halten, und womit er nicht übereinstimmt, damit dürfen auch sie nicht übereinstimmen. Laßt euer schlechtes Gerede und lernt von den guten Worten des Himmelssohnes, gebt eure schlechten Tätigkeiten auf und ahmt die gute Handlungsweise des Himmelssohnes nach. Denn der Himmelssohn ist der menschlichste Mann des Reiches!« Wenn die Bevölkerung des ganzen Reiches ihn zum Vorbild nimmt, wer könnte dann behaupten, daß das Reich nicht in Ordnung sei?

Warum war der Himmelssohn so erfolgreich in der Regierung des Reiches? – Nur durch seine Fähigkeit, die Meinungen im Reich zu einigen, gelang ihm die Regierung des Reiches.

Aber selbst wenn sich jeder mit dem Himmelssohn identifiziert, aber nicht im Einklang mit dem Himmel ist, dann nehmen die Naturkatastrophen kein Ende. Dann sendet der Himmel Kälte und Wärme nicht in richtigem Maße, und Schnee, Reif, Regen und Tau kommen zur Unzeit; die fünf Getreidesorten reifen nicht und die sechs Tierarten[109] gedeihen nicht, und es herrschen Krankheiten, Epidemien und Pest; verheerende Stürme und zerstörende Regen treten häufig ein. Das sind die vom Himmel herabgesandten Strafen, mit denen er die untergebenen Menschen dafür bestraft, daß sie sich nicht mit ihm im Einklang befinden.

Die heiligen Könige des Altertums erkannten die Wünsche des Himmels und der Geister und vermieden, was jenen mißfiel, um den Vorteil des Volkes zu fördern und

Nachteile abzuwenden[110], und so leiteten sie die Bevölkerung des Reiches an, zu fasten und sich zu reinigen und Himmel und Geistern nur reinen Wein und hinreichend Hirse als Opfer darzubringen. Und in ihrem Dienst an Geistern und Seelen mit Wein und Schalen voll Hirse wagten sie nicht, Unreines zu bringen, und die Opfertiere mußten fest und fleischig sein, und Jade und Seide hatte den Standards genau zu entsprechen. Und bei ihren Frühlings- und Herbstopfern wagten sie es nicht, den richtigen Zeitpunkt zu verpassen, bei Gerichtsverhandlungen, nicht das richtige Urteil zu fällen, beim Verteilen von Gütern, nicht gerecht zu sein, und zu Hause wagte man nicht, sich dem Müßiggang hinzugeben.

Als die heiligen Könige solche Führer waren, erhielten oben Himmel und Geister durch ihre Führerschaft reichliche Spenden, und unten hatte das Volk von ihrer Regierung großen Nutzen. Da Himmel und Geistern so reichlich gespendet wurde und alle Dienste zu ihren Ehren so tatkräftig von ihnen durchgeführt wurden, konnten sie der Segnungen des Himmels und der Geister teilhaftig werden. Und da sie dem Volke so nutzten und tatkräftig den Dienst an ihrem Volk durchführen konnten, konnten sie die Zuneigung des Volkes erlangen. Da sie solch eine Regierung führten, konnten sie alle ihre Pläne durchhalten und ihre Unternehmungen zum Erfolg führen. In der Verteidigung waren sie standhaft und bei Strafexpeditionen siegreich. Worin liegt der Grund dafür? Darin, daß sie nur die Identifizierung zum Regierungsprinzip machten. Eine solche Regierung also führten die heiligen Könige des Altertums.

Nun mögen heute Leute im Reich fragen: Heutzutage sind die Führer des Reiches nicht aus dem Reich verschwunden; was ist dann der Grund für die gegenwärtige Unordnung des Reiches?

Meister Mo Ti sagte: Die heutzutage die Herrschaft ausüben, sind grundlegend von denen des Altertums verschieden. Dies ist vergleichbar damit, wie die Fürsten der Miao die fünf Bestrafungen anwendeten. Einst führten die heiligen Könige des Altertums die fünf Strafen ein und regierten damit ihr Land; als dann auch die Fürsten der Miao die fünf Strafen einführten, stifteten sie damit nur Verwirrung. Lag dies etwa an der Unzulänglichkeit der Strafen? – Die Anwendung der Strafen war einfach unzulänglich. Daher heißt es in den Aufzeichnungen eines früheren Königs, dem *Strafkodex von Lü*[111]:

»Bei dem Volk der Miao machte man keinen Gebrauch von Unterweisungen und Ermahnung, sondern unterdrückte nur mit Strafen; man machte sie lediglich zu fünf Formen des Tötens und nannte das Gesetze.«[112]

Das heißt, wenn man die Strafen richtig anwendet, regiert man das Volk, und wenn man sie nicht richtig anwendet, macht man nur fünf Arten des Tötens aus ihnen. Bedeutet das dann, daß die Strafen nicht gut sind? Nur wenn ihre Anwendung nicht angemessen ist, werden sie zu fünf Arten des Tötens. So heißt es in einem Buch der früheren Könige, dem *Shu Ling*:

»Ein Mund bringt Freundschaft mit sich oder löst einen Krieg aus.«[113] Das heißt, daß solche, die ihren Mund richtig zu gebrauchen verstehen, Freundschaft säen, aber solche, die ihren Mund nicht richtig zu gebrauchen verstehen, zu verleumderischen Rebellen und Banditen werden. Es ist nicht etwa so, daß der Mund nicht gut wäre, doch sein Gebrauch ist nicht gut, so daß sie zu verleumderischen Rebellen und Banditen werden.

Daher sollte im Altertum die Einsetzung von Führern der Regierung des Volkes dienen. Gleich wie die Wickelungen die einzelnen Fasern der Seidenfäden zusammenhalten oder die Fangnetze eine Leitschnur haben, wurden dadurch die Schlechten und Lasterhaften im Reiche zusammengefaßt und verstrickt und ihre Meinungen angepaßt. So heißt es in einer Schrift der früheren Könige, dem *Hsiang Nien*:

»Sie gründeten ein Reich und richteten eine Hauptstadt ein; und sie setzten Kaiser und Könige, Fürsten und Herzöge ein, nicht aber, um ihnen Stolz einzuflößen. Und man setzte Minister, Großbeamte, Gouverneure und Vorsteher nicht ein, damit sie sich dem Müßiggang hingeben; ihnen wurden lediglich Aufgaben und die Durchführung der himmlischen Gerechtigkeit übertragen.« Das heißt, daß im Altertum Shang-ti und die Geister nicht Reich und Hauptstadt begründeten und Herrscher einsetzten, um ihren Rang zu erhöhen, ihre Bezüge zu vervielfachen und ihnen Reichtum und vornehme Stellungen zu geben und sie ein bequemes und sorgloses Leben führen zu lassen, sondern damit sie dem Volke Nutzen bringen und Schaden von ihm wenden und die Armen am Reichtum teilhaben und den Verachteten ein besseres Ansehen zukommen lassen, und damit sie Gefahren bannen, und, wo Unordnung herrscht, Ordnung wiederherstellen. So handelten auch die heiligen Könige des Altertums.

Heutzutage handeln die Könige, Fürsten und Herzöge bei der Rechtsprechung und der Verwaltung gerade entgegengesetzt. Sie umgeben sich mit ihren Günstlingen und setzen ihre Verwandten, Väter, älteren Brüder und Freunde als Führer ein. Und das Volk, das erkannt hat, daß seine Oberen diese Beamten nicht eigentlich zur Wohlfahrt des Volkes einsetzen, schließt sich daher im geheimen zusammen und läßt sich nicht dazu herbei, sich mit den Oberen zu identifizieren. Infolgedessen vertreten Oben und Unten nicht die gleichen Ansichten. Wenn aber Oben und Unten nicht eines Sinnes sind, dann reichen Belohnungen und Lob nicht aus, um zu tugendhaftem Verhalten zu ermuntern, und Verurteilungen und Bestrafungen genügen nicht, Schlechtigkeit einzudämmen. Woher weiß man, daß das so ist?

Die Oberen, die nur eingesetzt sind, den Staat zu verwalten und das Volk zu beherrschen, mögen wohl sagen: »Einem Manne, dem eine Belohnung zusteht, den werde ich belohnen.« Wenn aber nun Vorgesetzte und Untertanen nicht eines Sinnes sind, dann werden die, welche von den

Vorgesetzten belohnt werden, von der Menge verurteilt. Wenn einer von der Menge verurteilt wird, dann kann selbst eine Belohnung durch die Oberen ihn nicht ermuntern.

Die Oberen, die nur eingesetzt sind, den Staat zu verwalten und das Volk zu beherrschen, mögen sagen: »Jeder, der eine Bestrafung verdient, den werde ich bestrafen.« – Wenn aber nun zwischen den Oberen und den Untertanen keine Übereinstimmung besteht, dann werden die von den Oberen Bestraften von der Menge gepriesen werden. Einer, der die Bewunderung der Menge gewinnt, wird sich durch Bestrafungen durch die Oberen nicht von seinem Tun abhalten lassen.

Wenn die zur Verwaltung des Staates und zur Regierung des Volkes Eingesetzten durch Belohnungen und Lob Gutes nicht zu befördern und durch Verurteilung und Bestrafung Schlechtes nicht zu verhindern in der Lage sind, ist das nicht genau dasselbe wie der von uns beschriebene Urzustand, in dem die Menschen noch keine Herrscher und Vorgesetzten hatten? Wenn Führer zu haben und keine Führer zu haben das gleiche ist, dann ist dies sicher nicht der richtige Weg, auf dem man das Volk regiert und die Massen vereinigt.

Da die heiligen Könige des Altertums sich allein um die Angleichung kümmerten, wurden, als sie zur Herrscherposition gelangten, die Absichten der Oberen und die der Untergebenen austauschbar. Wenn die oberen irgendeinen besonderen Vorteil für sich schufen, hatten die Unteren daran teil, und wenn die Unteren irgendwelche Klagen hatten oder Leiden ausgesetzt waren, dann beseitigten die Oberen sie.

So konnte der Himmelssohn selbst einen, der viele tausend Meilen von der Hauptstadt entfernt war und dort Gutes tat, noch ehe dessen Hausgenossen davon wußten oder seine Nachbarn davon erfahren hatten, diesen belohnen, und einen, der viele tausend Meilen entfernt etwas Schlechtes tat, noch bevor seine Hausgenossen davon wußten oder seine Nachbarn davon erfahren hatten, bestrafen. Dadurch wurden die Einwohner des Reiches alle sehr erschreckt und fürchteten sich und wagten nicht, Schlechtes zu tun, und sagten: »Augen und Ohren des Himmelssohnes haben übernatürliche Fähigkeiten.«

Doch die früheren Könige belehren uns, daß daran nichts Übernatürliches ist. Sie vermochten nur, die Augen und Ohren anderer in ihren Dienst zu stellen, die ihr eigenes Sehen und Hören unterstützten, und sie benützten die Lippen anderer, die ihnen beim Reden halfen, und die Herzen anderer, die für sie nachdachten, und die Glieder anderer, die ihnen bei Bewegungen und Handlungen halfen. Wenn die Mitsehenden und Mithörenden zahlreich sind, dann reichen Sehen und Hören weit, und wenn viele beim Reden mithelfen, dann reicht der Trost ihrer tugendhaften Worte überallhin, und wenn viele mitdenken, dann werden die gesteckten Ziele bald erreicht, und wenn die Bewegungen große Unterstützung finden, dann werden die Unternehmungen bald erfolgreich abgeschlossen sein.

So lag der einzige Grund dafür, daß die Heiligen des Altertums ihre Unternehmungen mit Erfolg abschlossen und ihr Ruhm bis in spätere Generationen nachwirkte, bloß darin, daß sie fähig waren, sich bei ihrer Regierungstätigkeit auf die Angleichung zu stützen. So heißt es in einem Buch der früheren Herrscher, den *Lobliedern der Chou*:

»Sie kamen, um den König zu sehen, und sie baten um Verordnungen.«[114]

Der Sinn dieser Worte ist, daß im Altertum die Landesfürsten und Herzöge im Frühling und im Herbst zum Hofe kamen, um dem Himmelssohn ihre Aufwartung zu machen und die strengen Weisungen des Himmelssohnes entgegenzunehmen, und entsprechend regierten sie nach ihrer Rückkehr ihre Länder, und was die Regierung ihnen auferlegte, wagten sie niemals zu mißachten.

Zu jener Zeit gab es auch keinen einzigen, der die Anweisungen des Himmelssohnes zu verwirren gewagt hätte. Im *Shih-ching*, dem *Buch der Lieder*, heißt es:

»Meine weißen Pferde haben weiße Mähnen und die sechs Zügel sind geschmeidig. Ich lasse sie galoppieren und treibe sie an – und überall forsche ich und suche nach Plänen.«[115]

Diese Worte besagen, daß die Landesfürsten und Lehnsherren im Altertum, wenn sie von etwas Gutem oder Schlechtem hörten und sahen, sofort eilten, es dem Himmelssohn mitzuteilen, so daß die Weisen belohnt und die Schurken bestraft werden konnten. Unschuldige tötete man nicht, doch ließ man auch die Schuldigen nicht laufen. Dies war der Erfolg der Vereinheitlichung.

Daher sagte Meister Mo Ti: Heutzutage wollen Könige, Fürsten und hohe Herren, Gelehrte und Edle im Reich tatsächlich den Wohlstand des Staates, wollen die Bevölkerung vermehren, Rechtsprechung und Verwaltung in Ordnung halten und den Bestand des Staates sichern.[116] Daher dürfen sie auch nicht außer acht lassen, daß das Oben Angleichen die Grundlage für die Regierung ist.

Oben angleichen III

Meister Mo Ti sagte: Es ist die Aufgabe der Wissenden, zu prüfen, wodurch der Staat und die Bevölkerung geordnet bleiben, und entsprechend zu handeln, und ebenfalls zu prüfen, wodurch der Staat und das Volk in Verwirrung geraten, und dies zu verhindern. Doch wodurch werden Staat und Bevölkerung in Ordnung gehalten?

Wenn die Oberen bei ihrer Regierungsausübung die Gefühle ihrer Untergebenen zur Kenntnis nehmen, dann wird Ordnung herrschen; wenn sie die Gefühle der Untergebenen aber unberücksichtigt lassen, dann wird Verwirrung eintreten. Woher weiß man das? – Wenn die Oberen bei ihrer Regierung die Gefühle ihrer Untertanen berücksichtigen, dann sind sie auch über die Guten und die Verwerflichen unter dem Volk im Bilde. Wenn sie darüber aufgeklärt sind, dann belohnen sie die Guten und bestrafen die Schurken. Wenn die guten Menschen belohnt und die schlechten bestraft werden, dann ist der Staat gewiß in Ordnung. Wenn sie hingegen die Gefühle der Leute nicht berücksichtigen, dann wissen sie auch nichts über die Guten und die Verwerflichen unter dem Volk. Wenn sie aber darüber nichts wissen, dann belohnen sie nicht die Guten und bestrafen die Schurken nicht. Und wenn die Regierung so ist, daß die Guten nicht belohnt und die Schurken nicht bestraft werden, dann wird die Volksmenge sicher in Aufruhr geraten. Wenn die Belohnungen und Bestrafungen nicht den Gefühlen der Untertanen entsprechen, muß man dies sorgfältig untersuchen.

Aber was muß man tun, um den Gefühlen der Bevölkerung zu entsprechen? Meister Mo Ti sagte dazu: Man muß nur bei der Regierung das Prinzip des Oben angleichen der Meinungen anzuwenden verstehen, das genügt. – Woher wissen wir aber, daß man durch das Oben angleichen der Meinungen das Reich regieren kann? Untersuchen wir doch einfach die Ordnungen in alter Zeit und die Äußerungen über die Regierung!

Im hohen Altertum, als der Himmel die Menschen geschaffen hatte, hatten sie noch keine Führer, und die Leute lebten als einzelne. Und da sie alle als einzelne lebten, hatte ein Mensch eine Ansicht, zehn Menschen zehn Ansichten, hundert Menschen hundert Ansichten und tausend Menschen tausend Ansichten, bis die Zahl der Menschen ins Unzählbare stieg und dann auch die geäußerten Ansichten unzählbar wurden. Und alle hielten ihre eigene Ansicht für richtig und jeder verurteilte die Ansichten anderer Menschen. Infolgedessen hatten die Stärkeren Hader und die Schwächeren Streit miteinander. – Daher wünschte man die verschiedenen Ansichten im Reiche zu vereinheitlichen, und man wählte den Weisesten aus und machte ihn zum Himmelssohn. Der Himmelssohn wurde sich bewußt, daß seine Kraft nicht ausreichte, allein das Reich zu lenken, und er wählte daher die ihm an Weisheit am nächsten kommenden aus und machte sie zu den drei Ministern.

Und auch die drei Minister sahen ein, daß ihre Kräfte allein nicht ausreichten, dem Himmelssohn zur Seite zu stehen, und sie teilten das Reich daher auf unter etliche Lehnsfürsten. Auch diese erkannten, daß ihre Kraft nicht ausreichte, alle Gegenden in ihrem Bereich allein in Ordnung zu halten, und sie wählten die ihnen an Tüchtigkeit am nächsten stehenden aus und machten sie zu Ministern und Sekretären. Auch diese sahen, daß sie alleine dem Fürsten nicht zur Seite stehen konnten, und so wählten sie eine andere Gruppe aus und setzten sie als Bezirksvorsteher und Familienälteste ein. Als im Altertum also der Himmelssohn die drei Minister, Fürsten, Minister, Sekretäre, Bezirksvorsteher und Familienältesten auswählte, wählte er sie nicht, damit sie reich, vornehm oder müßig seien, sondern weil sie bei der Unterdrückung von Unruhen sowie in der Rechtspflege und Verwaltung mitzuhelfen hatten. So gründete man im Altertum Staaten, errichtete Hauptstädte, setzte Kaiser und Könige, Fürsten und Herzöge ein, ernannte Minister, Richter und Vorgesetzte, und dies nicht, weil man sich ihrer Reden bedienen wollte, sondern damit sie die richtigen Entscheidungen treffen und bei der Ausführung des himmlischen Auftrags helfen.

Warum sind heutzutage die Oberen nicht in der Lage, ihre Untertanen zu regieren, und warum sind die Untertanen nicht in der Lage, ihren Oberen zu dienen? Oben und Unten schädigen sich gegenseitig. Was ist der Grund dafür? Ihre Ansichten stimmen nicht überein.

Wenn Meinungsverschiedenheiten herrschen, entstehen Parteien. Und wenn die Oberen dann einen Mann, der Gutes leistet, belohnen, dann mag der wohl die Belohnung seines Vorgesetzten verdienen, aber er vermag nicht, der Verdammung durch das Volk zu entgehen. Daher werden solche, die Gutes leisten, nicht unbedingt durch Belohnungen angespornt. Ein Herrscher mag einen Mann für verwerflich halten und ihn bestrafen, und dieser mag die ihm zugemessene Bestrafung auch erhalten, doch er fühlt die Preisungen des Volkes; daher werden solche, die verwerflich handeln, durch drohende Bestrafung keineswegs abgeschreckt. Belohnungen und Auseinandersetzungen der Oberen genügen also nicht, zum guten Handeln zu ermuntern, und Tadel und Strafen reichen nicht aus, den Schlechten von seinem Tun abzuhalten. Was ist der Grund dafür? Der Grund liegt in der Uneinheitlichkeit der Ansichten.

Aber was muß man tun, um die Ansichten in der Welt zu vereinheitlichen?

Meister Mo Ti bemerkte dazu: Warum macht man keinen Gebrauch von den Familienältesten, die eine Verordnung an die einzelnen Familienglieder ausgeben, in der sie folgendes befehlen:

»Wenn jemand einen sieht, der die Familie liebt und ihr Vorteil verschafft, dann soll er ihn melden, und wenn er einen sieht, der die Familie haßt und ihr schadet, dann soll er auch den melden. Wenn einer einen solchen, der die Familie liebt und ihr nützt, meldet, dann ist es so als ob er selbst die Familie liebt und ihr nützt. Und wenn das Oberhaupt davon erfährt, wird es ihn belohnen, und wenn die Menge davon hört, wird sie ihn preisen. Wenn einer jemanden sieht, der die Familie haßt und sie schädigt, und diesen nicht anzeigt, dann ist es, als ob er selbst die Familie haßt und sie schädigt. Wenn das Oberhaupt davon erfährt, wird es ihn bestrafen, und die Menge wird ihn, wenn sie davon hört, verdammen.«

So werden die Mitglieder dieser Familie alle Belohnungen und Lob ihrer Familienoberhäupter zu erlangen suchen und bestrebt sein, Tadel und Bestrafungen zu vermeiden. Wenn sie Gutes sehen, werden sie es berichten, und das Schlechte werden sie ebenfalls berichten. Die Guten wird das Familienoberhaupt belohnen und die Schlechten wird es bestrafen. So wird durch die Belohnung der Guten und die Bestrafung der Schlechten die Familie wohlgeordnet sein. Aber was ist es, durch das die Familie wohlgeordnet ist? Bloß dadurch, daß die Vereinheitlichung der Ansichten zum Prinzip gemacht ist.

Wenn die Familien bereits in Ordnung sind, ist damit auch die Regierungsaufgabe des Staates schon erfüllt? Keineswegs! Die Anzahl der Familien im Staat ist sehr groß, und jeder stimmt mit seiner eigenen Familie überein und verwirft die anderen Familien; daher stiften die Starken Unruhen und die Schwachen müssen sich wehren. So veranlaßt man auch die Familienältesten, die Meinungen in ihren Familien zusammenzufassen und der des Landesfürsten anzugleichen. Der Landesfürst seinerseits gibt eine Anordnung heraus, in der er allen Einwohnern seines Landes befiehlt:

»Wenn einer jemanden sieht, der den Staat liebt und ihm nützt, soll er diesen anzeigen, und wenn er jemanden sieht, der den Staat haßt und ihn schädigt, soll er auch diesen anzeigen. Denn wenn er jemanden sieht, der den Staat liebt und ihm nützt, und ihn meldet, so ist er selbst wie jemand, der den Staat liebt und ihm nützt. Wenn die Oberen von ihm erfahren, werden sie ihn belohnen, und wenn die Menge von ihm hört, dann wird sie ihn preisen. Wenn aber einer jemanden sieht, der den Staat haßt und ihn schädigt, und diesen nicht zur Anzeige bringt, dann ist er selbst wie einer, der den Staat haßt und ihn schädigt. Wenn die Obrigkeit von ihm hört, wird sie ihn bestrafen, und wenn die Menge von ihm erfährt, wird sie ihn verdammen.«

Daraufhin werden alle Einwohner des Staates bestrebt sein, die Belohnung und Auszeichnung ihrer Oberen zu erlangen, und sie werden Tadel und Verurteilung zu vermeiden trachten. Wenn das Volk einen Guten sieht, so wird es ihn melden, und wenn es einen Schlechten sieht, dann wird es auch ihn melden. Wenn der Landesfürst von einem Guten hört, wird er ihn belohnen, und wenn er von einem Schlechten erfährt, wird er ihn bestrafen. So werden die Guten belohnt und die Schlechten bestraft, und der Staat ist wohlgeordnet. Was ist es, wodurch ein Staat in Ordnung gehalten wird? Es ist die Tatsache, daß die Vereinheitlichung der Ansichten zum Prinzip erhoben wird.

Wenn die einzelnen Staaten wohlgeordnet sind, ist dann schon die Regierungsaufgabe für das gesamte Reich erfüllt? – Keineswegs! Denn einzelne Staaten im Reich gibt es viele, und jeder stimmt mit seinem eigenen Staat überein und verurteilt die anderen Staaten. Infolgedessen entfachen die Mächtigen Hader, und die Schwachen müssen sich wehren. Deshalb werden die Landesfürsten noch weiter dazu angehalten, die Ansichten in ihrem Staate zu sichten und sie der des Himmelssohnes anzugleichen.

Der Himmelssohn seinerseits gibt eine Verordnung heraus, in der er allen Einwohnern seines Reiches befiehlt:

»Falls einer jemanden sieht, der das Reich liebt und ihm nützt, soll er ihn melden, und falls er jemanden sieht, der das Reich haßt und ihm schadet, soll er ihn ebenfalls melden. Wenn er jemanden sieht, der das Reich liebt und ihm nützt, und diesen meldet, so ist er selbst wie einer, der das Reich liebt und ihm nützt. Wenn die Oberen von ihm hören, dann werden sie ihn belohnen, und wenn die Menge von ihm erfährt, wird sie ihn preisen. Wenn aber jemand von einem hört, der das Reich haßt und es schädigt, und ihn nicht zur Anzeige bringt, dann gilt er selbst wie einer, der das Reich haßt und es schädigt. Wenn die Oberen von ihm erfahren, dann werden sie ihn bestrafen, und wenn die Menge davon hört, wird sie ihn verdammen.«

Daraufhin werden die Einwohner des Reiches alle um Belohnungen und Auszeichnungen der Oberen bemüht sein und Tadel und Bestrafungen zu vermeiden suchen. Und sie werden sowohl den Guten als auch den Schlechten melden. Und wenn der Herrscher von den Guten hört, wird er sie belohnen, und wenn er von den Schlechten erfährt, wird er sie bestrafen. So wird durch die Belohnung der Guten und durch die Bestrafung der Schlechten das Reich wohlgeordnet sein. Was ist es, wodurch das Reich wohlgeordnet ist? Lediglich die Tatsache, daß die Vereinheitlichung der Ansichten zum Prinzip gemacht wird.

Und wenn das Reich bereits wohlgeordnet ist, wird der Himmelssohn darüber hinaus die Ansichten im Reich zusammenfassen und mit dem Himmel in Einklang bringen. Daher muß man von dieser Vereinheitlichung sprechen.

Der Himmelssohn, der davon im großen Maßstab Gebrauch macht, kann so sein Reich regieren, und die Lehnsfürsten, die davon einen mittleren Gebrauch machen, können so ihren Staat regieren, und die Familienältesten, die davon einen kleinen Gebrauch machen, können ihre Familien regieren. Durch Anwendung im großen Maßstab wird das Reich wohl regiert und ist ohne Leichtfertigkeit, und durch Anwendung im kleineren Maßstab wird ein Staat und eine Familie regiert, ohne von dem rechten Weg abzuweichen. Dies ist die Bedeutung jenes Weges. Daher heißt es: Einen Staat zu regieren, ist wie eine Familie zu regieren, die Bevölkerung des Reiches anzuleiten, ist wie einen Menschen anzuleiten.

Vielleicht meint nun einer, dies sei allein die Ansicht des Meisters Mo Ti, und die früheren Könige seien nicht dieser Auffassung gewesen. Im Gegenteil, sie waren der gleichen Meinung! Die heiligen Könige erhoben die Vereinheitlichung zum Regierungsprinzip, und daher war das Reich wohlgeordnet. Woher wissen wir das? In einem Buch der früheren Könige, der *Großen Erklärung*, heißt es:

»Die einfachen Leute sehen Schlechtigkeit und Arglist und melden es, und wenn sie es nicht melden und es kommt heraus, dann werden sie ebenso bestraft.«[117]

Das besagt, daß diejenigen, die ein Vergehen oder ein Verbrechen sehen und es nicht zur Anzeige bringen, ebenso wie die des Vergehens oder Verbrechens Schuldigen zur Verantwortung gezogen werden.

Um das Reich zu regieren, wählten die heiligen Könige des Altertums Männer aus[118], die ihnen zur Seite standen, Leute, die im Handeln nach außen ganz vortrefflich waren.

Die ihnen beim Sehen und Hören behilflich waren, waren zahlreich, und wenn sie zugleich mit anderen ein Vorhaben planten, erreichten sie ihr Ziel früher als diese, und wenn sie zugleich mit anderen irgend etwas in Angriff nahmen, vollendeten sie es schneller als diese. Belobigungen und Auszeichnungen konnten sie schneller als andere bekanntgeben. – Wenn man sich nur auf seine Leute bei der Durchführung von Regierungsgeschäften verlassen kann, hat man solchen Vorteil. Im Altertum hatte man ein Sprichwort, das darüber sagte: »Ein Auge sieht nicht soviel wie zwei Augen, ein Ohr hört nicht soviel wie zwei Ohren, eine Hand faßt nicht so kräftig zu wie zwei Hände.« Allein weil sich die heiligen Könige auf zuverlässige Leute stützen konnten, hatten sie solchen Vorteil.

Wenn es zur Zeit der Regierung des Reiches durch die heiligen Könige des Altertums außerhalb von tausend Meilen einen Weisen gab, konnten sie, noch bevor die Leute im jeweiligen Bezirk oder Ort davon Kenntnis erhielten, davon erfahren und ihn belohnen. Und wenn es innerhalb von tausend Meilen einen schlechten Menschen gab, konnten die vorbildlichen Könige, noch bevor die Leute in dessen Nachbarschaft überhaupt davon gehört hatten, diesen bestrafen. Kann dies lediglich auf die Feinheit des Gehörs und die Klarheit des Blicks der heiligen Könige zurückgeführt werden? Konnten sie auf einmal ein Gebiet von tausend Meilen überblicken und gleichzeitig ein solches Gebiet überhören? Da die heiligen Könige nicht hingingen, um zu sehen, und nicht an Ort und Stelle kamen, um selbst zu hören, was bewirkte da, daß die Rebellen und Banditen im Reich, die sich ja überall fanden, unfähig waren, Fuß zu fassen? Es ist die Großartigkeit, das Oben angleichen zum Regierungsprinzip zu erheben.

Daher sagte Meister Mo Ti: Jeder, der sein Volk dazu veranlassen will, sich oben anzugleichen, muß es lieben und darf es nicht hassen. Wenn sich das Volk nicht leiten läßt, ist zu sagen: Man muß es leidenschaftlich lieben, dann kann man es bewegen. Man muß Vertrauen erwecken und es an sich binden. Man muß es durch Bereicherungen und Beförderungen nach vorne ziehen und mit gerechter Bestrafung antreiben. Führt man eine solche Regierung, so wird man, selbst wenn man will, daß sich einer mal nicht mit einem selbst identifiziert, dies nicht erreichen können.

Daher sagte Meister Mo Ti: Wenn die Könige, Fürsten und hohen Beamten, die Gelehrten und Edlen des Reiches heutzutage wirklich menschliches und rechtschaffenes Verhalten zeigen wollen, erhabene Gelehrte sein wollen und nach oben hin auf den Weg der heiligen Könige und nach unten hin auf den Nutzen des Staates und der Bevölkerung bedacht sind, dann ist es die Lehre vom Oben angleichen, die sie unbedingt erwägen müssen. Das Oben angleichen ist die Grundlage einer Regierung und das Wichtigste für jede Ordnung.

Allgemeine Menschenliebe I[119]

Der Heilige[120], der die Ordnung *(chih)* des Reiches zu seiner Aufgabe macht, muß wissen, wodurch die Verwirrung *(luan)*[121] entsteht, um sie beseitigen zu können. Wenn er nicht wüßte, wodurch die Verwirrung im Reiche entsteht, dann wäre er nicht in der Lage, die Ordnung herzustellen.

Dies ist genauso wie bei einem Arzt, der die Krankheit eines Menschen überwinden will; er muß wissen, woher die Krankheit kommt, um in der Lage zu sein, sie zu bekämpfen. Wenn er aber nicht weiß, woher die Krankheit kommt, dann ist er auch nicht in der Lage, sie zu bekämpfen.

Und sollte es bei einem, der der Verwirrung steuern will, anders sein? Er muß die Ursache der Verwirrung kennen, um imstande zu sein, sie zu steuern. Wenn er aber die Ursache der Verwirrung nicht kennt, dann ist er dazu auch nicht in der Lage.

Der Weise, der sich die Ordnung des Reiches zur Aufgabe macht, kommt also nicht umhin, die Ursachen der Verwirrung zu untersuchen. Wenn er nachforscht, woher die Verwirrung kommt, so wird er finden, daß sie in dem Mangel an gegenseitiger Liebe ihren Grund hat.

Wenn Untertanen und Söhne ihren Fürsten und Vätern keine kindliche Pietät bezeugen, dann nennt man das Verwirrung. Der Sohn liebt dann nur sich selbst und nicht seinen Vater, und er schädigt daher seinen Vater und nützt nur sich selbst. Der jüngere Bruder liebt nur sich selbst und nicht seinen älteren Bruder und versagt so gegenüber diesem und nützt nur sich selbst. Der Untertan liebt nur sich selbst und nicht seinen Fürsten und versagt daher gegenüber diesem und nützt nur sich selbst. Dies ist es, was wir die allgemeine Verwirrung nennen.

Wenn selbst der Vater gegenüber seinem Sohn, der ältere gegenüber seinem jüngeren Bruder oder der Fürst gegenüber seinem Untertan keine liebevolle Gesinnung hegt, so ist dies auch ein Zustand, den man Unordnung im Reiche nennt. Der Vater liebt nur sich selbst und nicht seinen Sohn und schadet deshalb diesem und nützt nur sich selbst. Und auch der ältere Bruder liebt nur sich selbst und nicht seinen jüngeren Bruder und schadet deshalb diesem und nützt nur sich selbst. Warum ist das so? Dies alles ist eine Folge des Mangels an gegenseitiger Liebe.

Und selbst bei den Dieben und Räubern im Reich verhält es sich so; die Diebe lieben nur ihr eigenes Haus und nicht das der anderen, und daher bestehlen sie die anderen Häuser, um ihrem eigenen Hause Vorteil zu verschaffen. Und die Räuber lieben nur sich selbst und nicht die anderen Menschen, daher berauben sie diese, um sich selbst zu nützen. Woher kommt das? Dies alles ist eine Folge des Mangels an gegenseitiger Liebe.

Und wenn die Würdenträger ihre Familiem gegenseitig in Unordnung bringen und die Lehnsfürsten sich untereinander bekämpfen, dann ist es ebenso. Bei den Würdenträgern liebt jeder seine eigene Familie und nicht die des anderen, deshalb zerrütten sie diese, um ihrer eigenen zu nützen. Und die Lehnsfürsten lieben alle ihren eigenen Staat und nicht die anderen, und daher bekämpfen sie die anderen Staaten, um ihrem eigenen Staat zu nützen. Alle Fälle von Verwirrung im Reiche sind darin enthalten. Und untersucht man, worin sie ihren Grund haben, so ist es immer der Mangel an gegenseitiger Liebe.

Angenommen, im Reiche würden alle einander lieben und jeder würde den anderen lieben wie sich selbst. Gäbe es dann noch pietätloses Verhalten? Wenn man seinen Vater, seinen älteren Bruder und seinen Fürsten wie sich selbst ansieht, auf wen könnte man dann seine pietätlosen Gefühle richten? Gäbe es einen Mangel an liebevoller Güte, wenn man seinen jüngeren Bruder, seinen Sohn oder seinen Untergebenen wie sich selbst ansieht? Denn wohin sollte man diesen Mangel an liebevoller Güte wenden? Dann werden Pietätlosigkeit und Mangel an liebevoller Güte aufhören zu bestehen.

Und wie wird es noch Diebe und Räuber geben, wenn man das Haus des anderen wie sein eigenes betrachtet? Wer wird dann noch stehlen, wenn man den anderen wie sich selbst betrachtet? Wer wird dann noch rauben? Es wird dann keine Diebe und Räuber mehr geben.

Und werden hohe Beamte anderen Häusern Unheil bringen, oder die Lehnsfürsten andere Staaten angreifen, wenn sie das Haus des anderen wie ihr eigenes betrachten? Wer sollte dann noch Verwirrung stiften? Und wer, wenn sie die anderen Staaten wie ihren eigenen betrachten, wird dann noch angreifen? Dann wird es das gegenseitige Verderben der Familien bei den hohen Beamten und das gegenseitige Angreifen unter den Lehnsfürsten nicht mehr geben.

Wenn man im Reiche gegenseitige Liebe aller stiften kann, dann werden die Staaten sich untereinander nicht angreifen, die Familien sich gegenseitig nicht verderben, und es wird keine Diebe und Räuber geben, und Fürsten und Untertanen, Vater und Sohn, sie alle werden kindliche Liebe und liebevolle Güte pflegen können. Und wenn dies so ist, dann ist das Reich wohlgeordnet. Warum sollte dann der Heilige, der sich die Ordnung des Reiches zur Aufgabe gemacht hat, nicht Haß verhindern und zur Liebe zu ermuntern suchen? Denn wenn sich im Reiche alle gegenseitig lieben, dann wird es wohl geordnet sein; wenn sie sich aber untereinander hassen, dann wird Verwirrung herrschen.

Deshalb sagte Meister Mo Ti: Man muß die Menschen unbedingt zur Liebe ermahnen.

Allgemeine Menschenliebe II

Meister Mo Ti sagte: Worin die Menschlichen ihre Aufgabe sehen, ist, den Nutzen für das Reich zu mehren und Schaden von ihm abzuwenden. Dieses machen sie zu ihrer Aufgabe. Doch worin liegt der Nutzen für das Reich? Und worin der Schaden?

Meister Mo Ti sagte: Wenn heute ein Staat einen anderen angreift, sich eine Familie in die Angelegenheiten der anderen einmischt, die Menschen einander schädigen, die Fürsten und Untergebenen nicht wohlwollend und loyal und Vater und Sohn nicht gütig und pietätvoll, ältere und jüngere Brüder nicht einträchtig sind, dann bedeutet dies Schädigung für das Reich. Doch untersuchen wir, woraus dieser Schaden entsteht, hat er vielleicht seinen Grund im Mangel an gegenseitiger Liebe?

Meister Mo Ti sagte: Er stammt aus dem Mangel an gegenseitiger Liebe. Heutzutage wissen die Lehnsfürsten lediglich, ihren Staat zu lieben, und sie lieben nicht die Staaten der anderen. Und daher schrecken sie auch nicht davor zurück, ihr Land zu mobilisieren, um andere Staaten anzugreifen. Und die Familienvorstände verstehen heute ebenso nur, ihre Familie zu lieben und nicht auch die anderen Familien. Und so schrecken sie nicht davor zurück, ihre Familie aufzubieten, um über andere herzufallen. Und auch die einzelnen Menschen heute verstehen nur, sich selbst zu lieben und nicht die anderen, und so scheuen sie sich nicht, selbst andere Menschen zu schädigen.

Da die Lehnsfürsten nicht einander lieben, bekämpfen sie sich, und da die Familienvorstände nicht einander schätzen, greifen sie aufeinander über. Und da sich die Menschen untereinander nicht lieben, schädigen sie einander, und da Fürsten und Untertanen nicht einander lieben, kennen sie kein Wohlwollen und keine Loyalität; und da Vater und Sohn nicht einander lieben, gibt es keine Güte und keine kindliche Pietät; und da ältere und jüngere Brüder nicht einander lieben, gibt es keine Eintracht zwischen ihnen.

Da die Menschen im Reiche sich alle nicht gegenseitig lieben, überwältigen die Starken die Schwachen, verhöhnen die Reichen die Armen, lästern die Vornehmen über die Einfachen, und die Schlauen betrügen die Dummen. Alles Elend, Übergriffe, Unzufriedenheit und Haß in der Welt haben ihren Ursprung in dem Mangel an gegenseitiger Liebe. Die Aufrichtigen verurteilen dies.

Doch wenn sie es auch verurteilen, wie können sie es ändern? – Meister Mo Ti sagte: Mit der allumfassenden gegenseitigen Liebe und der gegenseitigen Unterstützung aller läßt es sich ändern. – Doch wie lassen sich allumfassende gegenseitige Liebe und gegenseitige Hilfe aller bewerkstelligen?

Meister Mo Ti sagte: Wenn man andere Staaten wie den eigenen betrachtet und andere Familien wie die eigene und andere Menschen wie sich selbst, dann werden die Feudalfürsten einander lieben und keinen Krieg miteinander führen, und die Familienvorstände werden untereinander Freundschaft pflegen und nicht aufeinander übergreifen, und die Menschen werden einander lieben und nicht schädigen. Die Fürsten und Untertanen werden einander lieben und Wohlwollen und Loyalität zeigen, Vater und Sohn werden einander lieben und Güte und kindliche Pietät üben, und ältere und jüngere Brüder werden einander lieben und zwischen ihnen wird Eintracht herrschen. Die Menschen im ganzen Reich werden einander lieben, die Starken werden nicht die Schwachen überwältigen, die Masse wird nicht die Minderheiten berauben[122], die Reichen werden die Armen nicht verhöhnen, die Vornehmen werden über die Einfachen nicht lästern, und die Schlauen werden die Dummen nicht übervorteilen. Und Elend, Übergriffe, Unzufriedenheiten und Haß werden in der ganzen Welt nicht mehr aufkommen können. Dies hat seinen Grund in der gegenseitigen Liebe. Deshalb preist sie der Menschliche.

Die Gelehrten und Edlen der heutigen Zeit mögen sagen: »Diese allumfassende Liebe ist schon etwas Schönes, allein, sie ist die schwierigste Angelegenheit in der Welt.« – Meister Mo Ti sagte dazu: Dies ist nur, weil die Gelehrten und Edlen des Reiches nicht deren Nutzen erkennen und nicht verstehen, worin Schädigung besteht.

Wenn heute einer eine Stadt angreift, eine Feldschlacht veranstaltet oder andere tötet und sich dadurch einen Namen macht, dann ist auch dies etwas, was auszuführen den Menschen im Reiche Schwierigkeiten bereitet. Doch wenn der Fürst sie dazu anhält, dann werden sie in der Lage sein, es auszuführen. Um wieviel mehr trifft dies für die gegenseitige Liebe und die gegenseitige Unterstützung aller zu, was davon ja verschieden ist. Wenn jemand die Menschen liebt, dann werden sie ihn sicher auch lieben, wenn einer ihnen nützt, dann werden sie ihm sicher auch nützen. Wenn einer jedoch die Menschen haßt, dann werden sie ihn auch hassen, und wer ihnen Unheil bereitet, dem werden sie auch Unheil bereiten. Was ist daran so schwierig? – Einzig, daß die Oberen ihre Regierung und die Beamten ihr Handeln nicht danach einrichten.

In alter Zeit liebte Herzog Wen von Chin[123] seine Beamten in ganz einfacher Tracht. Daher trugen alle seine Beamten Schaffelljacken, führten ihre Schwerter in ledernen

Schlaufen und trugen Kappen aus einfacher Seide. So traten sie vor ihren Fürsten und so bewegten sie sich bei Hofe. Was war der Grund dafür? Der Fürst ermunterte sie dazu, und so handelten sie danach.

Im Altertum liebte König Ling von Ch'u[124] bei seinen Beamten schlanke Taillen. Daher machten die Minister und Beamten des Königs Ling ein einmaliges Mahl zur Regel, und sie atmeten aus, wenn sie sich die Gürtel umlegten. Sie mußten sich an der Wand festhalten, um aufzustehen, und binnen eines Jahres bereits hatten die Leute bei Hofe eine beängstigend aschfahle Farbe. Was war der Grund dafür? Der Fürst hatte es angeordnet, und die Untergebenen waren ihm gefolgt.

Kou Chien, der König von Yüeh[125], liebte den Mut seiner Untergebenen und instruierte sie entsprechend. Er versammelte sie und ließ ein Schiff anzünden. Und er prüfte sie, indem er sagte: »Der Schatz des Staates Yüeh ist dort auf dem Schiff.« Und er selbst schlug die Trommel, um sie anzutreiben. Und als die Soldaten den Trommelton hörten, durchbrachen sie die Reihen und stürmten ungeordnet nach vorn, stürzten sich in die Flammen, und die, die dabei umkamen, waren über hundert Menschen. Daraufhin schlug der König den Gong und rief sie zurück.

Meister Mo Ti sagte daher: Mangel an Nahrung, schlechte Kleidung und für den Ruhm eines Fürsten zu sterben, das ist, was für die Menschen im Reiche alle schwierig ist. Aber wenn der Fürst es ihnen befiehlt, dann wird die Menge in der Lage sein, es auszuführen. Um wieviel eher die gegenseitige Unterstützung, was ja etwas ganz anderes ist. Denn wer andere liebt, den werden auch die anderen lieben, und wer anderen nützt, dem werden die anderen auch nützen. Wer andere haßt, den werden auch die anderen hassen, und wer andere schädigt, den werden auch die anderen schädigen. Was ist daran so schwierig? Doch nur, daß die Fürsten nicht ihre Regierung und die Beamten nicht ihr Handeln danach einrichten.

Nun mögen die Gelehrten und Edlen des Reiches sagen: »Gegenseitige Liebe ist ja sehr gut, doch ist es eine unausführbare Sache. Es ist, wie wenn man den T'ai-Berg hochheben und damit über den Yangtze oder den Gelben Fluß springen wollte.«

Meister Mo Ti sagte: Dies ist kein treffender Vergleich! Den T'ai-Berg hochzuheben und damit über den Yangtze oder den Gelben Fluß zu springen, das kann man als eine außergewöhnliche Kraftanstrengung bezeichnen. Vom hohen Altertum bis heute hat es keinen gegeben, der dazu in der Lage gewesen wäre. Doch die gegenseitige allumfassende Liebe und der Austausch wechselseitiger Vorteile ist davon völlig verschieden. Die heiligen Könige des Altertums handelten danach. Woher wissen wir, daß das so ist?

Im Altertum regierte Yü das Reich, und im Westen grub er den West-Fluß und den Yü-Kanal, um damit die Wasser der Flüsse Ch'ü, Sun und Huang abzuleiten. Im Norden dämmte er den Yüan und den P'ai ein, um den Hou-chih-ti und den Hu-t'o abfließen zu lassen. Er teilte die Wasser am Ti-ch'u-Berg und durchstach den Lung-men-Berg, um der Bevölkerung von Yen, T'ai, Hu und Mo und der am West-Fluß zu nützen. Und im Osten drainierte er Lu, deichte den Mengshu-See ein und ließ die Wasser in neun Kanälen abfließen, um sie vom Ostgebiet abzuhalten und so den Bewohnern von Ch'u-chou zu nützen. Im Süden ließ er Yangtzu, Hang-huai und Ju nach Osten in die fünf Seen fließen und nützte so den Leuten von Ching, Ch'u, Han und Yüeh sowie den südlichen Barbaren. Dies beschreibt die Taten des Yü. Laßt uns also die allgemeine Liebe ins Werk setzen.[126]

Als im Altertum König Wen im Westland herrschte, war es, als ob Sonne und Mond ihr Leuchten in die vier Richtungen und über das Westland erstrahlen ließen, und nirgends konnte man finden, daß ein großer Staat einen kleinen oder die Menge die Minderheiten verachtete, und es gab keine Gewalttätigen, die den Farmen ihre Hirse, Reis, Hunde oder Schweine wegnahmen. Der Himmel trat König Wen mit Güte gegenüber. Deshalb fanden Alte, die kinderlos waren, einen Platz, an dem sie ihr Leben beenden konnten, und Verlassene und Einsame und solche ohne Geschwister hatten einen Platz, wo sie sich unter die Lebenden mischen konnten. Und solche, die früh ihre Eltern verloren hatten, fanden einen Beistand, unter dessen Fürsorge sie aufwachsen konnten. Dies waren die Leistungen König Wens. – Laßt uns also die allgemeine Liebe ins Werk setzen.

Als im Altertum König Wu einen Tunnelweg auf den T'ai-Berg anlegen ließ, soll er folgendes gesagt haben: »O T'ai-Berg! Ich, der tugendhafte Großenkel, König von Chou, habe ein großes Werk vorgehabt. Und dieses Werk ist nun vollbracht. Ich habe tugendhafte Männer und schätze sie hoch, um damit China unter der Herrschaft der Shang sowie die Man, I und Mo-Barbaren zu erretten.[127] Und wenn er (d. i. der Tyrann Chou) auch viele Verwandte hat, so sind sie doch nicht so gut wie die tugendhaften Männer.[128] Und wenn es an Tausenden von Orten Unrecht gibt, so bin allein ich dafür verantwortlich.«[129] Dies beschreibt die Taten des Königs Wu. Laßt uns also die allgemeine Liebe ins Werk setzen.

Meister Mo Ti sagte: Heutzutage wollen die Edlen wirklich die Wohlfahrt des Reiches, und sie hassen seine Armut. Sie wollen, daß das Reich wohlgeordnet ist, und sie hassen Unordnung darin. Daher sollten sie die allumfassende gegenseitige Liebe und den Austausch von Vorteilen nutzen, diese Methode der heiligen Könige, diesen Weg zur Ordnung des Reiches, den sie unbedingt befolgen müssen.

Allgemeine Menschenliebe III

Meister Mo Ti sagte: Es ist die Aufgabe des menschlichen Menschen, sich stets um die Mehrung des Nutzens für das Reich zu mühen und Unheil von ihm abzuwenden. Doch was bringt in heutiger Zeit dem Reich den größten Schaden?

Wenn große Staaten die kleinen angreifen, große Familien die kleinen überwältigen, wenn Starke Schwache unterdrücken, wenn die Menge den Minderheiten schlecht mitspielt, die Klugen die Dummen übervorteilen und die Vornehmen sich lustig machen über die einfachen Leute, dann bedeutet das Schaden für das Reich. Auch Fürsten, die nicht großzügig zu den Menschen sind, Untertanen, die nicht loyal, Väter, die nicht gütig, und Söhne, die nicht pietätvoll sind, auch diese bedeuten Unheil für das Reich. Auch solche Menschen mit niedriger Gesinnung, die heutzutage mit Messer, Gift, Wasser und Feuer ihre Mitmenschen zu schädigen suchen, sind ein Übel im Reich.

Wir wollen all diesen Schäden und Übeln auf den Grund gehen. Woher kommen sie? Kommen sie vielleicht davon, daß man andere Menschen liebt und anderen nutzt? Ganz gewiß nicht! Sie kommen davon, daß man die Menschen haßt und ihnen schadet.

Und wenn wir diejenigen im Reich herausgreifen und benennen, die andere hassen und schädigen, werden ihre Handlungen durch Universalität oder durch Parteilichkeit veranlaßt?[130] Die Antwort ist gewiß: Durch Parteilichkeit. Und es ist die Parteilichkeit im Umgang mit anderen, die diesen großen Schaden im Reiche zur Folge hat. Daher ist klar, daß Parteilichkeit verwerflich ist.

Meister Mo Ti sagte: Jeder, der andere kritisiert, muß eine Alternative haben, die er ihnen anbieten kann. Wenn man andere kritisiert und hat keine Alternative zu bieten, dann ist es, wie wenn man mit Wasser einer Überschwemmung begegnen wollte: Man würde sicherlich keinen Erfolg haben. Daher sagte Mo Ti: Parteilichkeit sollte durch Universalität ersetzt werden.

Aber wie kann Parteilichkeit durch Universalität ersetzt werden? Wenn die Menschen die Staaten der anderen betrachten würden wie sie ihren eigenen Staat betrachten, wer würde dann noch seinen eigenen Staat mobil machen, um einen anderen Staat anzugreifen? Es wäre dann doch so, als würde man seinen eigenen Staat angreifen. Wenn die Menschen die Städte der anderen wie ihre eigenen betrachten würden, wer würde dann noch seine Stadt mobilisieren, um eine andere Stadt anzugreifen? Es wäre doch so, als ob man in der anderen seine eigene Stadt angriffe. Und wenn die Menschen die Familien der anderen wie ihre eigene betrachteten, wer würde dann noch seine Familie dazu bringen, eine andere Familie zugrunde zu richten? Es wäre doch so, als ob man in der anderen seine eigene Familie zugrunde richtete. Würden sich nun Staaten und Städte nicht gegenseitig angreifen, und Menschen und Familien nicht gegenseitig zerrütten und schädigen, wäre dies ein Schaden oder ein Vorteil für das Reich? – Sicherlich wäre es von Vorteil für das Reich!

Wenn wir nun die Gründe für all diese Vorteile suchen und uns fragen, woher sie kommen, kommen sie dann davon, daß man andere Menschen haßt und sie schädigt? Sicherlich nicht! Sie kommen davon, daß man die Menschen liebt und ihnen nützt.

Und wenn wir solche Menschen in der Welt herausgreifen und bezeichnen, die andere lieben und anderen nützen, sind sie durch Parteilichkeit oder durch Universalität motiviert? Sicherlich ist es Universalität, die sie zu ihrem Verhalten veranlaßt. Und es ist das durch Universalität geprägte gegenseitige Verhalten, das den größten Nutzen im Reiche mit sich bringt. Deshalb sagte Meister Mo Ti: Die Universalität ist richtig. Anfänglich sagte ich, es ist Aufgabe der menschlichen Menschen, sich um die Mehrung des Nutzens im Reiche und die Abwendung von Schaden zu mühen. Jetzt habe ich gezeigt, daß die Universalität den größten Nutzen für das Reich mit sich bringt. Und ich habe ebenfalls gezeigt, daß die Folgen der Parteilichkeit der größte Schaden für das Reich sind. Daher sagte Meister Mo Ti: Parteilichkeit ist zu verurteilen, Universalität aber ist richtig; das geht aus diesen Überlegungen hervor. Wenn wir nun auf richtige Weise den Nutzen des Reiches mehren und ihn genießen wollen, indem wir Universalität zu unserem Prinzip machen, dann werden solche mit guten Ohren und klaren Augen für andere sehen und hören, und solche, die besonders starke Arme und Beine haben, werden anderen bei der Arbeit helfen, und solche, die gute Lehren haben, werden andere unterweisen. Dann werden Alte, die ohne Frau und Kinder sind, Unterstützung bis ans Ende ihrer Tage finden, und Junge und Waisen, die keine Eltern mehr haben, werden jemanden haben, der sich um sie sorgt und sich um sie kümmert, bis sie aufgewachsen sind. Wenn alle diese Vorteile bloß eine Folge davon sind, daß man die Universalität zum Prinzip erklärt, dann ist es unverständlich, warum die Gelehrten im Reiche, die von der Universalität gehört haben, diese noch kritisieren.

Die Gelehrten des Reiches verurteilen nicht bloß die Universalität, sondern sie sagen noch: »Sie ist schon etwas Gutes, doch wie ließe sie sich praktisch durchführen?« Meister Mo Ti sagte dazu: Wenn sie sich nicht anwenden ließe, dann würde selbst ich sie kritisieren. Wie kann es aber etwas Gutes geben, das sich nicht anwenden läßt? Laßt uns beide Seiten näher untersuchen. Angenommen, es gäbe zwei gelehrte Männer. Der eine von ihnen hält an der Parteilichkeit, der andere an der Universalität fest. Der, welcher an der Parteilichkeit festhält, würde sagen: »Wie sollte ich meinen Freund wie mich selbst oder die Eltern meines Freundes wie die eigenen Eltern betrachten?« Wenn er daher seinen Freund hungernd antrifft, wird er diesem nichts zu essen geben, und wenn dieser friert, wird er ihm keine Kleider geben, und wenn er krank ist, wird er nicht für ihn sorgen, und wenn er stirbt, ihn nicht beerdigen. Dies sind die Worte des Parteilichen und so ist seine Handlungsweise.

Die Worte dessen aber, der sich auf die Universalität stützt, sind davon verschieden, ebenso wie seine Handlungsweise anders ist. Der sich auf die Universalität stützt, würde sagen: »Ich habe gehört, daß man als hervorragender Gelehrter im Reiche unbedingt seine Freunde wie sich selbst und deren Eltern wie die eigenen Eltern betrachten muß. Dann erst kann man als ein hervorragender Gelehrter im Reiche angesehen werden.« Wenn er einen Freund trifft, der hungert, dann wird er ihm Nahrung geben, wenn er ihn frieren sieht, wird er ihm Kleidung überlassen, wenn er krank ist, wird er für ihn sorgen, und wenn er stirbt, wird er ihn beerdigen. So sind die Worte und die Handlungsweise des auf Universalität bedachten Mannes.

Nun widersprechen sich die Worte dieser beiden, und ihre Handlungsweisen sind einander entgegengesetzt. Nehmen wir an, die Worte dieser beiden seien ernst gemeint und ihre Handlungsweise werde ausgeführt, so daß ihre Worte und Handlungsweisen wie zwei Teile einer entzweigebrochenen Erkennungsmarke zusammenstimmen und es keine Aussage gibt, die nicht in Handeln umgesetzt wird.

Und nun laßt uns weiter nachfragen. Angenommen, es gebe eine große Ebene, eine weite Wildnis, in der ein Mann seine Rüstung anlegt und seinen Helm anschnallt und in den Kampf aufbricht, dessen Ausgang, ob Leben oder Tod, noch nicht entschieden ist. Ferner gebe es da den Gesandten eines Fürsten oder eines Würdenträgers, der nach Pa, Yüeh, Ch'i oder Ching geht, und ob er zurückkehren wird, ist ebenfalls unentschieden. Nun laßt uns fragen[131], wem würden die beiden die Unterstützung ihrer Eltern und die Sorge für Frau und Kinder anvertrauen? Würden sie sie dem Vertreter der Universalität oder dem Vertreter der Parteilichkeit anvertrauen? Ich bin der Auffassung, daß in diesem Fall auf der ganzen Welt kein Mann und keine Frau so töricht sein würde, selbst wenn sie die Universalität verurteilen, diese Angelegenheit nicht dem auf Universalität bedachten Mann anzuvertrauen. So verurteilen sie in ihren Reden die Universalität, doch in der Praxis entscheiden sie sich dafür, und Worte und Handlungsweise widersprechen einander. Ich kann nicht verstehen, warum die Gelehrten im Reiche, die von der Universalität gehört haben, diese verurteilen.

Die Gelehrten in der Welt bleiben jedoch nicht dabei,

allein die Universalität zu verurteilen, sondern sie sagen auch noch: »Solch ein Prinzip kann man bei der Auswahl von einfachen Leuten anwenden, nicht aber bei der Auswahl von Fürsten.«

Laßt uns also beide Seiten dieser Frage näher untersuchen. Es gebe zwei Fürsten. Der eine stütze sich auf die Universalität, während der andere von ihnen sich auf die Parteilichkeit stützt. Letzterer, der an der Parteilichkeit festhält, würde sagen: »Wie könnte ich meine zahllosen Untertanen wie mich selbst betrachten? Dies würde völlig der menschlichen Natur widersprechen. Das menschliche Leben auf Erden ist sehr kurz, etwa der Zeitspanne zu vergleichen, in der ein Viergespann einen Spalt überfährt.« Daher wird er, wenn er seine Untertanen hungernd findet, diese nicht ernähren, und wenn sie frieren, sie nicht kleiden, und wenn sie krank sind, nicht pflegen, und wenn jemand stirbt, ihn nicht beerdigen. Die Worte des Fürsten, der sich auf die Parteilichkeit stützt, sind so, und so ist seine Handlungsweise.

Die Worte dessen aber, der sich auf die Universalität stützt, sind nicht so, und auch seine Handlungsweise ist anders. Dieser würde sagen: »Ich habe gehört, daß man zu einem erleuchteten Fürsten in der Welt nur wird, wenn man an das Volk zuerst, und zuletzt an sich selbst denkt. Erst dann kann man ihn für einen erleuchteten Fürsten im Reiche halten.« Wenn dieser seine Bevölkerung hungern sieht, wird er ihr zu essen geben, und wenn sie friert, wird er ihr Kleider geben, und wenn sie krank ist, wird er für sie sorgen, und wenn jemand stirbt, wird er ihn beerdigen. Solches sind die Worte und die Handlungsweise des Fürsten, der sich auf die Universalität stützt.

So sind die Worte dieser beiden Fürsten einander widersprechend, und ihre Handlungsweisen sind diametral entgegengesetzt. Angenommen, diese beiden Fürsten meinen ihre Worte wirklich so, und ihre Worte werden in Taten umgesetzt, so daß ihre Reden und Handlungsweisen wie zwei Hälften einer auseinandergebrochenen Erkennungsmarke zusammenpassen und es keine Aussage gibt, die nicht in Handlung umgesetzt wird.

Laßt uns also weiter untersuchen. Angenommen, in einer Zeit gibt es Seuchen und Krankheiten, und eine große Anzahl der Bevölkerung hat bitterste Leiden zu ertragen und zu frieren und zu hungern, und zahllose Opfer liegen tot in den Gräben. Wenn nun die Leute zwischen diesen beiden Fürsten zu wählen hätten, welchem würden sie folgen? Ich würde meinen, daß es in diesem Falle keine Frau und keinen Mann in der Welt gibt, die so töricht wären, selbst wenn sie die Universalität verschmähen, nicht dem auf Universalität bedachten Fürsten zu folgen. Sie verschmähen nur in ihren Reden die Universalität. Dies ist ein Auseinanderklaffen von Reden und Handeln. Ich weiß nicht, warum die in der Welt, die von der Universalität gehört haben, diese verdammen.

Allein die Gelehrten im Reiche lassen es nicht bei der Verdammung der Universalität bewenden, sondern sie sagen auch noch: »Diese Lehre von der Universalität ist wohl menschlich und rechtschaffen, doch wie läßt sie sich verwirklichen? Und wie wir es sehen, läßt sich diese Universalität genausowenig verwirklichen, wie sich der T'ai-Berg hochheben und mit ihm über den Yangtze oder den Gelben Fluß springen läßt. Daher ist Universalität nur etwas, worum man sich bemüht, nie aber kann es etwas sein, das man in der Praxis verwirklichen will.«[132]

Meister Mo Ti sagte: Was den T'ai-Berg hochzuheben und mit ihm über den Yangtze oder den Gelben Fluß zu springen angeht, so hat so etwas seit dem hohen Altertum bis heute, seit Beginn der Menschheit bis jetzt noch keiner geschafft. Allein, was die allumfassende gegenseitige Liebe und den gegenseitigen Austausch von Vorteilen angeht, so ist es bereits von den sechs heiligen Herrschern praktiziert worden. Woher wissen wir, daß die sechs heiligen Herrscher dies praktiziert haben?[133]

Meister Mo Ti sagte: Ich habe mit ihnen nicht zur gleichen Zeit gelebt, und ich habe weder ihre Stimme selbst gehört noch ihr Antlitz geschaut. Ich weiß es von dem, was sie auf Bambus und Seide geschrieben haben, eingraviert auf Gold und Stein und eingeritzt in Schüsseln und Schalen, und so der Nachwelt, ihren Söhnen und Enkeln, überliefert haben.

In der *Großen Erklärung* heißt es: »König Wen war wie Sonne und Mond, und er strahlte in alle vier Richtungen und über die Westlande.«[134] Diese Worte besagen, daß die allumfassende Liebe des Königs Wen die ganze Welt umspannte, gleichwie Sonne und Mond jedem in der Welt ohne Unterschied leuchten. Dies war die Universalität des Königs Wen. Und obgleich die Universalität, von der Meister Mo Ti spricht, den alten König Wen zum Vorbild genommen hat, so ist doch nicht bloß in der *Großen Erklärung* von der Universalität die Rede.

Auch die *Erklärung des Yü* berichtet davon. Dort heißt es: »Ihr gewaltigen Scharen, hört auf meine Worte. Nicht, daß ich, der unwürdige Sohn, es wagen würde, in verwirrender Weise zu handeln, doch der aufsässige Fürst der Miao hat die Strafe des Himmels herausgefordert. So führe ich euch, die Anführer der verschiedenen Staaten, den Fürsten der Miao in seine Schranken zu weisen.«[135] Dieser Feldzug des Yü gegen den Fürsten der Miao wurde nicht veranstaltet, um seinen Reichtum und sein Ansehen zu mehren, noch um Glück und Einkünfte zu erlangen oder Ohren und Augen ein Schauspiel zu geben, sondern um den Nutzen des Reiches zu mehren und Schaden von ihm abzuwenden. Dies war die Universalität des Yü. Wenn auch Mo Ti bei seiner Aussage über die Universalität sich hier nach Yü richtet, so ist es doch nicht nur die *Erklärung des Yü*, die darüber solche Auskunft gibt, sondern die *Äußerungen des T'ang* drücken ebenfalls solche Gedanken aus.

T'ang sagte: »Ich, der nichtswürdige Sohn, Lü, wage, ein schwarzes Opfertier darzubringen, und tue dem himmlischen Herrscher droben folgendes kund: Der Himmel hat nun eine große Dürre gebracht über mich, Lü, doch ich weiß nicht, welche Schuld ich auf mich geladen habe gegen die Oberen oder die Unteren.[136] Gibt es Gutes, wage ich es nicht zu verbergen, gibt es Schuld, wage ich sie nicht zu entschuldigen. Doch das Urteil liegt im Herzen des Höchsten.[137] Wenn es in den vielen tausend Orten irgendeine Schuld gibt, dann trifft diese mich allein, und wenn ich irgendeine Schuld auf mich geladen habe, so soll sie nicht auf die vielen tausend Orte zurückschlagen.«[138] Dies sprach T'ang, und er wurde geehrt als der Sohn des Himmels und ihm wurde das ganze Reich unterstellt. Doch er zögerte nicht, sich in seinen Gebeten und in seinem Begehren selbst als Opfer dem Herrscher in der Höhe und den Geistern in der Tiefe darzubringen. Dies war die Universalität T'angs. Und die Universalität, über die Mo Ti spricht, hat T'ang zum Vorbild genommen.

Doch dieser Gedanke ist nicht allein in *T'angs Äußerungen* enthalten, sondern auch in den *Liedern der Chou*. Dort heißt es:

Breit, breit ist des Königs Weg.
Ohne Einsichtigkeit, ohne Parteilichkeit,
Des Königs Weg ist ebenmäßig,
Unparteiisch, nicht einseitig.

Er ist gerade wie ein Bogen,
Geschmeidig wie ein Wetzstein;
Die Edlen schreiten darauf,
Und die einfachen Leute blicken ihn an.[139]

Worüber ich gesprochen habe, ist nicht bloß ein Reden über den Weg gewesen. Als im hohen Altertum die Könige Wen und Wu die Regierungsgeschäfte führten und gleichmäßig austeilten, da adelten sie die Weisen und bestraften die Schurken, und sie begünstigten nicht ihre Verwandten oder

Brüder. Dies war die Universalität der Könige Wen und Wu. Und die Universalität, über die Meister Mo Ti spricht, hat sich auch an deren Vorbild orientiert.

Doch es bleibt unverständlich, warum die Menschen im Reich, die von der Universalität im Reiche gehört haben, sie dennoch verdammen. Und sie verdammen nicht nur diese Universalität im Reich, sondern sie sagen noch: »Wie kann eine solche Haltung, die sich nicht um Nutzen und Schaden für die eigenen Eltern kümmert, wie kann eine solche Haltung noch als pietätvoll bezeichnet werden?«

Meister Mo Ti sagte dazu: Laßt uns doch gründlich untersuchen, wie ein pietätvoller Sohn für seine Eltern sorgt. Ich frage mich, wird ein pietätvoller Sohn, der für das Wohl seiner Eltern sorgt, wollen, daß auch andere Menschen seine Eltern lieben und ihnen nützen, oder wird er wollen, daß jene sie hassen und sie schädigen? Unter dem Gesichtspunkt dessen, was wir bisher gesagt haben, wird er doch wohl wollen, daß die anderen Menschen seine Eltern lieben und ihnen nützen. Doch welche Aufgabe habe ich zuvor zu erfüllen, um das zu erreichen? Soll ich vorher die Eltern anderer lieben und ihnen nützen, so daß später diese mich dadurch belohnen, daß sie meine eigenen Eltern lieben und ihnen nützen; oder soll ich etwa zunächst die Eltern anderer hassen, so daß später diese mich entlohnen, indem sie meine Eltern lieben und ihnen nützen? – Sicherlich muß ich mich doch zunächst so verhalten, daß ich die Eltern anderer liebe und ihnen nütze, so daß diese mir später dadurch vergelten, daß sie meine Eltern lieben und ihnen nützen. Wenn wir alle pietätvolle Söhne sein wollen, müssen wir dann nicht unbedingt zuvor die Eltern anderer lieben und sie unterstützen? Und können wir davon ausgehen, daß die pietätvollen Söhne auf der Welt so töricht sind, daß sie nicht in der Lage sind, sich richtig zu verhalten? Laßt uns dem näher auf den Grund gehen.

In einem Buch der früheren Könige, dem *Ta-ya* des *Buchs der Lieder*, heißt es: »Es gibt keine Worte, die unbeantwortet bleiben, und es gibt keine Tugend, die nicht vergolten würde. Wirf mir einen Pfirsich her, und ich vergelte ihn dir mit einer Pflaume!«[140] Das bedeutet, wer andere liebt, wird selbst Liebe erfahren, und wer andere haßt, dem wird mit Haß begegnet werden. Ich verstehe nun nicht, wieso die Gelehrten im Reich, die von der Universalität gehört haben, diese verdammen.

Halten sie die Universalität vielleicht für so schwierig, daß sie nicht in die Tat umgesetzt werden kann? Es gab doch viel schwierigere Dinge, als diese, die in die Tat umgesetzt wurden. Einst liebte der König Ling von Ching schmale Hüften, und unter seiner Regierung aßen die Leute am Hofe des Staates Ching nicht häufiger als täglich einmal; sie mußten sich festhalten, um aufstehen zu können, und wenn sie gingen, mußten sie sich an der Wand abstützen. Die Beschränkung des Essens war für sie nur mit Mühe einzuhalten, doch sie taten es, und der König freute sich darüber. Man kann also selbst innerhalb einer Generation die Leute ändern, weil sie sich nach ihrem Herrscher zu richten suchen.

Einst gab es den König Kou Chien von Yüeh[141], der die Tapferkeit bewunderte. Er lehrte seine Soldaten drei Jahre lang, und selbst da war er sich nicht sicher, ob sie den wahren Sinn der Tapferkeit wirklich begriffen hätten, und er ließ ein Schiff anzünden, und mit einer Trommel trieb er seine Leute an. Sie stürzten sich über die vorderen Reihen in Wasser und Feuer, und diejenigen, die dabei umkamen, waren kaum zu zählen. Und als er dann aufhörte, die Trommel zu schlagen, kamen alle zurück. Die Soldaten des Staates Yüeh kann man schon erstaunlich nennen. Sich ins Feuer zu stürzen, war für sie sicher sehr schwer, doch sie taten es, und der König von Yüeh freute sich darüber. Auch dies zeigt, daß keine Generation zu vergehen braucht, um die Bevölkerung zu ändern. Denn sie strebt danach, sich nach ihren Oberen zu richten.

Einst liebte der Herzog Wen von Chin Kleidung aus grobem Hanf. So trugen während seiner Regierungszeit die

Diener des Staates Chin Kleider aus grobem Stoff, Jacken aus Schaffell, Hüte aus einfacher Seide und Sandalen aus Riedgras, nicht nur, wenn sie vor dem Fürsten erschienen, sondern auch, wenn sie sich in den äußeren Hallen des Hofes aufhielten. Sicher war es für sie nicht bequem, diese groben Kleider zu tragen, doch sie taten es, und der Herzog Wen freute sich darüber.

Es verging keine Generation, und das Volk konnte dahingehend geändert werden. Denn es strebt danach, sich nach seinem Herrscher zu richten.

Die Beschränkung im Essen, Feuertod und grobe Kleidung fallen den Menschen im Reiche äußerst schwer, und trotzdem verstehen sie sich dazu, und die Oberen freuen sich darüber. Und es braucht keine Generation zu vergehen, und das Volk hat sich geändert. Warum? Es trachtet danach, sich nach seinen Oberen zu richten.

Wenn sich heute alle durch gegenseitige Liebe vereinigten und untereinander Vorteile austauschten, so brächte dies unermeßlichen Nutzen und wäre überdies sehr leicht zu vollbringen. Die einzige Schwierigkeit sehe ich darin, daß es heute keinen Oberen gibt, der sich daran freute. Gäbe es Herrscher, die es so gern hätten, daß sie die Leute dazu durch Belohnungen und Lob ermunterten und sie durch Bestrafungen von der Nichtbeachtung dieser Prinzipien abschreckten, dann, glaube ich, würden die Menschen sich alle gegenseitig lieben und untereinander fördern. Und ihr Drang dazu wäre vergleichbar dem Drang des Feuers nach oben oder dem Drang des Wassers, nach unten zu fließen. Und man könnte diesen Drang nicht in aller Welt abdämmen.

So war die Universalität der Weg der heiligen Könige und das, wodurch die Könige, Fürsten und Würdenträger Frieden erlangten und wodurch die Bevölkerung Kleidung und Nahrung zur Genüge hatte. Daher kann der Edle nichts Besseres tun, als sich diese Universalität anzueignen und sie in die Praxis umzusetzen. Gegenüber anderen wäre der

Fürst sicher wohlwollend, der Beamte loyal, der Vater gütig, der Sohn pietätvoll, der ältere Bruder kameradschaftlich und der jüngere Bruder respektvoll. So kann der Edle nichts Besseres tun, als danach zu streben, ein wohlwollender Lehnsherr, ein gewissenhafter Beamter, ein gütiger Vater, ein folgsamer Sohn, ein freundschaftlicher älterer und ein ehrerbietiger jüngerer Bruder zu werden. Dazu ist es unbedingt nötig, daß die Universalität verwirklicht wird. Sie ist das Prinzip der heiligen Könige und von größtem Nutzen für die Bevölkerung.

Gegen den Angriffskrieg I

Da gibt es einen Mann, der in eines anderen Obstgarten eindringt und daraus Pfirsiche und Birnen stiehlt. Jedermann, der davon hört, wird ihn verurteilen. Und wenn die Oberen, die die Regierung in Händen halten, seiner habhaft werden, werden sie ihn bestrafen. Warum ist das so? Weil er einen anderen schädigt, um sich selbst Vorteile zu verschaffen. – Wenn einer die Hunde, Schweine, Hühner oder Ferkel eines anderen wegnimmt, dann ist die Verwerflichkeit einer solchen Handlung noch größer als aus dem Obstgarten eines anderen Pfirsiche und Birnen zu stehlen. Warum ist das so? Weil der Verlust des anderen größer ist, ist seine Verwerflichkeit noch größer und sein Verbrechen[142] noch schwerwiegender. – Wenn jemand in die Stallungen eines anderen eindringt und dessen Pferde und Ochsen an sich bringt, dann ist die Verwerflichkeit noch größer als die eines solchen, der Hunde, Schweine, Hühner und Ferkel stiehlt. Warum ist das so? Weil er dem anderen noch größeren Schaden zufügt; und da er dem anderen noch größeren Schaden zufügt, ist seine Verwerflichkeit auch noch größer und das Verbrechen schwerwiegender. – Wenn einer gar einen unschuldigen Menschen tötet, ihm die Kleider und den Pelz auszieht und Speer und Schwert an sich bringt, dann ist seine Verwerflichkeit noch viel größer als bei dem, der in die Stallungen eines anderen eindringt und dessen Ochsen und Pferde stiehlt. Inwiefern? Die Schädigung anderer Menschen ist dabei noch größer. Denn je höher der Grad der Schädigung, desto größer ist die Verwerflichkeit und desto schwerwiegender das Verbrechen.

Die Edlen im Reiche wissen das alle und verdammen so etwas, und sie bezeichnen es als unrechtschaffen. Doch wenn nun einer in großem Maßstab solches tut und einen Staat angreift, dann wissen sie dies nicht zu verurteilen, sondern sie loben ihn noch und nennen ihn rechtschaffen. Kann man da noch sagen, daß sie den Unterschied zwischen Rechtschaffenheit und Verwerflichkeit kennen?

Wenn jemand einen anderen tötet, dann nennen sie es verwerflich und setzen darauf die Todesstrafe. Führt man diese Argumentationsweise fort, so ist einer, der zehn Menschen tötet, zehnmal verwerflicher und hat auch die zehnfache Strafe zu erwarten. Und tötet einer hundert Menschen, so ist er hundertmal verwerflicher und hat hundertfach sein Leben verwirkt. Die Edlen im Reiche erkennen dies alle an, verurteilen solche Handlungsweise und nennen sie verwerflich. Doch wenn in großem Maßstab Verwerflichkeit vorkommt und jemand einen Staat angreift, dann wissen sie es nicht zu verurteilen, loben es sogar noch und nennen es Rechtschaffenheit. Sie wissen wahrlich nicht, was Verwerflichkeit ist. Deshalb schreiben sie auch Berichte von ihren Kriegen nieder, um sie späteren Generationen zu überliefern. Denn wären sie sich der Verwerflichkeit des Kriegführens bewußt, würden sie das dann auch noch aufzeichnen und ihre verwerflichen Handlungen niederschreiben, um sie späteren Generationen zu überliefern?

Angenommen ein Mensch würde heute, wenn er wenig Schwarz sähe, dieses schwarz nennen, wenn er aber viel Schwarz sähe, es als weiß bezeichnen. Wir müßten diesen Menschen für unfähig halten, weiß und schwarz zu unterscheiden. Oder ein anderer kostet etwas Bitteres und nennt es bitter, wenn er aber viel Bitteres kostet, nennt er es süß. Auch von einem solchen Menschen würden wir sagen, daß er nicht weiß, süß und bitter zu unterscheiden. Wenn nun ein kleiner Fehler begangen wird, dann wissen sie, ihn zu verurteilen; aber wenn ein großer Fehler begangen wird, wie das Angreifen eines Staates, dann wissen sie nicht, ihn zu verurteilen, sondern sie loben ihn sogar noch und nennen es Rechtschaffenheit. Kann man da noch sagen, daß sie den Unterschied von Recht und Unrecht kennen? – Daher wissen wir, daß die Edlen des Reiches hinsichtlich der Unterscheidung von Recht und Unrecht verwirrt sind.

Gegen den Angriffskrieg II

Meister Mo Ti sagte: Die Könige, Fürsten und hohen Beamten, die heute den Staat regieren, wünschen, daß Lob und Tadel nach sorgfältiger Prüfung erteilt werden, daß Belohnungen und Strafen gerecht seien und in der Rechtsprechung und Verwaltung Mäßigung herrsche. Daher sagte Meister Mo Ti: Im Altertum gab es ein Sprichwort: »Wenn man Pläne nicht verwirklichen kann, dann muß man unter Hinzuziehung der Vergangenheit das Zukünftige kennenlernen und durch das Offenkundige das Verborgene erkennen. Wer so plant, kann zur Einsicht kommen.«

Wenn man nun die Truppen aufbrechen läßt, muß man beim Marsch im Winter die Kälte und im Sommer die Hitze fürchten, so daß man solches nicht im Winter und auch nicht im Sommer unternimmt. Im Frühling würde man das Volk vom Pflügen, Säen und Pflanzen und im Herbst vom Ernten abhalten. Würde man sie also in einer dieser Jahreszeiten einberufen, so würden Unzählige an Hunger und Kälte, an Frost und Unterernährung zugrunde gehen.

Wenn das Heer ausmarschiert, dann werden Bambuspfeile, Federflaggen und Zelte, Panzer und Schilde in zahlloser Menge vergeudet und geraubt, zerbrochen und verbraucht. Ferner werden Lanzen, Hellebarden, Speere, Schwerter und die Kriegswagen in unermeßlicher Zahl zersplittern und zerbrechen und werden verrotten und niemals zurückkehren. Eine große Anzahl von Ochsen und Pferden, die wohlgenährt auszieht, kommt geschwächt zurück, oder sie wird umkommen und überhaupt nicht mehr zurückkehren. Auch werden zahllose Menschen sterben, weil wegen der Entfernungen und der Länge der Wege die Versorgung unterbrochen wird und der Nachschub nicht nachkommt. Viele werden wegen der Unordnung nicht in Ruhe leben können und ihre Nahrung nicht zur rechten Zeit erhalten, und wegen der Unregelmäßigkeit von Hungern und Essen werden sie sterben. Die Truppen werden ungeheure Verluste erleiden, und manche von ihnen werden sogar ganz aufgerieben werden. Dadurch werden die Geister zahllose Verehrer verlieren.

Warum treibt der Staat eine solche Politik, die die Bevölkerung ihrer Mittel und ihrer Vorteile in solch großem Maße beraubt? – Man hat gesagt: »Wir streben nach dem Ruhm des Siegers und nach den Vorteilen, die wir dadurch erringen. Daher handeln wir so.« – Meister Mo Ti sagte dazu: Betrachtet man, was man erobert, so ist es in keiner Weise brauchbar, und was man erlangt, ist bei weitem nicht soviel wie das, was man verliert. Wenn man heute eine Stadt mit einer drei Meilen langen Mauer und einer sieben Meilen langen Außenmauer angriffe und diese ohne Anwendung von Waffen und ohne Menschen zu töten einnehmen könnte, dann wäre dies in Ordnung. Doch die Zahl der getöteten Menschen würde sicher in die Zehntausende gehen, zumindest aber in die Tausende, wenn man eine Stadt mit einer drei Meilen langen Innen- und einer sieben Meilen langen Außenmauer einnehmen wollte. Dabei gibt es heutzutage in den Staaten mit zehntausend Kriegswagen noch unbewohnte Orte zu Tausenden, und ohne sie besiegen zu müssen, kann man dort eindringen. Und dort gibt es Zehntausende von Äckern Land, die man, ohne sie erst erobern zu müssen, bebauen kann. So ist das Land im Überfluß da, während die Bevölkerung nicht ausreicht. Heute nun rottet man diese Bevölkerung aus, und man verschärft die Schwierigkeiten der Untergebenen und Vorgesetzten, um eine nutzlose Stadt zu bekämpfen. So gibt man auf, wovon man ohnehin zu wenig hat, und vermehrt, was bereits im Überfluß da ist. Eine solche Politik ist nicht im Einklang mit dem Interesse des Staates.

Ein Beschöniger des Angriffskrieges wird vielleicht sagen: »Im Süden gibt es die Könige von Ching und Wu und im Norden die Fürsten von Ch'i und Chin. Als sie zuerst im Reiche belehnt wurden, war ihr Gebiet nicht größer als hundert Quadratmeilen *(li)*, und die Anzahl ihrer Bevölkerung erreichte kaum einige Zehntausende. Nur durch Angriffe und Eroberungen erreichte der Umfang ihrer Länder mehrere tausend Quadratmeilen und ihre Bevölkerung mehrere Millionen. Daher ist eine Verurteilung des Angriffskrieges nicht möglich.«

Meister Mo Ti sagte: Wenn auch vier, fünf Staaten ihren Vorteil auf diese Weise erlangt haben, so ist diese Handlungsweise dennoch zu verurteilen. Dies ist als ob ein Arzt Kranke mit Medizin behandelt und allen Kranken in der Welt eine von ihm hergestellte Medizin verabreicht, so daß Zehntausende sie nehmen. Wenn dann vier oder fünf von ihnen dadurch geheilt werden, kann man diese Medizin doch nicht als die allgemein richtige Medizin bezeichnen. Ein pietätvoller Sohn würde sie niemals seinen Eltern und ein loyaler Beamter würde sie niemals seinem Fürsten geben. Von den Staaten, die im hohen Altertum im Reiche belehnt wurden, und von denen wir die früheren nur vom Hörensagen und die jüngeren bereits aus eigener Anschauung kennen, sind viele durch Eroberungskriege zugrunde gegangen. Woher wissen wir, daß das so ist? – Im Osten gab es einen Staat Chü. Es war ein kleiner Staat, der inmitten großer Staaten lag und dennoch diesen nicht respektvoll diente. Die Großen mochten ihn daher nicht, und da sie nur auf ihren eigenen Vorteil bedacht waren, brachten die Leute von Yüeh ein Stück des Gebietes dieses kleinen Staates an sich, und im Westen annektierten die Leute von Ch'i den ganzen Rest. Das, wodurch Chü zwischen Ch'i und Yüeh unterging, war ein Angriffskrieg. Auch Ch'en und Ts'ai im Süden wurden von den Staaten Wu und Yüeh durch Eroberungskriege zerstört. Und es war ebenfalls die Folge eines Angriffskrieges, daß im Norden Wu-t'u-ho durch seine Lage zwischen Yen, T'ai, Hu und Mo zugrunde ging.

Daher sagte Meister Mo Ti: Wenn die Könige, Fürsten und hohen Beamten heute wirklich Erfolg wünschen und keinen Verlust haben wollen, wenn sie Frieden und Ruhe wünschen und keine Gefahr, dann kommen sie nicht umhin, den Angriffskrieg zu verdammen.

Ein Beschöniger des Angriffskrieges wird vielleicht sagen: »Jene waren unfähig, ihre Mengen zusammenzubringen und einzusetzen. Daher sind sie untergegangen. Wir aber sind in der Lage, unsere Leute zusammenzubringen und einzusetzen und einen Eroberungskrieg mit ihnen zu führen. Wer wird es dann wagen, sich uns zu widersetzen?«

Meister Mo Ti würde darauf sagen: Du magst wohl deine Truppen zusammenzubringen und einzusetzen in der Lage sein, doch kannst du dich mit Ho-lü von Wu aus dem Altertum vergleichen?[143] Einst unterwies Ho-lü seine Truppen sieben Jahre lang; in ihren Rüstungen und mit ihren Waffen konnten sie dreihundert Meilen zurücklegen, ehe sie rasteten. Bei Chu-lin kam er aus dem Engpaß von Ming-i hervor, und bei Po-chü lieferte er dem Königreiche Ch'u eine Schlacht, und als er dort eingedrungen war, ließ er Sung und Lu an seinem Hofe erscheinen. Als dann die Regierung auf Fu Ch'ai übergegangen war[144], griff dieser im Norden Ch'i an, lagerte in Wen-shang, kämpfte in Ai-ling und brachte den Leuten von Ch'i, die sich in den T'ai-shan zurückgezogen hatten, eine große Niederlage bei. Im Osten griff er Yüeh an, überschritt die drei Flüsse und die fünf Seen, und die Leute von Yüeh verschanzten sich bei dem

Berge K'uai-chi. Unter den Staaten der neun Barbaren gab es keinen, der sich ihm nicht unterwarf. Doch als er heimkehrte, entschädigte er die Verwaisten nicht und spendete dem Volke nichts. Er verließ sich nur auf seine Macht, pochte auf seine Erfolge, rühmte sich seiner Klugheit und versäumte dabei, die Leute zu unterweisen. Er ließ das Monument von Ku-su errichten, das in sieben Jahren noch nicht fertiggestellt war. Zu jener Zeit waren die Leute von Wu ermüdet und mürrisch. Und als der König Kou Chien von Yüeh[145] sah, daß in Wu zwischen Oberen und Untertanen kein gegenseitiges Einvernehmen mehr bestand, sammelte er seine Truppen, um sich zu rächen. Er drang in die nördliche Vorstadt ein, entführte die große Königsbarke, umzingelte den Palast, und so ging der Staat Wu unter.

Einst gab es in Chin sechs Minister, und Chih Po war der mächtigste unter ihnen. Die sechs Minister waren die Häupter der mächtigen Familien Han, Wei, Chao, Fan, Chung Hang und Chih. Im Vertrauen auf den Umfang seines Landbesitzes und die Anzahl seiner Gefolgsleute wollte Chih Po den anderen Fürsten entgegentreten und meinte, daß er sich durch schnelles Angreifen einen großen Namen machen könnte. Nachdem er seine Truppen gemustert und alle seine Wagen und Boote aufgestellt hatte, griff er den Herrn von Chung Hang an und eroberte dessen Land. Er sah, daß seine Pläne vollständig gelangen. Sodann griff er den Herrn von Fan an und bereitete ihm eine große Niederlage. Und nachdem er so den Besitz von drei Familien vereinigt hatte, ließ er doch noch nicht von seinem Tun ab. Er umzingelte den Fürsten Hsiang von Chao in Chin-yang. Als es so weit gekommen war, da trafen sich Han und Wei und beratschlagten: »Im Altertum gab es ein Sprichwort: ›Wenn man die Lippen zurückzieht, werden die Zähne kalt.‹ Wenn das Haus der Chao am Morgen untergeht, werden wir am Abend folgen, und wenn das Haus von Chao am Abend fällt, werden wir am Morgen folgen. In einem Lied heißt es: ›Wenn die Fische sich nicht mehr im Wasser tummeln, was sollen sie dann erst tun, wenn sie sich bereits auf dem trockenen Land befinden?‹« So sammelten die drei Fürsten einmütig ihre Kräfte, sie öffneten die Tore, ebneten sich die Wege, rüsteten sich und mobilisierten die Truppen. Han und Wei kamen von außen und der Herr von Chao von innen, und sie schlugen Chih Po und bereiteten ihm eine vollständige Niederlage.

Deswegen sagte Meister Mo Ti: Im Altertum gab es folgendes Sprichwort: »Der Edle spiegelt sich nicht im Wasser, sondern er spiegelt sich in den Menschen.[146] Im Wasser sieht man nur die Gesichtszüge, bei den Menschen aber erkennt man Geschick und Mißgeschick.« Wer heute einen Eroberungskrieg für vorteilhaft hält, hat der sich schon das Geschick des Chih Po vor Augen gehalten? Daß der Eroberungskrieg nicht segensreich, sondern verderblich ist, läßt sich klar erkennen.

Gegen den Angriffskrieg III

Meister Mo Ti sagte: Wenn heutzutage die Leute im Reiche etwas als gut preisen, was sind dann ihre Gründe? Preisen sie es, weil es oben dem Himmel Nutzen bringt und im mittleren Bereich den Geistern und unten den Menschen? Oder preisen sie es, weil es nicht dazu taugt, in dem oberen Bereich dem Himmel, im mittleren Bereich den Geistern und unten den Menschen Vorteil zu bringen? Selbst der dümmste Mensch würde sagen, daß sie das preisen, was oben dem Himmel, im mittleren Bereich den Geistern und unten den Menschen nützt.

Über die Methode der heiligen Könige besteht heutzutage Einmütigkeit. Doch von den Fürsten im Reiche lassen auch heute viele nicht davon ab, Angriffskriege zu führen und sich ihre Nachbarstaaten einzuverleiben. Sie behaupten, sie würden die Rechtschaffenheit preisen, aber sie prüfen nicht die Wahrheit dieser Behauptung. Dies ist als ob ein

Blinder zwar die Worte »schwarz« und »weiß« gebraucht, aber nicht fähig ist, die Farben zu unterscheiden. Kann man sagen, daß dieser Unterscheidungsfähigkeit besitze?

Wenn sich daher die Weisen des Altertums um das Reich sorgten, dann achteten sie stets darauf, daß ihre Vorhaben in Übereinstimmung mit dem Richtigen waren, und erst danach handelten sie. Daher hatten sie bei ihrem Handeln dann keine Zweifel mehr, und schnell führten sie aus und erreichten, was sie sich wünschten. Stets achteten sie darauf, dem Himmel, den Geistern und den Menschen zu nützen. Dies war der Weg der Weisen.

Die tugendhaften Männer des Altertums, die über das Reich herrschten, taten genau das Gegenteil von dem, was wir über die großen Staaten der Gegenwart gesagt haben. Sie einten das Reich und brachten alles, was innerhalb der vier Meere lag, zusammen und leiteten die Bevölkerung des Reiches dazu an, durch Ackerbau Shang-ti[147] und den Geistern und Dämonen der Berge und Täler zu dienen. Da sie den Menschen viele Vorteile brachten, war auch ihr Erfolg groß. Daher belohnte sie der Himmel, die Geister bereicherten und die Menschen priesen sie. Sie wurden mit der Bezeichnung »Himmelssohn« geadelt und verfügten über das ganze Reich. Ihr Name trat zu dem von Himmel und Erde, und dies ist bis auf den heutigen Tag so geblieben. Dies ist der Weg der Weisen, der Weg, durch den die früheren Könige das Reich regierten.

Doch heutzutage sind die Könige, Fürsten und hohen Beamten und die Lehnsfürsten im Reiche nicht so. Sie alle mustern Truppen, die ihre Klauen und Zähne sind, stellen ihre Kriegsdschunken und Wagen auf, lassen Panzerungen bereitstellen, die Waffen schärfen, um gegen einen unschuldigen Staat zu Felde zu ziehen. Sobald sie die Grenzen des Staates überschritten haben, lassen sie das Getreide auf den Feldern abschneiden, die Bäume fällen, Wälle und Befestigungen schleifen und die Gräben mit den Trümmern auffüllen. Sie töten die Opfertiere, brennen die Ahnentempel nieder, morden die Bevölkerung, unterdrücken die Alten und Schwachen und schleppen die Gefäße und Schätze weg. Und die Soldaten werden in den Kampf getrieben mit den Worten: »Bei der Erfüllung des Auftrags zu sterben, ist das höchste. Möglichst viele zu töten, das Nächste; Wunden davonzutragen, das Geringste. Doch die Reihen zu verlassen und zu entfliehen, wird ohne Gnade mit dem Tode bestraft.« Dadurch werden die Truppen in Furcht gehalten.

Wenn man Staaten annektiert und Armeen unterwirft, die Bevölkerung mordet und so die Errungenschaften der vorbildlichen Weisen zerstört, glaubt man, damit dem Himmel zu dienen? Wenn man Menschen, die ja Eigentum des Himmels sind, sammelt und mit ihnen Städte des Himmels angreift, dann tötet man Menschen des Himmels und zerstört die Sitze der Geister, stürzt die Altäre der Landesgötter um und tötet die für sie bestimmten Opfertiere, und man bringt dem Himmel oben keinen Vorteil. – Oder glaubt man etwa, damit den Geistern zu nützen? Wenn man Menschen tötet, dann vernichtet man diejenigen, die für die Geister und Dämonen sorgen, man zerstört den Kult der alten Herrscher, man unterdrückt und schädigt das Volk, und die Leute werden auseinander laufen. Dies bringt den Geistern im mittleren Bereich keinen Nutzen. – Oder denkt man etwa, damit den Menschen zu nützen? Wenn man durch Tötung von Menschen diesen nützte, dann würde man heute in der Tat Großartiges leisten! Wenn wir einmal die Aufwendungen betrachten, so zehren sie an der Grundlage der gesamten Lebenshaltung, und der Bevölkerung des Reiches werden in unermeßlichem Ausmaße die Mittel und Vorräte entzogen. Dies nützt also auch im unteren Bereich nicht den Menschen.

Wenn nun die Armeen keinen Vorteil voreinander haben, dann sagen die Befürworter des Angriffskrieges: »Wenn unsere Generäle nicht mutig, unsere Soldaten nicht kampflustig, unsere Waffen nicht scharf, die Unterweisung nicht gründlich und die Truppen nicht zahlreich sind, wenn die

Führung nicht einträchtig, die Autorität nicht stark, die Schädigung des Feindes nicht nachhaltig, die Angriffe nicht schnell, die Kontrolle über die Leute nicht streng und die Herzen nicht gehärtet sind, dann werden die Lehnsfürsten der mit uns verbündeten Staaten Zweifel bekommen. Und wenn jene an uns zweifeln, dann werden die Feinde ihre Pläne schmieden und ihre Wünsche verwirklichen.« Doch selbst wenn allen Anforderungen Genüge getan ist, bevor man zum Krieg aufbricht, so wird der Staat seine Soldaten verlieren, und die Bevölkerung wird ihre Beschäftigung aufgeben müssen. Laßt uns diese Aussage näher betrachten![148]

Wenn ein angriffslustiger Staat ein Heer aufstellt, muß er etliche hundert hohe Offiziere und einige tausend Anführer und Zehntausende von Fußsoldaten aufbieten, bevor die Armee aufbrechen kann. Die Dauer des Feldzuges wird mehrere Jahre, zumindest aber einige Monate betragen. In dieser Zeit werden die Oberen keine Zeit haben, sich um die Regierungsgeschäfte zu kümmern, die Beamten keine Zeit haben, ihren Dienst in den Ämtern ordentlich zu versehen, die Bauern keine Zeit zum Säen und zum Ernten und die Frauen keine Zeit zum Spinnen und zum Weben haben. In diesem Fall wird der Staat seine Soldaten verlieren, und die Bevölkerung muß ihre Beschäftigung aufgeben. Hinzu kommt noch der Verlust an Wagen und Pferden. Und wenn ein Fünftel von den Zelten und Decken und der Ausrüstung der Armee, von den Panzern und Waffen zurückbleibt, dann ist das noch viel. Darüber hinaus wird eine große Zahl der Leute auf dem Wege desertieren oder verloren gehen, oder sie werden, da aufgrund der Länge des Weges die Verpflegung nicht nachkommt und sie nicht rechtzeitig zum Essen kommen, an Hunger und Kälte leiden und daran erkranken, in die Gräben fallen und sterben.[149] Dergestalt sind die Schäden, die ein Krieg für die Menschen mit sich bringt, und groß ist das Leid, das das Reich zu erdulden hat. Doch Könige, Fürsten und hohe Würdenträger, die am

Kriege ihre Freude haben und ihn durchführen, freuen sich selbst daran, Zehntausende von Menschen im Reich zu schädigen und untergehen zu lassen. Ist das nicht widersinnig?

Heutzutage sind die Staaten in der Welt, die den Krieg lieben, Ch'i, Chin, Ch'u und Yüeh. Selbst wenn diese Staaten ihren Willen über das ganze Reich erstrecken könnten, so daß ihre Bevölkerung sich verzehnfachte, so wären sie doch nicht in der Lage, alles Land zu bebauen. Die Bevölkerung reichte nicht aus, und Land wäre im Überfluß da. Doch auch heute kämpfen sie um Land und schädigen einander. Dabei vermindern sie nur, woran es ihnen ohnehin schon mangelt, und vermehren das, was bereits im Überfluß vorhanden ist.

Die Fürsten, die heute den Eroberungskrieg lieben, bemänteln ihre eigenen Lehren und kritisieren Mo Ti, indem sie sagen: »Hältst du den Angriffskrieg für nicht rechtschaffen und für nicht nutzbringend? – Im Altertum unternahm doch Yü eine Strafexpedition gegen den Fürsten der Miao, und T'ang griff Chieh und König Wu den Chou an. Und sie alle sind zu vorbildlichen Königen erhoben worden. Was ist der Grund?«

Meister Mo Ti sagte: Ihr habt die Ebene, auf der ich argumentiere, noch nicht erfaßt und noch nicht ihre Voraussetzungen erkannt. Diese Taten waren nämlich keine Angriffe, sondern Bestrafungen.[150]

Als im Altertum die drei Miao-Stämme einen großen Aufstand machten, gab der Himmel den Befehl, sie zu vernichten. Die Sonne ging mitten in der Nacht auf, und drei Tage regnete es Blut. Ein Drache erschien in dem Ahnentempel und die Hunde heulten auf dem Marktplatz. Im Sommer gab es Frost, und die Erde zerbarst bis auf die Quellen, und die fünf Feldfrüchte wuchsen alle deformiert. Da geriet das Volk in großes Entsetzen, und Kao Yang[151] befahl dem Yü im dunklen Palast persönlich den Jadestab an sich zu nehmen und den Fürsten der Miao in seine Schranken zu weisen. Vier Blitze ermahnten ihn zur Ehrfurcht, und es erschien ein Geist mit menschlichem Antlitz und dem Körper eines Vogels, einen Jadestab tragend, um Yü zu dienen. Den Fürsten der Miao traf ein Pfeil, und das Volk der Miao geriet in große Verwirrung und war dem Untergang nahe. Nachdem Yü die drei Miao befriedet hatte, durchstach er Berge und regulierte Flüsse und schied die Dinge in oben und unten. Glänzend regierte er die vier Enden der Welt, weder Geister noch Menschen traten ihm entgegen, und im Reiche herrschte Frieden. In dieser Weise wies Yü den Fürsten der Miao in seine Schranken.

Im Falle des Königs Chieh von Hsia erließ der Himmel ebenfalls einen Befehl; Sonne und Mond erschienen zu Unzeiten, und Kälte und Hitze kamen durcheinander. Die fünf Feldfrüchte verdorrten und die Geister heulten im Reiche, und über zehn Nächte lang schrien die Kraniche. Da trug der Himmel dem T'ang im Piao-Palast auf, das große Mandat der Hsia zu übernehmen: »In Hsia ist die Tugend in völliger Unordnung, deshalb habe ich ihren himmlischen Auftrag zurückgenommen. Gehe und züchtige sie, ich werde dir die nötige Kraft dazu verleihen.«[152] Erst dann wagte T'ang, sich an die Spitze seiner Truppen zu stellen und auf die Grenze von Hsia zuzugehen, und Shang-ti ließ die Stadt der Hsia fast unbemerkt einnehmen. Nach kurzer Zeit erschien ein Geist und verkündete: »Die Tugend der Hsia ist in vollständigem Verfall. Gehe und greife sie an. Ich werde dir große Kraft dazu verleihen. Ich selbst erhielt den Befehl vom Himmel.« – Daraufhin beauftragte der Himmel den Feuergott Chu-jung, Feuer herabzusenden und die Stadt der Hsia an der Nordwestecke anzuzünden. Und T'ang, der die Armee von Chieh anführte, eroberte sie. Dann versammelte er alle Fürsten in Po, seiner Residenz, klärte sie auf über den himmlischen Auftrag, den er in alle vier Gegenden verbreiten ließ, und von den Fürsten des Reiches wagte keiner, ihm nicht zu huldigen. So bestrafte T'ang den Chieh.

Im Falle des Königs Chou von Shang billigte der Himmel nicht seine Macht, denn er verrichtete die Opfer nicht zum rechten Zeitpunkt, und zehn Tage und Nächte regnete es Schlamm in Po. Die neun Dreifüße bewegten sich von ihrem Platz, geisterhafte Frauen erschienen in der Dunkelheit und bei Nacht wehklagten die Geister. Frauen wurden zu Männern, es regnete Fleisch, und auf den Staatsstraßen wuchsen Dornen, doch der König ließ sich noch mehr gehen. Ein purpurner Vogel mit einem Jadestab im Schnabel ließ sich auf dem Staatsaltar der Chou nieder und verkündete: »Der Himmel beauftragt König Wen von Chou, Yin anzugreifen und den Staat zu übernehmen.« T'ai-tien kam als Gast und zollte dem König Respekt, und aus dem Gelben Fluß kam eine grüne Tafel hervor, und der Erde entsprang ein gelbes Pferd.[153] König Wu bestieg den Thron. Da sah er im Traum drei Geister, die sagten: »Wir haben Chou von Yin der Trunksucht verfallen lassen. Gehe hin und greife ihn an. Wir werden dir große Kraft dazu verleihen.« König Wu griff ihn daraufhin an und ersetzte Yin durch Chou. Der Himmel beschenkte König Wu mit einer Flagge, auf der ein gelber Vogel war. Und als der König die Yin besiegt und die Verheißung Gottes erfüllt hatte, ließ er die verschiedenen Geister verehren und brachte den Vorgängern Chous Opfer dar. Er nahm Verbindungen zu allen vier Barbarenstämmen auf, und im Reiche gab es keinen, der ihm nicht Verehrung zollte. So setzte er das Werk des T'ang fort. Auf diese Weise strafte König Wu den Chou. Wenn wir nun diese drei Könige betrachten, so handelte es sich bei dem, was sie taten, nicht um Angriffskriege, sondern um Bestrafungen.

Die den Angriffskrieg liebenden Fürsten mögen ihre Lehre noch weiter beschönigen, um Meister Mo Ti zu widerlegen, und sagen: »Hältst du den Angriffskrieg für nicht rechtschaffen und für nicht nutzbringend? Als einst Hsiung-li, der Gründer von Ch'u, zuerst in der Gegend des Berges Sui belehnt wurde, als I-k'uei von Yüeh, der von Yu-chü abstammte, zum Fürsten von Yüeh gemacht wurde, als

T'ang-shu und Lü Shang Ch'i und Chin gründeten, erstreckten sich alle diese Staaten über nicht mehr als jeweils ein paar hundert Quadratmeilen. Doch heutzutage haben sich diese vier dank der Eroberung anderer Staaten das ganze Reich untereinander geteilt. Warum ist das so?«

Meister Mo Ti antwortete: Ihr habt nicht die Ebene, auf der ich argumentiere, und nicht ihre Voraussetzungen begriffen. Als im Altertum der Himmelssohn die Fürsten belehnte, da gab es über zehntausend von ihnen. Doch heute sind wegen der Annexion von Staaten all diese zehntausend Staaten zugrunde gegangen, und es gibt nur noch vier Staaten.[154] Dies ist wie wenn ein Arzt mehr als zehntausend Personen mit Medizin behandelt und nur vier genesen; da kann man doch nicht von einem guten Arzt sprechen!

Doch diese Fürsten, die den Angriffskrieg lieben, mögen ihre Auffassung folgendermaßen bemänteln: »Nicht daß wir an Gold, Juwelen, Männern und Frauen oder Land nicht genügend hätten; wir wollen uns den Ruf der Gerechtigkeit im Reiche einbringen und mit unserer Tugend die Lehnsfürsten für uns gewinnen!«

Meister Mo Ti erwiderte darauf: Wenn Ihr wirklich den Ruf der Gerechtigkeit im Reiche begründen und andere Fürsten durch Eure Tugend gewinnen könntet, dann hätte sich das Reich Euch schon längst unterworfen. Denn schon lange gibt es Angriffskriege im Reiche, und es ist erschöpft wie ein Knabe, der den ganzen Tag Pferd gespielt hat.

Wenn es heute einen gäbe, der in seiner Beziehung zu anderen zuverlässig wäre und in erster Linie den Fürsten im Reiche nützen würde, einen, der bei unrechtmäßigem Verhalten eines Großstaates zusammen mit anderen sein Mitgefühl zeigte, und, wenn ein großer Staat einen kleinen angriffe, mit anderen zusammen jenem zu Hilfe eilte; der, wenn die Wälle und Mauern eines kleinen Staates nicht in Ordnung wären, dann sicher für deren Instandsetzung sorgen würde; der, wenn die Vorräte eines kleinen Staates an Kleidung und Nahrung erschöpft sind, diesem aushülfe, und wenn die Seidenstoffe nicht ausreichen, sie ergänzte – wenn einer sich so gegenüber den kleinen Staaten verhielte, dann wären die Fürsten der kleinen Staaten erfreut. Wenn sich andere mühen, während man selbst Ruhe hat, dann kann man selbst die Rüstungen und Waffen verstärken, und wenn man wohltätig ist und der Not abhilft, dann wird man das Volk sicher gewinnen. Und wenn man statt Angriffskriege zu führen seinen eigenen Staat in Ordnung hält, wird man vielfältigen Erfolg haben. Wenn man die eigenen Ausgaben für das Heer berechnet und mit den ruinösen Anstrengungen der anderen Fürsten vergleicht, dann wird man sehen, welchen großen Vorteil man sich verschafft hat. Wenn man sich korrekt verhält und im Namen der Rechtschaffenheit handelt, wenn man gütig gegen das Volk ist und seinem Heer vertraut, dann gewinnt man die Armeen der anderen Lehnsfürsten und hat im ganzen Reich keine Feinde, und der Nutzen für das Reich ist unermeßlich. Dies ist, was dem Himmel nützt.

Wenn die Könige, Fürsten und hohen Beamten dies nicht anzuwenden wissen, dann muß man sagen, daß sie das wichtigste Mittel, dem Reiche zu nützen, nicht kennen.

Daher sagte Meister Mo Ti: Wenn die Könige, Fürsten, hohen Beamten und Edlen wirklich das Wohl des Reiches mehren und Schaden von ihm abwenden wollen, dann müssen sie sich bewußt werden, daß der Angriffskrieg ein großer Schaden für das Reich ist. Wenn sie menschlich und rechtschaffen handeln und hervorragende Gelehrte sein wollen, wenn sie im Einklang mit dem Weg der heiligen Könige zum Nutzen der Bevölkerung des Reiches handeln wollen, dann kommen sie nicht umhin, sich mit meinen Worten über die Verurteilung des Eroberungskrieges auseinanderzusetzen.

Mäßigung im Aufwand I

Wenn ein Weiser einen Staat regiert, dann bringt das dem Staate doppelten Nutzen. Wenn er die Welt regiert, dann bringt das der Welt doppelten Nutzen. Die Verdoppelung kommt nicht durch das Hereinnehmen zusätzlicher Gebiete von außen zustande, sondern dadurch, daß er von unnützen Aufwendungen im Staate selbst absieht. Wenn ein Weiser die Regierungsgeschäfte führt, wird er beim Erlassen von Gesetzen, beim Beginnen von Vorhaben, bei der Einstellung der Leute und bei der Verwendung von Gütern nichts tun, was keinen Nutzen mit sich bringt. Infolgedessen werden keine Güter vergeudet, die Kraft des Volkes wird nicht geschwächt, und man erlangt sogar noch viele Vorteile.

Zu welchem Zwecke macht man Kleider und Pelze? Um im Winter die Kälte abzuhalten und sich im Sommer vor der Wärme zu schützen. Da es das Wesen der Kleidung ist, im Winter zu wärmen und im Sommer zu kühlen, wird, was nur schön ist und nicht diesem Zwecke dient, fortgelassen.[155]

Warum baut man Häuser? Damit sie im Winter Wind und Kälte und im Sommer Hitze und Regen abhalten und einen Schutz vor Dieben und Räubern geben. Was nur schön ist und nicht diesem Zwecke dient, wird fortgelassen.

Warum stellt man Rüstungen, Schilde und die fünf verschiedenen Waffen her? Um sich vor Rebellen und Banditen zu schützen. Wenn Rebellen und Banditen auftreten und man Rüstungen, Schilde und Waffen hat, kann man sie überwältigen; hat man sie aber nicht, ist man hilflos. Daher ließen die heiligen Könige Rüstungen, Schilde und Waffen anfertigen, und alle diese Waffen wurden besonders leicht, scharf und dauerhaft und schwer zerbrechlich gemacht. Auf allen Zierrat, der nicht zu diesem Zwecke beitrug, verzichteten sie.

Zu welchem Zwecke werden Wagen und Schiffe gebaut? Wagen baut man, um mit ihnen über Hügel und Ebenen zu fahren, und Schiffe, um mit ihnen auf Flüssen zu verkehren und so die Vorteile der vier Himmelsrichtungen austauschen zu können. Als Prinzip bei der Anfertigung von Booten und Wagen gilt, sie möglichst leicht und handlich zu machen. Und alles, was zu diesem Zwecke nicht beiträgt, läßt man weg. Bei der Herstellung all dieser Gegenstände wird nichts Unnützes getan. So werden die Mittel nicht vergeudet und die Kraft des Volkes nicht erschöpft, und doch hat man großen Vorteil davon.

Wenn man die Herrscher von ihrer Vorliebe abbringen könnte, Perlen, Edelsteine, Vögel, wilde Tiere, Hunde und Pferde zu horten, und statt dessen die Anzahl von Kleidern und Häusern, Rüstungen, Schilden und Waffen, Schiffen und Wagen zu vermehren, dann wäre deren Anzahl leicht zu verdoppeln. – Wenn das nicht schwierig ist, was wäre dann schwierig zu verdoppeln? Allein die Anzahl der Menschen zu verdoppeln, ist schwierig, doch auch sie läßt sich verdoppeln!

Einst erließen die heiligen Könige folgendes Gesetz: »Männer von zwanzig Jahren dürfen es nicht wagen, keinen Hausstand zu gründen, und Mädchen von fünfzehn Jahren dürfen es nicht wagen, keinem Manne zu dienen.« Das war ein Gesetz der heiligen Könige.[156] Seit die heiligen Könige nicht mehr da sind, folgt das Volk nur seinen eigenen Wünschen. Solche, die schon früh einen Hausstand gründen wollen, tun dies manchmal schon mit zwanzig Jahren, und solche, die erst spät einen Hausstand gründen wollen, tun dies manchmal erst mit vierzig. Das Durchschnittsalter bei der Heirat liegt somit zehn Jahre über dem zur Zeit der heiligen Könige üblichen. Da nun die Leute gewöhnlich alle drei Jahre ein Kind haben, könnten sie in diesen zehn Jahren zwei bis drei Kinder bekommen. Doch kann man die Bevölkerung verdoppeln, wenn man die Leute nicht dazu bringt, früh eine Familie zu gründen? Sicherlich nicht!

Die heute die Regierung im Reiche ausüben, vermindern auf mannigfache Weise die Bevölkerung. Sie lassen das Volk bis zur Erschöpfung arbeiten und erheben von ihm hohe Steuern; und die Vorräte des Volkes reichen nicht aus, so daß unzählige Menschen an Kälte und Hunger zugrunde gehen. Außerdem denken die Oberen nur daran, Armeen aufzustellen und benachbarte Staaten anzugreifen; solche Kriegszüge dauern Jahre oder doch zumindest Monate.

Männer und Frauen können einander für diese Zeit nicht treffen. Und dies trägt dazu bei, die Bevölkerung zu vermindern. In den Siedlungen herrscht Friedlosigkeit, und groß ist die Zahl derer, die nicht regelmäßig zu essen bekommen und dadurch krank werden und sterben. Groß ist auch die Zahl derer, die durch Hinterhalte, Feuerangriffe und Angriffe gegen Städte oder bei offenen Feldschlachten ihr Leben verlieren.

So können schlechte Herrscher auf verschiedenste Weise die Bevölkerung vermindern. Als die vorbildlichen Könige jedoch die Regierungsgeschäfte ausübten, gab es das nicht. Aber selbst für diejenigen, die selbst nicht gerade Weise sind, gibt es bei der Regierung Möglichkeiten, die Bevölkerung zu vermehren.

Daher sagte Meister Mo Ti: Unnütze Ausgaben zu unterlassen, ist der Weg der vorbildlichen Könige und ist von großem Nutzen für das Reich.

Mäßigung im Aufwand II

Meister Mo Ti sagte: Im Altertum herrschten die erleuchteten Könige und die Weisen über das Reich, und die Fürsten führten durch loyale Treue und Liebe zum Volk. Sie brachten dem Volke großen Nutzen, und Loyalität und Vertrauen verband sie miteinander. Sie zeigten dem Volke, was ihm nützlich war, und ihr ganzes Leben bis an ihr Ende ermüdeten und ermatteten sie nicht. Dies war es, wodurch im Altertum die erleuchteten Könige und Weisen das Reich regierten und die Fürsten anleiteten.

Die heiligen Könige des Altertums erließen Gesetze zur Mäßigung bei den Aufwendungen: »Alle Handwerker im Reiche, Radmacher, Wagner, Ledersticker, Gerber, Töpfer, Gießer und Tischler, sollen ihr Werk tun, ein jeder entsprechend seinen Fähigkeiten.« Ferner: »Wenn genug für den Bedarf des Volkes getan ist, dann soll man aufhören.« Alles, was zusätzliche Ausgaben erfordert und nicht von Vorteil für das Volk ist, verurteilten sie.

Die heiligen Könige des Altertums erließen auch Gesetze zur Regelung der Herstellung von Speisen und Getränken. Sie sollten ausreichend zum Stillen von Hunger und Durst und zur Fortführung des Lebens sein, sollten die Glieder stärken und Ohr und Auge schärfen, und damit sollte es dann aber auch genug sein. Vor allem sollte man nicht die Zusammenstellung der fünf Geschmacksrichtungen und die Abstimmung von Gewürzen und Gerüchen bis zum äußersten treiben.[157] Man sollte sich nicht absonderliche, außergewöhnliche Speisen aus fernen Ländern holen. Woher wissen wir, daß das so war?

Als Yao im Altertum das Reich regierte, befriedete er im Süden Chiao-tzu[158], machte im Norden seinen Einfluß bis Yu-tu geltend, nach Osten und Westen herrschte er von Sonnenaufgang bis Sonnenuntergang, und es gab keinen, der sich ihm nicht ehrfürchtig unterwarf. Doch selbst wenn ihm aufgetischt wurde, was er am meisten liebte, nahm er niemals von Hirse und Reis oder von Suppe und Fleisch zugleich. Er aß aus einem irdenen Topf, er trank aus einem irdenen Gefäß, und den Wein trank er aus einer Schöpfkelle. Das mehrfache Verbeugen und geschäftiges Hin- und Hereilen, Höflichkeiten und zeremonielles Gehabe ließen die vorbildlichen Könige nicht aufkommen.[159]

Die vorbildlichen Könige erließen auch Gesetze zur Kleiderordnung. Man sollte sich im Winter in blaue und graue Seide kleiden[160], die leicht ist und warm hält, und im Sommer sollte man sich in Grasleinen kleiden, das leicht ist und kühlt. Damit sollte es genug sein. Alles, was zusätzliche

Aufwendungen erfordert und dem Volke nicht weiter nützt, das ließen die vorbildlichen Könige beiseite.

Da reißende und hinterlistige Tiere die Menschen schädigten und den Leuten Unheil brachten, lehrten die Weisen im Altertum die Bevölkerung, mit Waffen umzugehen. Sie sollten Schwerter mit sich führen, deren Stoß durchdringt, mit deren Hieb sie zerspalten konnten, und die selbst dann nicht zerbrechen, wenn sie von der Seite angeschlagen werden. Die Rüstungen sollten leicht und handlich sein, und sie sollten sich dem Körper in der Bewegung anpassen. Dies war der Nutzen der Rüstungen.

Wagen dienten dazu, Lasten über weite Entfernungen zu befördern; darum mußten sie sicher zu fahren und einfach zu lenken sein. Sicher, um den Fahrer nicht zu verletzen, und bequem zu lenken, um schnell das Ziel zu erreichen. Dies war der Nutzen der Wagen. – Da man breite Gewässer und weite Flußtäler zunächst nicht überqueren konnte, ließen die vorbildlichen Könige des Altertums Boote und Ruder herstellen, gerade so aufwendig, daß sie diese damit überqueren konnten. Selbst für die drei Minister wurden Boote und Ruder nicht ausgewechselt oder verändert, und auch die Staatsmänner legten für sie keine besonderen Prunkkleider an. Dies war der Nutzen der Boote.

Einst erließen die vorbildlichen Könige auch ein Gesetz zur Mäßigung bei den Begräbnissen. Drei Leichentücher sollten genug für das verwesende Fleisch sein, und ein drei Zoll starker Sarg sollte ausreichen für die vermodernden Knochen. Das Grab sollte nicht bis auf die Tiefe des Grundwassers ausgehoben werden, aber doch so tief, daß die Gase nicht nach oben entweichen konnten. Wenn die Toten einmal begraben waren, dann sollten die Lebenden nicht lange trauern und klagen.

Als in der Urzeit die Menschen gerade erst aufgetreten waren und es noch keine Häuser und Wohnungen gab, da wohnten sie in Höhlen an Berghängen. Die heiligen Könige sorgten sich darum, weil sie sahen, daß diese Höhlen im

Winter wohl Wind und Kälte abzuhalten vermochten, doch im Sommer auf dem Boden feucht und oben dunstig waren, so daß eine Schädigung der Volksgesundheit zu befürchten war. Sie ließen deshalb Häuser und Wohnungen bauen, und diese erwiesen sich als nützlich. Doch nach welchem Standard wurden die Häuser und Wohnungen gebaut? – Meister Mo Ti sagte: Die Seitenmauern konnten Wind und Kälte abhalten, und das Dach Schnee, Frost, Regen und Tau. Im Inneren waren sie so sauber, daß man dort Opfer darbringen konnte, und die Mauern reichten aus, um Männer und Frauen voneinander zu trennen. Das genügte. Allen Zusatz, der nicht den Gebrauchswert für die Leute erhöhte, ließen die vorbildlichen Könige weg.[161]

Einfachheit bei Begräbnissen[162]

Meister Mo Ti sagte: Die Sorge eines Tugendhaften um das Reich ist nicht verschieden von der Sorge eines pietätvollen Sohnes um seine Eltern. Doch wie wird sich heute ein pietätvoller Sohn in der Sorge um seine Eltern verhalten? Wenn die Eltern arm sind, dann versucht er, sie reich zu machen, wenn seine Familie klein ist, sucht er, sie zu vergrößern, und wenn Unordnung herrscht, dann sucht er, die Ordnung wiederherzustellen. Bei seinen Bemühungen mögen seine Kraft und seine Mittel nicht genügen und sein Wissen nicht ausreichen; dann kann er darüber hinaus nichts tun. Doch solange er noch Kräfte übrig hat, so lange es noch unversuchte Pläne und mögliche Chancen gibt, wird er es nicht wagen, diese nicht für seine Eltern auszunutzen. Dies sind die Ziele, die ein pietätvoller Sohn in der Sorge um seine Eltern am wichtigsten nimmt.

Ebenso ist auch der Tugendhafte um sein Reich besorgt; wenn sein Reich arm ist, wird er versuchen, es wohlhabend zu machen, wenn die Bevölkerung gering ist, wird er versuchen, sie zu mehren, und wenn die Menge in Aufruhr ist, wird er sich bemühen, Ordnung zu stiften. Auch bei diesen Bemühungen mögen seine Kräfte und seine Mittel nicht genügen und seine Kenntnisse nicht ausreichen. Doch so lange es noch Kräfte und ungenutzte Pläne gibt sowie die Chance, Vorteile zu erlangen, wird er nicht davon ablassen, diese für sein Reich auszunutzen. Diese drei Ziele nimmt der Tugendhafte bei der Sorge um das Wohl des Reiches am wichtigsten.

Seit die weisen Könige der drei Dynastien[163] nicht mehr am Leben sind und die Welt deren Grundsätze aufgegeben hat, halten manche Edle[164] großartige Begräbnisse und eine lange Trauerzeit für menschlich und rechtschaffen und für die Pflicht eines pietätvollen Sohnes. Andere wieder meinen, aufwendige Begräbnisse und lange Trauerzeiten widersprächen der Menschlichkeit und Rechtschaffenheit und gehörten nicht zur Pflicht eines pietätvollen Sohnes. Die Worte dieser beiden Parteien widersprechen einander, und ihr Handeln steht im Gegensatz zueinander. Beide behaupten, sie befolgten die Lehren von Yao, Shun, Yü, T'ang, Wen und Wu. Doch ihre Worte widersprechen einander, und ihre Taten stehen zueinander im Gegensatz. Demzufolge sind alle Edlen späterer Zeiten im Zweifel über beide Ansichten. Da sie sich über die beiden Ansichten nicht im klaren sind, wollen wir jene überprüfen, sie im Verhältnis zur Regierung, zum Staat und der Bevölkerung betrachten und zusehen, wie sich aufwendige Begräbnisse und lange Trauer zu jenen drei oben genannten Zielen verhalten.[165]

Ich meine, wenn bei Befolgung der Prinzipien und Ausführung der Pläne jener, die aufwendige Begräbnisse und lange Trauer befürworten, wirklich die Armen wohlhabend und die Bevölkerung vermehrt, Gefahren gebannt und Unruhen beigelegt werden, dann ist ein solches Verhalten menschlich und rechtschaffen und die Pflicht eines pietätvollen Sohnes. Dann muß jeder Berater unbedingt dazu ermuntern und die Tugendhaften, die den Nutzen im Reiche zu mehren suchen, müssen sie annehmen und das Volk dazu bringen, sie das ganze Leben lang in Ehren zu halten. Wenn man andererseits jenen Prinzipien und Lehren folgt, und man vermag dabei nicht, die Armen zu bereichern und das Volk zu mehren, Gefahren zu bannen und Aufstände zu beseitigen, dann ist ein solches Verhalten nicht menschlich und nicht rechtschaffen und nicht die Pflicht eines pietätvollen Sohnes. Und jene, die Beraterfunktionen ausüben, müssen dem unbedingt Einhalt gebieten, und die Tugendhaften, die Schaden vom Reiche abzuwenden suchen, werden es ablehnen und die Menschen dazu bringen, solches Verhalten ihr ganzes Leben lang zu verurteilen. Denn das hat es noch nie gegeben, daß man dadurch, daß man den Nutzen im Reiche mehrte und Schaden von ihm abwendete, bei der Regierung und der Bevölkerung keine Ordnung zustande gebracht hätte. Woher wissen wir, daß das so ist?

Heute hegen viele Gelehrte und Edle im Reiche Zweifel, ob aufwendige Begräbnisse und lange Trauer richtig oder falsch, nützlich oder schädlich sind. Meister Mo Ti sagte dazu: Laßt uns daher die Angelegenheit untersuchen. Wenn wir den Vorstellungen derer folgen, die aufwendige Begräbnisse und lange Trauer befürworten, und sie im Staate anwenden, dann bedeutet das für das Begräbnis eines Königs, eines Fürsten oder eines hohen Beamten, daß unbedingt mehrere innere und äußere Särge nötig sind, daß die Beerdigung aufwendig und die Totengewänder zahlreich sein müssen, und daß viel Seidenstickerei verwendet werden und es einen hohen Grabhügel geben muß. Und wendete man diese Sitte auch bei kleinen und einfachen Leuten an, dann würde bei einem Todesfall fast das gesamte Familienvermögen aufgebraucht, und bei einem Lehnsfürsten würden die Vorräte des Landes verbraucht. Man würde dem Leichnam auch noch Gold, Perlen und Edelsteine beigeben und Seidenbündel, Wagen und Pferde in die Gruft senken. Darüber hinaus müßten dann Gehänge, Dreifüße, Pauken, Tische, Matten, Schalen, Tröge, Speere, Schwerter, Federn und Banner sowie elfenbeinerne Gegenstände beigegeben werden, um den Anforderungen Genüge zu tun. Die Anzahl derer, die den Verstorbenen zu begleiten haben, würde bei dem Himmelssohn mehrere hundert oder zumindest doch mehrere Dutzend zu opfernder Menschen betragen, und bei Generälen und hohen Würdenträgern mehrere Dutzend oder zumindest doch einige.

Welche Vorschriften hat einer zu beachten, der sich in Trauer befindet?

Er muß jammern und heulen und in unregelmäßigen Abständen wehklagen. Er hat einfache Trauerkleider zu tragen und zu weinen, in einer Trauerhütte zu wohnen, auf einer Strohmatte zu schlafen und einen Erdkloß als Kopfkissen zu benutzen. Er darf nicht essen, um hungernd auszusehen, und muß dünne Kleidung tragen, um zu frieren. Sein Gesicht muß einen kränklichen Ausdruck haben und seine Gesichtsfarbe aschfahl sein. Gehör und Sehvermögen verlieren dann ihre Schärfe, Hände und Füße ihre Behendigkeit und Kraft, so daß sie ihm schließlich den Dienst versagen. Es heißt, daß ein hoher Beamter in Trauer sich nur durch Aufstützen erheben kann und nur mit Hilfe eines Stockes zu laufen vermag. Das dauert drei Jahre.[166]

Wenn nun die Könige, Fürsten und hohen Beamten diese Worte und solche Handlungsweisen befolgen, dann können sie morgens keine Audienzen abhalten, die fünf Ministerien und die sechs Ämter nicht besorgen, keinen Ackerbau und keine Forstwirtschaft betreiben und sich nicht um die Füllung der Speicher kümmern.[167] Wenn die Ackerbauern diese Handlungsweise zu befolgen hätten, dann wären sie nicht in der Lage, morgens früh aufs Feld zu gehen und erst abends heimzukehren, sie wären nicht imstande zu pflügen, zu säen und zu pflanzen. Und wenn die Handwerker sich danach richteten, dann könnten sie keine Schiffe und Wagen bauen und keine Geräte und Gefäße anfertigen. Wenn die Frauen diesem Brauche folgten, dann könnten sie nicht früh aufstehen und abends ins Bett gehen und tagsüber spinnen und weben.

So läßt sich genau berechnen, daß bei aufwendigen Begräbnissen viele Güter begraben würden und bei langer Trauerzeit die Leute davon abgehalten würden, ihren Pflichten nachzukommen. Güter, die bereits fertiggestellt sind, würden mitbegraben, und späterer Erwerb würde zu lange behindert. Wenn man auf diese Weise Wohlstand im Staate zu erlangen sucht, so ist das, als ob man die Bestellung der Felder verböte und doch eine Ernte erwartete. Auf diese Weise läßt sich niemals Wohlstand erlangen. Wenn man bestrebt ist, die Familie zu bereichern, dann läßt es sich auch nicht auf diese Weise machen; und will man die Bevölkerung vermehren, läßt sich das auf diese Weise erreichen? Sicherlich ebenfalls nicht.

Wenn heute einer aufwendige Begräbnisse und lange Trauerzeiten zur Regierungspolitik macht, dann wird bei dem Tode eines Fürsten drei Jahre, bei dem Tod der Eltern drei Jahre und bei dem Tod von Frau und Kindern ebenfalls drei Jahre lang getrauert. Um den älteren und jüngeren Bruder des Vaters und den eigenen älteren und jüngeren Bruder sowie um jüngere Söhne trauert man ein Jahr, fünf Monate um andere nahe Verwandte und einige Monate um Tanten, Schwestern und Cousinen mütterlicherseits. Außerdem gibt es Vorschriften, wie man seine Trauer zum Ausdruck zu bringen hat.[168] Wenn alle diese Vorschriften befolgt werden, dann müssen die Leute hungern und sich auch sonst einschränken, und die Bevölkerung wird im Winter die Kälte und im Sommer die Hitze nicht ertragen können, und zahllos werden diejenigen sein, die erkranken und sterben. Sehr häufig wird dadurch auch die Beziehung zwischen Männern und Frauen unterbrochen. Wenn einer dadurch die Vermehrung der Bevölkerung zu erreichen sucht, dann ist das so, als ließe man einen Menschen sich ins Schwert stürzen und wünschte ihm dabei ein langes Leben! Die Vermehrung der Bevölkerung kann auf diese Weise jedenfalls nicht erreicht werden, und der Wunsch, die Bevölkerung zu vermehren, muß dann aufgegeben werden.

Wird man die Rechtspflege und Verwaltung bei aufwendigen Begräbnissen und langen Trauerzeiten in Ordnung halten können?

Die Antwort lautet hier: Keineswegs! Wenn man jetzt aufwendige Begräbnisse und lange Trauerzeiten zur herrschenden Praxis macht, dann wird der Staat sicherlich verarmen, die Bevölkerung wird sich verringern und Rechtspflege und Verwaltung werden in Unordnung geraten. Wenn man diesen Vorschriften folgt und die Oberen danach handeln, werden sie nicht in der Lage sein, sich um die Regierungsgeschäfte zu kümmern. Wenn die Unteren danach handeln, dann werden sie nicht in der Lage sein, ihren Pflichten nachzukommen. Wenn die Oberen sich nicht um die Regierung kümmern können, dann werden Rechtspflege und Verwaltung völlig in Unordnung geraten, und wenn die Unteren ihren Pflichten nicht nachkommen, dann werden Kleider und Nahrung sicherlich nicht ausreichen. So wird der jüngere seinen älteren Bruder um Kleidung und Essen bitten, sie aber nicht erhalten, und er wird sich nicht wie ein jüngerer Bruder verhalten, sondern seinem älteren Bruder zürnen. Auch wird ein Sohn seinen Vater um Hilfe angehen, aber nichts erhalten, und so wird er pietätlos werden und seinen Vater hassen. Und auch die Beamten werden bei ihrem Fürsten nachsuchen, aber nichts erhalten und nicht mehr loyal sein und sich gegen ihre Oberen auflehnen. Dann werden schlechte und sittenlose Leute, die zum Ausgehen keine Kleider und in ihren Wohnungen kein Essen haben, gepeinigt von Scham, Böses tun und Gewalt üben, ohne daß man sie davon abhalten könnte. Infolgedessen wird sich die Zahl der Diebe und Räuber vermehren und die der Anständigen sich vermindern. Wenn sich die Zahl der Diebe und Räuber vermehrt und die der Anständigen geringer wird, dann ist jedes Bemühen um geordnete Verhältnisse so, als wolle man, daß jemand sich dreimal umdrehe, ohne einem dabei auch nur einmal den Rücken zu kehren.

Ordnung läßt sich jedenfalls auf diese Weise nicht erreichen, und geordnete Rechtspflege und Verwaltung ist dann ebenfalls nicht durchzusetzen. Wenn man hofft, die großen Staaten davon abzuhalten, die Kleinen anzugreifen, sind dann aufwendige Begräbnisse und lange Trauerzeiten von Nutzen? Sicherlich nicht! Nun, da die vorbildlichen Könige des Altertums nicht mehr sind und die Welt ihre Grundsätze aufgegeben hat, bekämpfen sich die Lehnsfürsten untereinander. Im Süden sind es die Könige von Ch'u und Yüeh und im Norden die Fürsten von Ch'i und Chin, die ihre Soldaten ausbilden und drillen, um ihre Nachbarn anzugreifen und die Herrschaft über das Reich zu erlangen. Das Einzige, was einen großen Staat davon abhalten kann, einen kleineren Staat anzugreifen, ist dessen reichliche Waffenausstattung, ein großer Vorrat an Versorgungsgütern, ein guter Zustand der Mauern und Wälle, harmonische Eintracht zwischen Oberen und Unteren. In einem solchen Fall wird es einen großen Staat nicht danach gelüsten, den kleineren anzugreifen. Doch hat ein kleinerer Staat nicht diese Vorräte und Waffen, sind die Mauern und Wälle nicht in gutem Zustand, und herrscht Zwietracht zwischen den Regierenden und dem Volk, dann treibt es die großen Staaten dazu, ihn anzugreifen.

Wenn heute pompöse Begräbnisse und lange Trauerzeiten zur Regel werden, dann wird der Staat sicher verarmen, die Bevölkerung sich verringern, und Rechtspflege und Verwaltung werden in Unordnung geraten. Im Falle einer Verarmung lassen sich aber keine Vorräte mehr anschaffen, und im Falle einer Bevölkerungsverminderung sind auch Mauern, Wälle und Gräben von minderer Qualität. Bei Unruhen können die Truppen auch nicht bei einer einzigen Feldschlacht siegreich sein und sich selbst im Inneren nicht verteidigen. Will man die großen Staaten davon abbringen, die kleinen anzugreifen, dann ist dies sicher nicht der Weg. Wünscht man von den Göttern und Geistern Glück zu erlangen, ist dies dann ein Weg? Auch davon kann keine Rede sein!

Wenn man heutzutage aufwendige Begräbnisse und lange Trauerzeiten bei der Verwaltung zur Regel macht, dann wird der Staat verarmen, die Bevölkerung abnehmen, und Rechtsprechung und Verwaltung werden in Unordnung geraten. Und wenn das Volk verarmt, dann sind der Reis in den Opfergefäßen und Wein und Most nicht rein, und wenn die Bevölkerung abnimmt, dann gibt es nicht genügend Leute, die Shang-ti und den Geistern dienen. Wenn Unordnung herrscht, dann werden die Opfer nicht zur rechten Zeit und nicht in der richtigen Weise dargebracht. Wenn man heutzutage die Regierung so führt, daß man die Dienste gegenüber Shang-ti und den Geistern verhindert, dann werden Shang-ti und die Geister von oben einschreiten. Sie werden sich fragen: »Ist es besser für uns, daß diese Leute existieren oder daß sie nicht existieren?« Und sie werden sagen: »Ob es diese Menschen gibt oder nicht gibt, macht für uns keinen Unterschied.« Dann werden Shang-ti und die Geister Strafen herabsenden, diesen Leuten Unglück bringen, sie züchtigen und verwerfen. Haben sie nicht auch guten Grund dazu?

Daher erließen die heiligen Könige im Altertum eine Vorschrift für Begräbnisse folgenden Inhalts: »Ein Sarg von drei Zoll Stärke genügt für den verwesenden Körper; drei Leichentücher genügen, den modernden Leichnam zu umhüllen. Und das Grab soll nicht bis zum Grundwasser gehen, und es soll von der Oberfläche so weit entfernt sein, daß die Gerüche nicht austreten können. Ein Grabhügel von drei Fuß Höhe soll genügen. Damit soll genug getan sein. Nach dem Begräbnis sollen die Lebenden nicht lange weinen und trauern, sondern ihren Geschäften nachgehen und das tun, wovon sie etwas verstehen, und sie sollen sich gegenseitig nützen.« Dies waren die Regeln der heiligen Könige.

Heute sagen nun die, die an einem großartigen Begräbnis und an einer langen Trauerzeit festhalten: »Wenn auch großartige Begräbnisse und lange Trauer nicht die Armen reich machen, nicht die Bevölkerung vermehren, nicht Gefahren abwehren oder Unruhen beseitigen können, so wurden sie doch von den heiligen Königen gepflegt.« Meister Mo Ti sagte: Das ist nicht wahr? Als Yao im Altertum die acht Stämme der Ti-Barbaren im Norden unterweisen wollte, starb er auf seinem Wege dorthin und wurde im Schatten des Berges Kung begraben. Man gab ihm drei Leichentücher und einen Sarg aus dem Holz des Papiermaulbeerbaumes, den man mit Bast umschnürte. Und nachdem der Sarg hinabgesenkt war, weinte man und füllte das Grab, ohne jedoch einen Hügel darauf zu häufen, und nach der Beerdigung liefen die Ochsen und Pferde darüber hin.

Als Shun nach Westen ging, um die sieben Stämme der Jung-Barbaren zu belehren, starb er auf dem Wege und wurde auf dem Marktplatz von Nan-chi bestattet. Auch sein Leichnam wurde in drei Tücher gehüllt, und sein Sarg bestand aus Papiermaulbeerbaumholz und wurde mit Bast zugebunden. Und nachdem er beerdigt war, liefen die Leute der Stadt über das Grab hinweg.

Als Yü nach Westen ging, um die neun Stämme der I-Barbaren zu unterweisen, starb er unterwegs und wurde bei dem K'uai-chi-Berg bestattet. Drei Tücher schlug man um seinen Leichnam. Sein Sarg aus T'ung-Holz, den man mit Bast umschnürte, war drei Zoll stark. Man umband ihn auch nicht vollständig und versenkte ihn nicht sehr tief. Das Grab ging nicht bis auf das Grundwasser, doch ließ es nach oben auch nicht die Gerüche durch. Und als er begraben war, häufte man die übrige Erde auf und machte einen Grabhügel von drei Fuß Höhe, das genügte.

Wenn man die Fälle dieser drei vorbildlichen Könige betrachtet, so waren aufwendige Begräbnisse und lange Trauerzeiten sicher nicht nach ihrem Sinne. Daher standen diese drei Könige auch im Range eines Himmelssohnes und verfügten über das ganze Reich. Es war keineswegs, weil sie bloß um die Aufwendungen besorgt gewesen wären, daß sie solch eine einfache Begräbnisform wählten.

Doch die heutigen Könige, Fürsten und großen Herren lassen ganz andere Begräbnisriten vollziehen. Es muß ein äußerer und ein innerer Sarg sein, der mit drei Lagen bestickter Häute ausgelegt ist. Außerdem fordern sie Jade und Juwelen, Lanzen, Schwerter, Dreifüße, Trommeln, Schalen und Krüge, Stickereien, Seide, prächtiges Zaumzeug, Wagen, Pferde, Dienerinnen und Musikanten, und auch sollen Wege und Zufahrten aus verschiedenen Richtungen zu dem Grabmal führen, und es soll ein Hügel wie ein Berg aufgerichtet werden. Dies behindert die Leute bei ihren alltäglichen Arbeiten und vergeudet ihre Mittel in übergroßem Maße. Dies ist die Nutzlosigkeit solch aufwendiger Begräbnisse.

Daher sagte Meister Mo Ti: Ich habe bereits gesagt: Wenn man bei Befolgung der Vorschläge und Durchführung der Pläne jener, die pompöse Begräbnisse und lange Trauerzeiten befürworten, tatsächlich die Armen reich machen, die Bevölkerung mehren, Gefahren abwenden und Unordnung beseitigen kann, dann sind diese menschlich und gerecht und eine Pflicht für den pietätvollen Sohn, dann müssen die Berater sie unbedingt empfehlen. Wenn man aber durch Befolgen der Vorschläge und Durchführen der Pläne jener, die pomphafte Begräbnisse und lange Trauerzeiten befürworten, nicht in der Lage ist, die Armen zu bereichern, die Bevölkerung zu mehren, Gefahren abzuwenden und Unruhen beizulegen, dann sind diese nicht in Übereinstimmung mit Menschlichkeit und Gerechtigkeit und nicht die Pflicht des pietätvollen Sohnes, und die Berater müssen sie verhindern. Denn würde man auf solche Weise den Nutzen des Reiches zu mehren suchen, wäre nur noch größere Armut die Folge, und wollte man auf diese Weise die Bevölkerung vermehren, würde sie sich schließlich noch weiter verringern. Würde man die Regierung im Staate damit ordnen wollen, würde man nur noch größere Unordnung stiften, und wollte man damit den Angriff großer Staaten auf kleinere verhindern, hätte man keinen Erfolg. Strebte man dadurch nach der Gunst Shang-tis und der Geister, so würde man doch nur Unheil erlangen. Wenn wir den Weg von Yao, Shun, Yü, T'ang, Wen und Wu untersuchen, so verhielten sie sich gerade entgegengesetzt zu solchen Praktiken. Wenn man dagegen die Handlungsweise von Chieh, Chou, Yu und Li untersucht, so ist sie mit solchen Praktiken völlig in Übereinstimmung.[169] Unter diesem Gesichtspunkt widersprechen prunkvolle Begräbnisse und lange Trauerzeit den Prinzipien der vorbildlichen Könige.

Solche, die heute an pompösen Begräbnissen und langer Trauerzeit festhalten, sagen: »Pompöse Begräbnisse und lange Trauerzeiten mögen den Lehren der vorbildlichen Könige tatsächlich nicht entsprechen, doch warum praktizieren sie die Edlen Chinas weiterhin und geben sie nicht auf? Warum pflegen sie sie und nehmen keinen Anstoß daran?«

Meister Mo Ti sagte, darauf könne man antworten: »Weil sie Erlerntes für angenehm und Sitten für gerecht halten.« In alter Zeit lebten östlich von Yüeh die Leute des Staates von Chen-mu. Wenn ihr erster Sohn geboren war, dann zestükkelten und verspeisten sie ihn und sagten, dies sei vorteilhaft für den nächsten Sohn. Und wenn ihre Großväter gestorben waren, dann nahmen sie ihre Großmütter auf den Rükken und setzten sie aus mit den Worten: »Mit dem Weibe eines Geistes kann man nicht in einem Hause leben.« Die Oberen betrachteten dies als Regierungsgrundsatz, und die Unteren hielten dies für die Sitte, die sie ausübten und niemals aufgaben, die sie praktizierten, ohne daran Anstoß zu nehmen. Doch war dies etwa in Übereinstimmung mit dem Prinzip von Menschlichkeit und Gerechtigkeit? Dies nennt man »Erlerntes für angenehm und Sitten für gerecht halten«.

Südlich von Ch'u lag das Land der Leute von Yen. Wenn ihre Eltern starben, entfernten sie das Fleisch und warfen es weg und begruben dann die Knochen. Und sie waren der Ansicht, damit die Pflicht eines pietätvollen Sohnes zu erfüllen.[170]

Westlich von Ch'in lebten die Leute des Landes von I-ch'ü. Wenn ihre Eltern starben, sammelten sie Reisig zusammen und verbrannten sie. Wenn der Qualm emporstieg, sagten sie: »Er steigt in die Weite empor.« Und damit hielten sie die Pflichten eines pietätvollen Sohnes für erfüllt. Die Oberen hielten dies für einen Regierungsgrundsatz und die Unteren akzeptierten es als Sitte, die sie ausübten und niemals aufgaben, die sie praktizierten, ohne Anstoß daran zu nehmen. Doch ist dies wirklich in Übereinstimmung mit dem Prinzip von Menschlichkeit und Gerechtigkeit? Auch dies ist, was mit dem Satz »Erlerntes für angenehm und die Sitten für gerecht halten« gemeint ist.

Wenn wir diese drei Staaten betrachten, so waren sie zu gefühllos; betrachten wir hingegen die Handlungsweisen der Edlen Chinas, so sind sie zu aufwendig. Diese sind zu großartig, und die anderen waren zu gleichgültig. Doch für Begräbnisse gibt es ein bestimmtes Maß. Zwar sind durchaus Nahrung und Kleidung von Nutzen für die Lebenden, doch auch bei ihnen soll man maßhalten. Und wenn auch Begräbnisse und Trauer von Nutzen für die Verstorbenen sind, warum sollte man allein in diesem Falle keine Mäßigung üben?

Meister Mo Ti stellte folgende Vorschriften für Begräbnisse und Beerdigungen auf: Ein drei Zoll starker Sarg genügt, die verrottenden Knochen zu beherbergen. Drei Leichentücher genügen für das vermodernde Fleisch. Das Grab soll nicht so tief sein, daß sich Wasser auf dem Boden sammelt, noch soll es so flach sein, daß die Gase an die Oberfläche treten können. Und ein Hügel zur Bezeichnung des Platzes genügt. Damit soll es sein Bewenden haben. Auf ihrem Gang zum Begräbnis und bei der Rückkehr mögen die Leute heulen, doch zurückgekehrt sollen sie sich ihren Geschäften widmen, für Kleidung und Nahrung sorgen und die Opfer ausführen, um den Pietätspflichten gegenüber ihren Vorfahren zu genügen. So vernachlässigen die Regeln weder den Vorteil der Toten noch den der Lebenden.

Daher sagte Meister Mo Ti: Wenn heute die Beamten und Edlen des Reiches ernsthaft Menschlichkeit und Gerechtigkeit üben und zu überragenden Männern werden wollen, wenn sie in Übereinstimmung mit den Grundsätzen der heiligen Könige und zum Nutzen des Volkes im Lande wirken wollen, dann müssen sie die Beschränkungen in den Trauerangelegenheiten zum Regierungsprinzip machen. Sie sollten nicht versäumen, dies ernsthaft zu überdenken.

Der Wille des Himmels I

Meister Mo Ti sagte: Heutzutage verstehen sich die Beamten und Edlen im Reich auf das Kleine, doch auf das Große verstehen sie sich nicht. Woher wissen wir das? Wir erkennen es daran, wie sie sich zu Hause betragen. Wenn sich jemand in seiner Familie gegen das Familienoberhaupt vergeht, dann kann er noch weglaufen und zu einer Nachbarfamilie fliehen. Und doch werden ihn seine Eltern und Brüder, wenn sie davon erfahren, alle gemeinsam ermahnen und sagen: »Du mußt dich unter allen Umständen hüten und in acht nehmen. Denn wie kann man in einer Familie leben und sich gegen das Familienoberhaupt vergehen; wie soll das angehen?«

Dies gilt nicht nur für jemanden, der in der Familie lebt, sondern für einen, der in einem Staate lebt, gilt es ebenso. Der Angehörige eines Staates mag sich an dem Staatsoberhaupt vergehen, und dann mag er noch Zuflucht in einem Nachbarstaate finden. Doch wenn seine Eltern und Brüder davon erfahren, werden sie ihn alle ermahnen und sagen: »Du mußt dich unter allen Umständen hüten und in acht nehmen. Wie kannst du dich als Staatsbürger gegenüber dem Fürsten des Staates vergehen; wie geht das an?«

Wenn jemand, der noch eine Zuflucht findet, bereits von den Leuten so eindringlich gewarnt wird, um wieviel mehr muß man dann einen warnen, der keine Zuflucht mehr findet! Es gibt ein Sprichwort, das lautet: »Wenn du ein Verbrechen hier im hellsten Sonnenlicht begehst, wo sollst du dann noch Zuflucht nehmen?« Es gibt dann keine Zuflucht mehr! Vor dem Himmel gibt es keinen Wald, kein Tal, keine noch so dunklen, verborgenen menschenleeren Plätze, sondern sein Licht sieht alles. Doch wenn die Gelehrten und Edlen des Reiches sich gegenüber dem Himmel vergehen, dann wissen sie auf einmal nicht, sich gegenseitig zu warnen und zu mahnen. Daher weiß ich, daß die Gelehrten und Edlen im Reiche das Kleine kennen, daß Große aber nicht kennen.

Doch was wünscht der Himmel, und was haßt er? Der Himmel wünscht Gerechtigkeit und haßt Unrecht. Wenn ich also die Bevölkerung des Reiches zur Gerechtigkeit anleite, dann tue ich, was der Himmel wünscht. Und wenn ich tue, was der Himmel wünscht, dann wird der Himmel tun, was ich wünsche. Doch was wünsche und was hasse ich? Ich wünsche Glück und Wohlstand und hasse Unglück und Verderben. Wenn ich nun nicht tue, was der Himmel wünscht, sondern das, was der Himmel nicht wünscht, dann führe ich die Bevölkerung des Reiches in Unglück und Verderben.

Doch woher weiß ich, daß der Himmel Gerechtigkeit wünscht und Unrecht haßt? Wo es Gerechtigkeit in der Welt gibt, da ist Leben, und wo es Ungerechtigkeit gibt, da ist Tod. Wo es Gerechtigkeit gibt, da ist Reichtum, und wo es Ungerechtigkeit gibt, da ist Armut. Wo Gerechtigkeit ist, da ist Ordnung, und wo Ungerechtigkeit ist, da ist Unordnung. Der Himmel wünscht Leben und haßt Tod, er wünscht Wohlstand und haßt Armut, er wünscht Ordnung und haßt Unordnung. Daher weiß ich, daß der Himmel Gerechtigkeit liebt und Ungerechtigkeit haßt.

Darüber hinaus ist gerecht, was richtig ist.[171] Nicht die Untergebenen entscheiden, was richtig für die Oberen ist, sondern die Oberen entscheiden, was richtig für die Untergebenen ist. Die Einfachen gehen mit aller Kraft ihren Geschäften nach, aber sie können nicht selbstherrlich entscheiden, was richtig ist. Beamte tun dies für sie. Die Beamten widmen sich mit all ihrer Kraft ihren Aufgaben, doch dürfen sie nicht eigenmächtig entscheiden, was richtig ist. Es gibt hohe Beamte, die das für sie tun. Und auch diese bemühen sich mit all ihrer Kraft um ihre Aufgaben, doch sie dürfen nicht selbst entscheiden, was richtig ist; dies tun die drei Minister und die Lehnsfürsten für sie. Diese wiederum widmen sich mit all ihrer Kraft den Regierungsgeschäften, doch sie dürfen nicht selbst entscheiden, was richtig ist. Dies tut der Himmelssohn für sie. Doch auch der darf nicht entscheiden, was richtig ist, sondern der Himmel tut dies für ihn. Daß der Himmelssohn für die drei Minister, die Lehnsfürsten, die Beamten und das gemeine Volk entscheidet, was richtig ist, das verstehen die Beamten und Edlen des Reiches bestimmt, doch daß der Himmel entscheidet, was richtig für den Himmelssohn ist, das versteht die Bevölkerung des Reiches nicht. Daher wollten auch die heiligen Könige der drei Dynastien des Altertums, Yü, T'ang, Wen und Wu, dem Volke des Reiches deutlich machen, daß der Himmel entscheidet, was richtig für den Himmelssohn ist. Sie zogen daher alle Rinder und Schafe auf, mästeten Hunde und Schweine, füllten in tadelloser Reinheit Schalen mit Hirse, Wein und Most, um Shang-ti und den Geistern zu opfern, und erbaten Segen und Glück vom Himmel. Ich habe indes noch niemals gehört, daß der Himmel vom Himmelssohn Segen und Glück erheischt. Daher weiß ich, daß der Himmel entscheidet, was richtig für den Himmelssohn ist.

Der Himmelssohn ist der Vornehmste und Reichste in der Welt. Wünscht einer also Reichtum und Vornehmheit, dann muß er sich unbedingt der Ansicht des Himmels fügen; und wenn er sich den Ansichten des Himmels fügt, alle Menschen liebt und ihnen nützt, dann wird er auch Belohnung erhalten. Doch wenn er sich der Ansicht des Himmels widersetzt und in Parteilichkeit *(pieh)* andere haßt und sie schädigt, dann wird er sicherlich bestraft werden. Wer entsprach dem Willen des Himmels und erlangte Belohnung, und wer handelte dem Willen des Himmels zuwider und wurde bestraft?

Meister Mo Ti sagte: Die heiligen Könige der drei Dynastien des Altertums, Yü, T'ang, Wen und Wu, fügten sich dem Willen des Himmels und wurden belohnt, und die schlechten Könige dieser drei Dynastien, Chieh, Chou, Yu und Li, handelten dem Willen des Himmels zuwider und wurden bestraft.

Wie wurden Yü, T'ang, Wen und Wu belohnt? – Meister Mo Ti sagte: Oben dienten sie dem verehrungswürdigen Himmel, im mittleren Bereich dienten sie den Geistern und Dämonen und unten liebten sie die Menschen. Daher sagte der Wille des Himmels: »Diese lieben alle, die auch ich liebe, und sie nützen allen, denen auch ich nütze. Ihre Liebe zu den Menschen ist allumfassend, und ihr Nutzen für die Menschen ist groß.« Daher ehrte der Himmel sie als Himmelssöhne und eignete ihnen das Reich zu; sie hatten zehntausend Generationen von Nachkommen, und ihre Güte wurde im ganzen Reiche gepriesen. Bis zum heutigen Tage nennt man sie rühmend die »heiligen Könige«.

Und wie kamen Chieh, Chou, Yu und Li zu ihrer Strafe? – Meister Mo Ti sagte: Im oberen Bereich verhöhnten sie den Himmel, im mittleren Bereich schmähten sie die Geister und im unteren Bereich schädigten sie die Menschen. Daher sagte der Wille des Himmels: »Die ich liebe, diskriminieren und hassen jene; denen ich nützen möchte, die schädigen sie. Sie hassen die Menschen überall und schädigen sie in großem Maße.« Daher ließ sie der Himmel früh sterben, und sie hatten keine Nachkommen, und bis zum heutigen Tage verurteilt man sie und nennt sie die »schlechten Könige«.[172]

Doch woher wissen wir, daß der Himmel die Menschen in der Welt liebt? Daher, daß er sie alle erleuchtet. Und woher wissen wir, daß er sie alle erleuchtet? Daher, daß er sie alle besitzt. Woher wissen wir aber, daß er sie alle besitzt? Daher, daß er von ihnen allen Opfer entgegennimmt. Woher wissen wir, daß er von ihnen allen Opfer entgegennimmt? Innerhalb der vier Meere gibt es unter den Menschen, die sich von Getreide ernähren[173], keinen, der nicht Rinder und Schafe züchtet, Hunde und Schweine mästet und reines Getreide und klaren Wein und Most in Opfergefäße füllt, um sie Shang-ti und den Geistern als Opfer darzubringen. Der Himmel besitzt alle Städte und Menschen, warum sollte er sie da nicht lieben?

Ferner sage ich: Wer einen unschuldigen Menschen tötet, dem wird sicher ein Unheil widerfahren. Wer ist es aber, der einen unschuldigen Menschen tötet? – Ein Mensch. Und wer ist es, der Unheil herabsendet? – Der Himmel. Wenn der Himmel nicht die Bevölkerung des Reiches lieben würde, welchen Grund gäbe es dann für den Himmel, wenn Menschen einander töten, Unheil herabzusenden? Daher weiß ich, daß der Himmel die Bevölkerung des Reiches liebt. Einer, der sich dem Willen des Himmels unterordnet, der wird die Gerechtigkeit als richtig anerkennen. Derjenige jedoch, der dem Willen des Himmels zuwiderhandelt, wird die Gewalt für richtig halten. Doch was bedeutet es, Gerechtigkeit für richtig zu halten?

Meister Mo Ti sagte: Wenn einer in einem großen Staate lebt und kleinere Staaten nicht angreift, wenn einer in einer großen Familie lebt und nicht auf kleinere Familien übergreift, wenn er stark ist und Schwache nicht unterdrückt, wenn er als Vornehmer gegenüber den Geringen nicht hochmütig ist und als Kluger die Einfältigen nicht betrügt, dann wird er oben dem Himmel, in dem mittleren Bereich den Geistern und unten den Menschen nützen. Da er in allen diesen drei Weisen nützt, wird ihm der klingendste Titel im Reiche gegeben, und er wird als »vorbildlicher König« bezeichnet. – Doch einer, der Gewalt für richtig hält, ist von diesem verschieden. In seinen Worten widerspricht er diesem, und in seiner Handlungsweise verhält er sich zu diesem entgegengesetzt, so als ob sie in entgegengesetzte Richtungen eilten. Wenn er in einem großen Staate lebt, wird er kleinere Staaten angreifen, wenn er in einer großen Familie lebt, wird er auf kleine Familien übergreifen, wenn er stark ist, wird er die Schwachen unterdrücken, als Vornehmer wird er die Einfachen verhöhnen und als Kluger wird er die Dummen übervorteilen. Er wird oben nicht dem Himmel, im mittleren Bereich nicht den Geistern und unten nicht den Menschen nützen. Weil er nichts zu diesen drei Arten des Nützens beiträgt, wird er den schlechtesten Namen im Reiche erhalten, und man wird ihn einen »schlechten König« nennen.

Der Wille des Himmels ist für mich, was der Zirkel für den Radmacher und das Winkelmaß für den Tischler ist. Überall im Reiche benutzen der Radmacher und der Tischler ihren Zirkel und ihr Winkelmaß, um zu messen, was rechteckig und was rund ist. Und sie sagen: »Was stimmt, ist richtig, was nicht stimmt, ist falsch.« – Heutzutage sind die Schriften der Gelehrten und Edlen des Reiches so zahlreich, daß man sie nicht aufführen kann, und ihre Aussprüche so zahlreich, daß man sie nicht erschöpfend behandeln kann. Bei den oberen Kreisen wenden sie sich an die Fürsten, bei den niedrigeren wenden sie sich an die Beamten, doch von Menschlichkeit und Gerechtigkeit sind sie weit entfernt. Woher weiß ich das? Ich messe sie an dem klarsten Maßstab der Welt.

Der Wille des Himmels II

Meister Mo Ti sagte: Wenn sich heute die Edlen des Reiches menschlich und rechtschaffen verhalten wollen, dann müssen sie unbedingt prüfen, woher die Gerechtigkeit kommt. Wenn sie den Ursprung der Gerechtigkeit untersuchen müssen, was ist dann der Ursprung der Gerechtigkeit?

Meister Mo Ti sagte: Die Gerechtigkeit hat ihren Ursprung nicht bei dem Törichten und Niedrigen, sondern bei dem Vornehmen und Weisen. Woher weiß ich, daß die Gerechtigkeit nicht ihren Ausgang von dem Törichten und Niedrigen, sondern von dem Vornehmen und Weisen nimmt? – Gerechtigkeit bedeutet, richtig zu handeln. Und woher weiß ich, daß Gerechtigkeit richtig zu handeln bedeutet? – Wenn Gerechtigkeit im Reiche herrscht, dann ist es wohl geordnet, wenn aber Unrecht herrscht, dann ist es in Unordnung. Daher weiß ich, daß Gerechtigkeit richtig zu handeln bedeutet. – Der Törichte und Niedrige kann nicht entscheiden, was richtig für den Vornehmen und Weisen ist. Doch der Vornehme und Weise kann für den Törichten und Niedrigen entscheiden, was richtig ist. Daher weiß ich, daß Gerechtigkeit ihren Ausgang nicht von dem Törichten und Niedrigen, sondern von dem Vornehmen und Weisen nimmt.

Doch wer ist vornehm und wer ist weise? – Nur der Himmel ist vornehm, und nur der Himmel ist weise! Daher nimmt Gerechtigkeit ihren eigentlichen Ausgang vom Himmel.

Nun sagen die Leute in der Welt: »Es ist vollkommen klar, daß der Himmelssohn edler ist als die Fürsten, und daß diese wiederum edler sind als die hohen Würdenträger. Doch ist uns nicht einsichtig, daß der Himmel vornehmer und weiser als der Himmelssohn sein soll.«

Meister Mo Ti sagte: Ich habe Gründe für meine Einsicht, daß der Himmel vornehmer und weiser als der Himmelssohn ist. Wenn der Himmelssohn etwas Gutes tut, dann kann ihn der Himmel belohnen, und wenn er etwas Schlechtes tut, kann ihn der Himmel bestrafen.

Hat der Himmelssohn unter Krankheit und Unheil zu leiden, dann muß er fasten und sich reinigen und reinen Wein und Most und Schalen mit Hirse dem Himmel und den Geistern als Opfer darbringen, damit der Himmel ihn davon befreien kann. Doch ich habe noch nie gehört, daß der Himmel Segen und Glück vom Himmelssohn erbeten hätte. Daher ist mir klar, daß der Himmel vornehmer und weiser als der Himmelssohn ist. Doch nicht nur das. Auch aus einem Buch der früheren Könige, das den klaren und unerforschlichen Weg des Himmels dargelegt, weiß ich es. Dort heißt es:

»Erleuchtet und weise ist allein der Himmel,
Von oben herab regiert er unten die Welt!«[174]

Dies besagt doch, daß der Himmel vornehmer und weiser als der Himmelssohn ist. Allerdings weiß ich nicht, ob es nicht noch etwas Vornehmeres und Weiseres als den Himmel gibt. Doch ich habe gesagt: Nur der Himmel ist vornehm, und nur der Himmel ist weise! Daher hat Gerechtigkeit ihren eigentlichen Ursprung im Himmel.

Meister Mo Ti sagte: Wenn die Edlen des Reiches heute wirklich den Weg *(tao)* verehren, dem Volke nützen und die Wurzel von Menschlichkeit und Gerechtigkeit erforschen wollen, dann kommen sie nicht umhin, dem Willen des Himmels zu folgen.

Wenn man sich nun dem Willen des Himmels unbedingt unterwerfen soll, dann ist die Frage, was der Himmel wünscht und was er haßt.

Meister Mo Ti sagte: Der Himmel wünscht nicht, daß große Staaten kleine angreifen, daß große Familien bei kleinen Verwirrung stiften, daß die Starken den Minderheiten übel mitspielen, daß die Schlauen die Dummen überlisten und die Vornehmen die Geringen verachten. Das ist es, was der Himmel nicht wünscht. Doch damit nicht genug! Er will, daß die Kräftigen ihre Mitmenschen unterstützen, die Gebildeten ihre Mitmenschen belehren und die Begüterten mit ihren Mitmenschen teilen. Auch will er, daß die Oberen sich ganz für die Regierung und die Unteren sich mit ihrer ganzen Kraft bei ihren Aufgaben einsetzen. Wenn sich die Oberen ganz für die Regierung einsetzen, dann ist der Staat wohlgeordnet, und wenn die Unteren mit ihrer ganzen Kraft ihren Pflichten nachkommen, dann werden Güter und Mittel ausreichen. Wenn der Staat wohlgeordnet ist und die Güter ausreichen, dann kann man innen dem Himmel und den Geistern reine Wein- und Hirseopfer darbringen und sich nach außen hin durch Ringe und Nephrite, Perlen und Jade die Nachbarstaaten verpflichten. Und wenn der Staat nicht das Aufkommen von Verstimmung bei den Fürsten oder kriegerische Auseinandersetzungen an den Grenzen befürchten muß, dann kann man im Inneren die Hungrigen ernähren, den Erschöpften Ruhe gewähren und die ganze Bevölkerung versorgen und ernähren. Dann werden die Fürsten und die Oberen großmütig und die Minister und Untertanen loyal sein, und zwischen Vätern und Söhnen, älteren und jüngeren Brüdern wird Hochherzigkeit und Pietät herrschen. Wenn man also nur versteht, den Wünschen des Himmels zu entsprechen, und dies über das ganze Reich ausbreitet, dann wird die Regierung wohlgeordnet und die ganze Bevölkerung einträchtig sein; dann wird der Staat reich sein, und die Güter werden ausreichen. Jedermann wird warme Kleidung und genügend zu essen haben und sorglos, angenehm und beschaulich leben. Daher sagte Meister Mo Ti: Wenn die Edlen des Reiches heute wirklich den Weg verehren, dem Volke nützen und die Grundlage von Menschlichkeit und Gerechtigkeit erforschen wollen, dann kommen sie nicht umhin, den Willen des Himmels zu befolgen.

Wie sich der Himmel gegenüber dem, was unter dem Himmel ist, verhält, genauso regiert ein Landesherr oder ein Fürst über das, was innerhalb der Grenzen seines Gebietes ist. Wenn heute ein Landesherr oder ein Fürst über sein Gebiet regiert, wünscht er da etwa, daß sich seine Untertanen nicht gegenseitig nützen? Wenn heute einer, der in einem großen Staate wohnt und einen kleinen angreift, oder einer, der in einer großen Familie lebt und eine kleine in Unordnung stürzt, dadurch Belohnung und Lob zu erlangen hofft, so wird er damit keinen Erfolg haben, sondern er wird im Gegenteil bestraft werden. Wie sich der Himmel gegenüber dem, was unter dem Himmel ist, verhält, das ist davon nicht verschieden. Wenn jetzt ein großer Staat einen kleineren angreift oder eine große Stadt über eine kleinere herfällt, und wenn sie dadurch Glück und Belohnung vom Himmel erstreben, dann werden ihnen diese nicht zuteil, sondern Unheil und Verderben wird sie ereilen.

Wenn man also nicht tut, was der Himmel wünscht, sondern tut, was der Himmel nicht wünscht, dann wird auch der Himmel nicht das tun, was man wünscht, sondern das, was man nicht wünscht. Und was wünscht der Mensch nicht? Krankheit, Unheil und Verderben! Wenn man also nicht tut, was der Himmel wünscht, sondern das, was er nicht wünscht, dann verleitet man die Menschen des Reiches dazu, sich ins Unglück zu stürzen.

Im Altertum wußten die heiligen Könige sehr wohl, was Himmel und Geister segneten, und sie vermieden, was Himmel und Geister haßten. So suchten sie den Nutzen für das Reich zu mehren und Schaden von ihm abzuwenden. Daher sandte auch der Himmel Kälte und Hitze entsprechend den vier Jahreszeiten, hielt Yin und Yang im Gleichgewicht, und Regen und Tau fielen zur rechten Zeit. So konnten die fünf Feldfrüchte reifen, die sechs Haustiere[175] gedeihen, und Krankheiten, Katastrophen, Unglücksfälle, Seuchen, Mißernten und Hungersnot traten nicht ein. Daher sagte Meister Mo Ti: Wenn die Edlen des Reiches heute wirklich den Weg verehren, dem Volke nützen und die Wurzel von Menschlichkeit und Gerechtigkeit ausfindig machen wollen, dann kommen sie nicht umhin, sich dem Willen des Himmels unterzuordnen.

Auch gibt es in der Welt Unmenschliche und Unglückselige. Wenn etwa ein Sohn nicht seinem Vater, ein jüngerer nicht seinem älteren Bruder oder ein Untertan nicht seinem Fürsten dient, dann bezeichnen ihn die Edlen des Reiches als unglückselig. Nun liebt der Himmel die ganze Welt und sucht allen Wesen zu nützen. Man könnte dem widersprechen, wenn sich auch nur etwas von der Geringfügigkeit einer Haarspitze fände, das den Menschen nützlich und nicht das Werk des Himmels wäre. Allein, sie danken es dem Himmel nicht, und sie erkennen nicht, daß sie selbst unmenschlich und unglückselig sind. Dies hat mich sagen lassen, daß die Fürsten wohl kleine, nicht aber große Dinge verstehen.

Auch habe ich für mein Wissen von der großzügigen Liebe des Himmels zu den Menschen noch weitere Gründe: Er ordnet Sonne, Mond und die Gestirne, um ihnen zu leuchten und sie zu führen, er regelt die vier Jahreszeiten, Frühling, Herbst, Winter und Sommer, um ihnen eine Richtschnur zu geben; mit dem Donner sendet er Schnee, Reif, Regen und Tau herab, um die fünf Feldfrüchte und Hanf und Seide wachsen und gedeihen zu lassen, damit die Menschen den Nutzen davon haben. Berge und Flüsse, Schluchten und Täler ordnet er, und er macht alle Angelegenheiten bekannt, um auf die Guten und die Schlechten im Volke hinzuweisen. Er setzt Könige und Fürsten ein und läßt sie die Tugendhaften belohnen und die Schlechten bestrafen. Und er läßt die Menschen Metalle und Holz, Vögel und Tiere benutzen und sie beim Anbau der fünf Feldfrüchte und von Hanf und Seide ihre Pflicht erfüllen, um das Volk mit Kleidung und Nahrung zu versorgen. Von alters her bis heute ist das immer so gewesen.

Angenommen, es gibt da einen Mann, der seinen Sohn innig liebt und alles tut, was in seiner Kraft steht, um ihm zu nützen. Der Sohn wächst heran und er tut nichts, um seinem Vater zu danken. Dann würden die Edlen im Reiche ihn unmenschlich und unglückselig nennen. Nun liebt der Himmel die ganze Welt und sucht allen Wesen zu nützen. Man könnte dem widersprechen, wenn sich auch nur etwas von der Geringfügigkeit einer Haarspitze fände, das den Menschen nützlich und nicht das Werk des Himmels wäre. Doch allein im Falle des Himmels tun sie nichts, ihre Dankbarkeit zu bekunden, und sie vermögen nicht einmal zu erkennen, daß sie unmenschlich und unglückselig sind. Daher sage ich, daß die Edlen wohl kleine, nicht aber große Dinge verstehen.

Doch die Gründe für mein Wissen von der großzügigen Liebe des Himmels zu den Menschen erschöpfen sich nicht darin. Wenn jemand einen unschuldigen Menschen tötet, dann wird der Himmel Unheil auf ihn herabsenden. Wer ist es, der einen Unschuldigen tötet? – Ein Mensch. Und wer sendet Unheil herab? – Der Himmel. Wenn der Himmel nun die Menschen nicht sehr lieben würde, welchen Grund hätte er dann, Unheil auf den Mörder eines unschuldigen Menschen herabzusenden? Daraus erkenne ich die große Liebe des Himmels zu den Menschen. Doch die Gründe für mein Wissen von der großen Liebe des Himmels zu den Menschen erschöpfen sich nicht darin. Es gibt solche, die ihre Mitmenschen lieben und ihnen nützen, die den Willen des Himmels befolgen und des Himmels Lohn empfangen. Und es gibt auch solche, die ihre Mitmenschen hassen und ihnen schaden, die dem Willen zuwiderhandeln und die Strafe des Himmels auf sich ziehen. Wer ist es, der seine Mitmenschen liebt, ihnen nützt, den Willen des Himmels befolgt und des Himmels Lohn empfängt? Es heißt, die vorbildlichen Könige der drei Dynastien des Altertums waren solche. Was taten denn Yao, Shun, Yü, T'ang, Wen und Wu? Sie arbeiteten für Einigkeit *(chieh)* und nicht für Parteilichkeit *(pieh)*. Einigkeit bedeutet: einer, der in einem großen Staate lebt, greift einen kleinen nicht an, als Mitglied einer großen Familie bringt er in eine kleine Familie keine Verwirrung, der Starke unterdrückt nicht die Schwachen, die Mehrheit spielt der Minderheit nicht übel mit, der Kluge überlistet nicht den Dummen und der Vornehme verhöhnt nicht den Geringen. Betrachtet man ihre Taten, so nützten sie im oberen Bereich dem Himmel, im mittleren Bereich den Geistern und im unteren Bereich den Menschen. Und da sie in allen drei Bereichen nützten, nannte man dies »himmlische Tugend«. Man nahm die Ehrentitel der ganzen Welt und verlieh sie ihnen, und man sagte: »Dies ist Menschlichkeit, dies ist Gerechtigkeit, dies ist: dem Willen des Himmels folgen und des Himmels Lohn empfangen.«

Doch damit nicht genug. Man schrieb es auf Bambus und Seide nieder, gravierte es in Metall und Stein und in Teller und Schüsseln, um es den Söhnen und Enkeln späterer Generationen zu überliefern. Warum tat man das? Es geschah, damit bekannt würde, wie sie ihre Mitmenschen liebten, ihnen nützten, den Willen des Himmels befolgten und dessen Lohn erlangten. In der Ode *Huang I* heißt es:

> »Gott sprach zu König Wen:
> ›Ich liebe der Tugend Glanz.
> Ohne Gepränge dein großer Ruhm,
> Beständig sei deine Macht.
> Ohne Scharfsinn und Hinterlist
> Folgst du Gottes Befehl.‹«[176]

Gott lobte, daß König Wen seinen Gesetzen folgte. Daher belohnte er ihn mit dem Land der Yin, erhob ihn in den Rang des Himmelssohnes und gab ihm das Reich zu eigen. Und bis auf den heutigen Tag ist das Lob seines Namens nicht verstummt. Daher wissen wir, welche es waren, die ihre Mitmenschen liebten, ihnen nützten, den Willen des Himmels befolgten und dessen Lohn empfingen.

Und wer waren die, die ihre Mitmenschen haßten, ihnen schadeten, dem Willen des Himmels zuwiderhandelten und seine Strafe auf sich zogen? Es waren Chieh, Chou, Yu und Li, die schlechten Könige der drei Dynastien des Altertums. Was taten Chieh, Chou, Yu und Li? Sie folgten der Parteilichkeit und nicht der Einigkeit. Infolge dieser Parteilichkeit griffen solche, die in großen Staaten wohnten, kleinere Staaten an, stifteten Mitglieder großer Familien in kleinen Familien Verwirrung, unterdrückten die Starken die Schwachen, spielte die Menge den zahlenmäßig Schwächeren übel mit, überlisteten die Klugen die Dummen und verhöhnten die Vornehmen die Geringen. Betrachtet man dieses Verhalten, so nützte es oben nicht dem Himmel, im mittleren Bereich nicht den Geistern und unten nicht den Menschen. Und da sie in keinem dieser drei Bereiche nützten, nannte man dies »Schädigung des Himmels«. Alle Schmähungen der Welt schüttete man über sie aus und sagte: »Diese sind unmenschlich, diese sind ungerecht. Sie hassen ihre Mitmenschen, schaden ihnen, handeln dem Willen des Himmels zuwider und ziehen seine Strafe auf sich.« Und damit nicht genug.

Man schrieb auch ihre Taten nieder auf Bambus und Seide, ritzte sie in Metall und Stein, gravierte sie auf Teller und Schüsseln und überlieferte sie den Söhnen und Enkeln späterer Generationen. Warum tat man das? Man tat es, um damit bekannt zu machen, wie sie die Menschen haßten, ihnen schadeten, dem Willen des Himmels zuwiderhandelten und seine Strafe auf sich zogen.

In der *Großen Erklärung* im *Buch der Urkunden* heißt es: »Chou hockt untätig herum und weigert sich, Shang-ti zu dienen. Er vernachlässigt die Opfer für seine Ahnen und für die Geister des Himmels und der Erde. Und er betont: ›Ich habe das Mandat des Himmels.‹ Doch sein Tun weiß er nicht zu bessern. Daher verwirft der Himmel den Chou und schützt ihn nicht.«[177] Betrachten wir den Fall näher, dann sehen wir, der Grund dafür, daß der Himmel Chou verwarf und ihm seinen Schutz entzog, war dessen Zuwiderhandeln gegen den Willen des Himmels. Daraus ersehen wir, welche es waren, die ihre Mitmenschen haßten, sie schädigten, dem Willen des Himmels zuwiderhandelten und dafür bestraft wurden.

Daher sagte Meister Mo Ti: Für mich ist der Wille des Himmels, was der Zirkel für den Radmacher und das Winkelmaß für den Zimmermann ist. Der Radmacher gebraucht seinen Zirkel, um auszumessen, was rund und was nicht rund ist, und er sagt: »Was meinem Zirkel entspricht, ist rund, und was ihm nicht entspricht, ist nicht rund.« Auf diese Weise kann er feststellen, was rund und was nicht rund ist, weil er den Standard des Rundseins hat. Der Zimmermann benutzt auf ähnliche Weise sein Winkelmaß, um zu messen, was in der Welt rechtwinklig und was nicht rechtwinklig ist, und er sagt: »Was meinem Winkelmaß entspricht, das ist rechtwinklig, was meinem Winkelmaß nicht entspricht, das ist nicht rechtwinklig.« Auf diese Weise kann er feststellen, was rechtwinklig ist und was nicht, weil er den Standard der Rechtwinkligkeit hat.

Auf die gleiche Weise mißt Mo Ti mit dem Willen des Himmels oben die Rechtspflege und die Regierungstätigkeit der Könige, Fürsten und Großen in der Welt und unten das Wissen und die Äußerungen der Menschen im Reiche. Er beobachtet ihre Handlungsweise, und wenn sie dem Willen des Himmels entspricht, so nennt er das »gute Handlungsweise«, und wenn sie dem Willen des Himmels zuwiderläuft, dann nennt er das »schlechte Handlungsweise«. Er betrachtet auch ihre Äußerungen. Solche, die den Ansichten des Himmels entsprechen, nennt er »gute Äußerungen«, und solche, die den Ansichten des Himmels zuwiderlaufen, nennt er »schlechte Äußerungen«. Er betrachtet die Regierung und Verwaltung, und wenn sie nach dem Willen des Himmels geführt wird, dann nennt er sie gut, und wenn sie dem Willen des Himmels zuwiderläuft, nennt er sie schlecht. Dies macht er also zum Maßstab und stellt es als Richtschnur auf, um damit Menschlichkeit und Unmenschlichkeit bei den Königen, Fürsten und Großen des Reiches zu ermitteln, so als unterschiede er zwischen schwarz und weiß.

Daher sagte Meister Mo Ti: Wenn die Könige, die Fürsten und Großen, die Gelehrten und Edlen des Reiches tatsächlich diesen Weg hochschätzen, den Menschen nützen und die Wurzel von Menschlichkeit und Rechtschaffenheit herausfinden wollen, dann müssen sie unbedingt den Willen des Himmels beachten. Denn die Befolgung dieses Willens ist der Maßstab der Gerechtigkeit.

Der Wille des Himmels III

Meister Mo Ti sagte: Was ist der Grund für die Unordnung im Reiche? Daß die Gelehrten und Edlen im Reiche alle zwar die kleinen Angelegenheiten verstehen, nicht aber die großen, ist der Grund. Warum ist das so? Weil sie nicht den Willen des Himmels verstehen. Und woher weiß ich, daß sie diesen nicht verstehen? Indem ich ihr Verhalten in den Familien betrachte, erkenne ich es. Wenn jemand in einer Familie einen Fehler begeht, dann gibt es immer noch eine andere Familie, in der er Zuflucht findet. Doch der Vater ermahnt seinen Sohn und der ältere seinen jüngeren Bruder: »Hüte dich und sei vorsichtig. Wenn du dich nicht hütest und in acht nimmst in der Familie, wie kannst du dann in einem Staate leben?« Wenn heute jemand in einem Staate lebt und ein Verbrechen begeht, dann gibt es immer noch einen anderen Staat, in dem er Zuflucht findet. Doch der Vater wird seinen Sohn und der ältere seinen jüngeren Bruder ermahnen und sagen: »Sei achtsam und auf der Hut. Man kann nicht in einem Staate leben, ohne achtsam und auf der Hut zu sein.« Wenn heute die Leute, die im Reiche leben und dem Himmel dienen, gegenüber diesem ein Verbrechen begehen, dann haben sie nichts mehr, wo sie ihre Zuflucht finden können. Doch die Leute denken nicht daran, sich gegenseitig zu warnen. Daher weiß ich, daß sie große Dinge nicht verstehen.[178]

Daher sagte Meister Mo Ti: Sei achtsam und vorsichtig und tue, was der Himmel wünscht, und unterlasse, was er haßt. Doch was wünscht der Himmel und was haßt er? Der Himmel wünscht Gerechtigkeit, und er haßt Ungerechtigkeit. Woher weiß ich, daß das so ist. Gerechtigkeit ist richtig.[179] Woher wissen wir, daß Gerechtigkeit richtig ist? Wenn im Reiche Gerechtigkeit herrscht, dann herrscht Ordnung, wenn Ungerechtigkeit herrscht, dann herrscht Verwirrung. Daher weiß ich, daß Gerechtigkeit gleichbedeutend mit richtigem Verhalten ist.

Doch das Richtige wird niemals von den Unteren für die Oberen, sondern immer von den Oberen für die Unteren bestimmt. Daher dürfen sich die einfachen Leute nicht anmaßen, die Standards zu setzen, denn es gibt Beamte, die dies für sie tun. Doch auch die Beamten dürfen sich nicht eigenmächtig die Standards setzen, sondern da gibt es hohe Beamte, die sie regieren. Auch die hohen Beamten dürfen sich nicht anmaßen, eigenmächtig die Standards zu setzen, sondern da gibt es die Fürsten, die das für sie tun. Und auch die Fürsten dürfen sich nicht anmaßen, eigenmächtig die Standards zu setzen, sondern es gibt die drei Minister, die dies für sie tun. Doch diese dürfen sich nicht anmaßen, die Standards zu setzen, sondern der Himmelssohn tut dies für sie. Und auch der Himmelssohn darf sich nicht anmaßen, eigenmächtig die Standards zu setzen, sondern es gibt den Himmel, der dies für ihn tut.

Heutzutage wissen die Gelehrten und Edlen im Reiche alle, daß der Himmelssohn über das Reich regiert[180], doch sie erkennen nicht, daß der Himmel über den Himmelssohn regiert. Doch schon im Altertum haben die vorbildlichen Männer dieses erkannt und den Menschen dargelegt, indem sie sagten: »Wenn der Himmelssohn etwas Gutes tut, dann kann der Himmel ihn belohnen, und wenn er fehlt, kann der Himmel ihn bestrafen. Wenn der Himmelssohn nicht in angemessener Weise Belohnungen und Strafen verteilt, wenn er unangemessene Urteile fällt, dann wird der Himmel ihn mit Krankheiten und Unheil strafen, und Reif und Tau werden nicht zur rechten Zeit fallen.« Der Himmelssohn wird dann Ochsen und Schafe aufziehen und Hunde und Schweine mästen und reine Schalen mit Hirse und Wein und Most darbringen, zum Himmel beten und von ihm Glück erflehen.

Doch ich habe noch niemals gehört, daß der Himmel zum Himmelssohn betet und ihn um Glück anfleht. Daher weiß ich, daß der Himmel sehr viel erhabener als der Himmelssohn ist. So geht auch die Gerechtigkeit nicht von den Dummen und Einfachen aus, sondern von den Edlen und Weisen. Und wer ist weise? Der Himmel ist weise. Daher kommt die Gerechtigkeit eigentlich vom Himmel. Und wenn heute die Gelehrten und Edlen sich gerecht verhalten wollen, dann kommen sie nicht umhin, den Willen des Himmels zu beachten. Wie können sie dem Willen des Himmels entsprechen? Indem sie die Menschen in der Welt ohne Unterschied lieben. Woher wissen wir, daß sich die Liebe des Himmels auf alle Menschen in der Welt erstreckt? Daher, daß er von ihnen allen Speiseopfer erhält. Woher wissen wir, daß er von ihnen allen Speiseopfer erhält? Vom Altertum bis heute hat es kein noch so fernes, ödes und von aller Kultur abgeschnittenes Land gegeben, in dem nicht Ochsen und Schafe gezüchtet und Hunde und Schweine gemästet worden wären, und wo nicht reine Hirse, Wein und Most zu respektvollem Opfer Shang-ti, den Bergen, Flüssen und Geistern dargebracht worden wären. Daher wissen wir, daß sie alle ihm Speiseopfer bringen. Und wenn sie ihm alle Speiseopfer darbringen, muß er sie auch alle lieben. Man könnte ihn mit den Fürsten von Ch'u und Yüeh vergleichen. Heute empfängt der König von Ch'u von allen in seinem Lande Speiseabgaben, und daher liebt er die Leute von Ch'u. Der König von Yüeh erhält Speiseabgaben in Yüeh, daher liebt er die Leute von Yüeh. Heute erhält der Himmel Speiseofer aus dem ganzen Reiche. Daher weiß ich, daß er jeden im Reiche liebt.

Die Liebe des Himmels zu allen Menschen im Reiche erstreckt sich nicht bloß auf die materiellen Güter. Wenn heute in einem Staate in der Welt unter den Menschen, die sich von Getreide ernähren[181], jemand einen unschuldigen Menschen tötet, dann bringt das Unheil mit sich. Und wer tötet einen Unschuldigen? – Ein Mensch. Und wer sendet das Unheil? – Der Himmel. Wenn der Himmel nicht wirklich diese Menschen liebte, welchen Grund gäbe es dann dafür, daß der Himmel, wenn jemand einen Unschuldigen getötet hat, Unheil sendet?

Auch läßt sich erkennen, daß der Himmel das Volk großzügig und umfassend liebt. Woher wissen wir, daß der Himmel die Menschen liebt? Daher, daß der Tugendhafte die Guten belohnt und die Schlechten bestraft? Und woher weiß man, daß der Tugendhafte stets die Guten belohnt und die Schlechten bestraft? Das weiß man von den heiligen Königen der drei Dynastien des Altertums. So liebten die heiligen Könige der drei Dynastien des Altertums, Yao, Shun, Yü, T'ang, Wen und Wu, das ganze Reich ohne Unterschied und nutzten ihm, und sie veränderten die Ansichten des Volkes und leiteten es an, Shang-ti, die Berge, Flüsse und Geister zu verehren. Und der Himmel fand, daß sie liebten, was er liebte, und daß sie nutzten, dem er nutzen wollte, und er belohnte sie dafür, erhob sie auf den Thron und machte sie zu Himmelssöhnen, damit sie als Vorbild dienten, und er nannte sie »vorbildliche Menschen«. Dies ist ein Beweis dafür, daß die Guten belohnt werden.

Die schlechten Könige der drei Dynastien des Altertums, Chieh, Chou, Yu und Li, haßten die ganze Welt und schadeten ihr, und sie veränderten das ganze Volk und leiteten es dazu an, Shang-ti, die Berge, Flüsse und Geister zu verhöhnen. Der Himmel fand, daß sie das, was er liebte, haßten, und daß sie dem, dem er nützen wollte, schadeten, und so bestrafte er sie und ließ Väter und Söhne auseinandergehen, er ließ ihre Staaten untergehen, ließ sie die Landestempel verlieren und selbst Schaden nehmen. Daraufhin wurden jene von den Massen des Volkes verdammt, und dies hielt über unzählige Generationen an. Und die Nachkommen setzten diese Schmähung fort und nannten sie »schlechte Könige«. Darin haben wir einen Beweis für die Bestrafung von Schlechtigkeit.

Wenn heutzutage die Gelehrten und Edlen des Reiches sich gerecht nennen wollen, dann kommen sie nicht umhin, dem Willen des Himmels zu entsprechen. Dem Willen des Himmels zu folgen ist Universalität, und dem Willen des Himmels zuwiderzuhandeln, ist Parteilichkeit.[182] Wenn die

Universalität zum Prinzip gemacht wird, dann regiert die Gerechtigkeit, und wenn die Parteilichkeit zum Standard gemacht wird, dann regiert die Gewalt. Was bedeutet es, wenn Gerechtigkeit die Grundlage der Regierung ist? Dann greifen die Großen nicht die Kleinen an, die Starken beschimpfen nicht die Schwachen, die Mehrheit schädigt nicht die zahlenmäßig Schwachen, die Klugen übervorteilen nicht die Dummen, die Edlen verachten nicht die Geringen, die Reichen erheben sich nicht über die Armen und die Kräftigen berauben nicht die Alten. Dann werden auch sämtliche Staaten im Reiche sich nicht mit Wasser, Feuer, Gift und Waffen gegenseitig ins Unheil stürzen. Auf diese Weise nützt man oben dem Himmel, in der mittleren Sphäre den Geistern und unten den Menschen. Bei diesen drei Weisen des Nützens gibt es nichts, dem nicht genützt würde. Dies nennt man himmlische Tugend. Alle, die sich so verhalten, sind vorbildlich und weise, menschlich und rechtschaffen, loyal, großmütig und pietätvoll. Daher nimmt man die besten Titel der Welt und verleiht sie ihnen. Was ist der Grund dafür? Sie befolgen den Willen des Himmels.

Und was bedeutet eine Gewaltregierung? Die Großen greifen die Kleinen an, die Starken schmähen die Schwachen, die Menge schädigt die zahlenmäßig Schwachen, die Klugen übervorteilen die Dummen, die Edlen verhöhnen die Geringen, die Reichen erheben sich über die Armen und die Kräftigen bestehlen die Alten. Infolgedessen schädigen sich sämtliche Staaten im Reiche mit Wasser, Feuer, Gift oder Waffen und fügen sich gegenseitig Unheil zu. Dann nützt man oben nicht dem Himmel, in der Mitte nicht den Geistern und unten nicht den Menschen. Und es gibt nichts, das bei dieser dreifachen Verfehlung von Nutzen noch einen Vorteil hätte. Dies nennt man Schädigung, und solche Menschen bezeichnet man als Räuber. Daher sind alle, die so handeln, Rebellen und Aufständische, Diebe und Räuber, unmenschlich und ungerecht, illoyal und ohne Wohlwollen, ohne Barmherzigkeit und ohne Pietät. Daher werden alle schlechten Namen des Reiches genommen und ihnen gegeben. Warum ist das so? – Weil sie dem Willen des Himmels zuwiderhandeln.

Daher hat Meister Mo Ti den Himmel zu seinem Richtmaß gemacht, so wie der Radmacher seinen Zirkel und der Tischler sein Winkelmaß hat. Der Radmacher benutzt den Zirkel und der Tischler das Winkelmaß, um das Rechtwinklige vom Runden zu unterscheiden. Daher hat Meister Mo Ti den Himmel zu seinem Richtmaß gemacht. Daraus erkenne ich, daß sich die Gelehrten und Edlen des Reiches von der Gerechtigkeit weit entfernt haben.

Woher weiß ich, daß sie sich von der Gerechtigkeit so weit entfernt haben? Heute sieht man, wie die Fürsten großer Staaten großspurig behaupten: »Ich lebe in einem großen Staat; und wenn ich die kleinen nicht angreife, wie könnte ich da groß sein.« Daher mustern sie ihre Truppen, stellen ihre Schiffe und Wagen auf und greifen unter dem Vorwand, bestrafen zu wollen, einen unschuldigen Staat an. Sie brechen in die Grenzen ein und zerstören die Ernte, schlagen die Wälder nieder, schleifen die Wälle und Mauern und füllen die Gräben, um über sie hinweg fahren zu können. Sie brennen die Ahnentempel nieder, ergreifen und töten die Opfertiere.

Diejenigen aus der Bevölkerung, die sich widersetzen, machen sie nieder, und alle die sich nicht widersetzen, werden als Gefangene mit nach Hause gebracht. Die Männer werden zu Sklaven und Sträflingen und die Frauen zu Sklavinnen gemacht. Und die eroberungslustigen Fürsten wissen nicht, daß dies unmenschlich und ungerecht ist, sondern sie verkünden noch ihren Nachbarfürsten: »Ich habe einen Staat angegriffen, seine Armee geschlagen und soundso viele Generäle getötet.« Auch die Nachbarfürsten wissen nicht, daß dies unmenschlich und ungerecht ist, sondern sie stellen Felle und Seide zusammen, lassen Kleider nähen und schikken Gesandte, die Glückwünsche überbringen und Festbankette geben. So weiß der eroberungslustige Fürst noch weniger, daß sein Handeln unmenschlich und ungerecht ist.

Solche Taten werden sogar noch auf Bambus und Seide verzeichnet, und man verwahrt diese Aufzeichnungen in den Archiven, so daß die Nachkommen den Handlungsweisen ihrer Vorgänger und Vorfahren folgen und sagen: »Warum wollen wir nicht unsere Archive öffnen und sehen, welch herrliches Vorbild uns unsere Ahnen gegeben haben?« Und sie fragen nicht, ob sich die Könige Wen und Wu bei ihrer Regierung so verhalten haben. Sondern sie sagen: »Wir haben einen Staat angegriffen und seine Armee geschlagen und soundso viele Generäle getötet.« So erkennen die kriegslustigen Fürsten nicht die Unmenschlichkeit und Ungerechtigkeit ihres Tuns, und die Fürsten der Nachbarstaaten erkennen dessen Unmenschlichkeit und Ungerechtigkeit ebensowenig. Daher greifen sie Generation für Generation an, ohne aufzuhören. Dies meine ich mit den großen Angelegenheiten, die sie nicht verstehen, während sie nur die kleinen Dinge verstehen. – Inwiefern?

Es gebe einen Menschen, der in den Garten eines anderen eindringt und die Pfirsiche, Pflaumen, Melonen und den Ingwer stiehlt. Wenn die Oberen davon hören, werden sie ihn bestrafen, und wenn die Menge davon hört, wird sie ihn verdammen. Warum ist das so? Sie sagen, er maße sich ohne Arbeit zu erbringen Früchte an, dabei habe er gar kein Recht, sie zu nehmen. Und wenn er gar über die Mauer eines anderen steigt und sich an dessen Söhnen und Töchtern vergreift, oder in eines anderen Schatzkammer einbricht und dessen Gold, Jade und Seidenstoffe stiehlt, oder wenn er in eines anderen Stallungen steigt und dessen Ochsen und Pferde stiehlt, oder wenn er gar einen unschuldigen Menschen tötet, dann pflegen heutzutage die Könige, Fürsten und hohen Beamten einen, der solches tut, zu bestrafen. Auch unter der Herrschaft von Yao, Shun, Yü, T'ang, Wen und Wu im Altertum war es nicht anders.

Doch heutzutage greifen die Fürsten des Reiches andere Staaten an und annektieren sie, und dies ist mehrere tausend oder zehntausend mal schlimmer als einen Menschen zu töten, oder die Mauer eines anderen zu übersteigen und sich an dessen Söhnen und Töchtern zu vergreifen, und mehrere tausend- oder zehntausendmal schlimmer als in die Schatzkammern eines anderen einzudringen und ihm Gold, Jade und Seidenstoffe zu stehlen, oder als in die Stallungen eines anderen einzusteigen und seine Ochsen und Pferde zu stehlen, oder in den Garten eines anderen einzudringen und ihm Pfirsiche, Pflaumen, Melonen und Ingwer zu stehlen; sie selbst jedoch nennen es gerecht.

Daher sagte Meister Mo Ti: Wenn man sich selbst derart betrügt, was ist das anderes als den Unterschied zwischen schwarz und weiß, süß und bitter zu verwirren? Es gebe nun ein Mann, dem man etwas Schwarzes zeigt, und er nennt es schwarz, der aber, wenn man ihm viel Schwarzes zeigt, es weiß nennt. Er muß zugeben, daß seine Augen verwirrt sind und daß er nicht versteht, Schwarz und Weiß voneinander zu unterscheiden. Oder es gebe einen anderen Mann, der, wenn er etwas Süßes schmeckt, es süß nennt, wenn er aber viel Süßes schmeckt, es bitter nennt. Der muß zugeben, daß sein Mund verwirrt ist und er nicht den Geschmack von süß und bitter kennt.[183]

Wenn unter der Regierung der heutigen Könige, Fürsten und hohen Herren jemand einen Menschen tötet, dann wird der Staat dagegen einschreiten.[184] Vermag aber einer viele Menschen in einem Nachbarstaat zu töten, dann hält man dies für außerordentlich gerecht. Wie ist das verschieden von der Verwirrung des Unterschiedes zwischen schwarz und weiß und süß und bitter?

Daher stellte Meister Mo Ti den Willen des Himmels als seinen Maßstab auf, und nicht nur Meister Mo Ti hat den Willen des Himmels als Richtlinie genommen. In einem Buch der früheren Könige, dem *Ta-ya,* heißt es:

»Gott sprach zu König Wen:
›Ich liebe der Tugend Glanz.
Ohne Gepränge dein großer Ruhm,
Beständig sei deine Macht.
Ohne Scharfsinn und Hinterlist
Folgst du Gottes Befehl.‹«[185]

Damit wurde König Wen angewiesen, sich den Willen des Himmels zur Richtschnur zu machen und den Vorschriften Shang-tis zu folgen.

Wenn heutzutage die Gelehrten und Edlen im Reiche sich wirklich menschlich und gerecht verhalten und hervorragende Gelehrte sein wollen, dann müssen sie im oberen Bereich dem Weg der vorbildlichen Könige entsprechen und nach unten hin dem Staate und der Bevölkerung nützen. Den Willen des Himmels dürfen sie nicht unbeachtet lassen, denn der Wille des Himmels ist das Richtmaß für die Gerechtigkeit.

Über die offenkundige Existenz von Geistern[186]

Meister Mo Ti sagte: Seit es die heiligen Könige der drei Dynastien des Altertums nicht mehr gibt und die Welt ihre Prinzipien aufgegeben hat, halten die Lehnsfürsten Gewalt für richtig. Zwischen Fürsten und Untertanen, zwischen Oberen und Untergebenen herrscht kein Wohlwollen und keine Loyalität mehr, zwischen Vater und Sohn, zwischen jüngerem und älterem Bruder gibt es keine Güte und keine Pietät, keine Brüderlichkeit, kein Respekt, keine Tugendhaftigkeit und keine Friedfertigkeit mehr. Die Führer des Staates strengen sich bei der Regierung nicht an, und die einfachen Menschen bemühen sich nicht, ihren Pflichten nachzukommen. Das Volk ist schlecht, gewalttätig, räuberisch und aufständisch, Diebe und Räuber fallen mit Waffen, Gift, Wasser und Feuer auf Wegen und Nebenwegen über unschuldige Menschen her und bemächtigen sich ihrer Wagen, Pferde, Kleider und Pelze, um sich zu bereichern. Dies hat alles die gleiche Ursache und bringt Unordnung in das Reich.

Was ist der Grund für diese Zustände? – Alle bezweifeln die Existenz von Geistern und sehen nicht ein, daß es in der Macht der Geister steht, die Tüchtigen zu belohnen und die Schlechten zu bestrafen. Wenn man heute alle Menschen im Reiche dazu veranlassen könnte, zu glauben, daß die Geister in der Lage sind, die Tüchtigen zu belohnen und die Schlechten zu bestrafen, wie könnte es dann im Reiche Unordnung geben?

Solche, die die Nichtexistenz von Geistern behaupten, sagen: »Natürlich gibt es keine Geister«, und von morgens bis abends verkünden sie dies im Reiche und säen Zweifel bei der Bevölkerung, die sich nicht mehr im klaren darüber ist, ob es Geister gibt oder nicht. Und die Folge davon ist Unordnung im Reiche. Daher sagte Meister Mo Ti: Wenn die Könige, Fürsten und hohen Herren, die Gelehrten und Edlen im Reiche heute wirklich den Nutzen des Reiches mehren und Schaden von ihm wenden wollen, dann können sie nicht umhin, die Frage der Existenz oder Nichtexistenz von Geistern zu erhellen und zu klären. Da also die Frage der Existenz oder Nichtexistenz unbedingt geklärt werden muß, ist die Frage, wie wir dies am deutlichsten tun können.

Meister Mo Ti sagte: Durch die Methode, mit der man in der Welt festzustellen und zu erkennen pflegt, was ist und was nicht ist, indem man die zuverlässigen Wahrnehmungen der Ohren und Augen der Menschen zur Erkenntnis dessen, was ist und was nicht ist, zum Maßstab macht. Wenn jemand wirklich etwas gehört oder gesehen hat, dann müssen wir es für existierend halten, und wenn man etwas weder gehört noch gesehen hat, dann muß man es für nicht existierend halten. Wenn dies unsere Methode ist, warum gehen wir dann nicht in ein Dorf oder in eine Gemeinde und fragen? Wenn vom Altertum bis zum heutigen Tage, solange es Menschen gibt, die Erscheinungen von Geistern gesehen und die Stimmen von Geistern gehört worden sind, wie kann man dann sagen, daß die Geister nicht existieren? Wenn sie niemand gehört oder gesehen hätte, könnte man dann behaupten, daß es Geister gibt?

Die heute an der Nichtexistenz von Geistern festhalten sagen: »Solche, die in der Welt Erscheinungen von Geistern wahrgenommen haben wollen, sind unzählige, doch haben sie tatsächlich die Existenz oder Nichtexistenz von Geistern wahrgenommen?«

Meister Mo Ti sagte: Nehmen wir doch einen Fall, den viele gemeinsam gesehen und viele gemeinsam gehört haben, den des Tu Po. König Hsüan von Chou ließ seinen Minister Tu Po töten, obwohl dieser unschuldig war.[187] Tu Po sagte: »Mein Fürst will mich töten, obwohl ich unschuldig bin. Wenn ein Toter kein Bewußtsein mehr hat, dann ist damit der Fall erledigt. Aber wenn ein Toter ein Bewußtsein hat, dann werden keine drei Jahre vergehen und ich werde es den Fürsten wissen lassen.« – Nach drei Jahren rief König Hsüan von Chou die Fürsten zusammen und jagte mit ihnen in P'u, und mehrere hundert Jagdwagen und Tausende von Begleitern erfüllten die Gegend. Um Mittag erschien Tu Po in einem von einem weißen Pferde gezogenen Wagen; er trug zinnoberrote Kleidung und hielt einen zinnoberroten Bogen, auf den er einen gleichfarbigen Pfeil gelegt hatte. Er verfolgte König Hsüan von Chou und schoß auf ihn in seinem Wagen. Er traf sein Herz und brach ihm das Rückgrat, so daß der König in seinem Wagen zusammenbrach, über seinen Köcher stürzte und starb. Zu jener Zeit gab es keinen unter den Gefolgsleuten der Chou, der dies nicht sah, und von den entfernter wohnenden keinen, der nicht davon hörte. Und es wurde verzeichnet in den Annalen der Chou. Herrscher und Fürsten belehrten damit ihre Untertanen, und Väter ermahnten damit ihre Söhne und sagten: »Seid vorsichtig, seid umsichtig! Jeder, der einen Unschuldigen tötet, wird Unheil auf sich laden und mit ebensolcher Schnelligkeit die Strafe der Geister und Dämonen auf sich ziehen.« Wie kann man angesichts dieses Berichtes noch an der Existenz von Geistern zweifeln?

Doch gibt nicht allein der Bericht dieses Buches einen Beweis. Einst war Herzog Mu von Ch'in[188] bei Tage in seinem Tempel, als ein Geist durch das Tor eintrat und sich neben ihn stellte. Der Geist hatte die Gestalt eines Vogels, war in ein schwarzgesäumtes Gewand aus weißer Seide gekleidet, und sein strenges Antlitz war direkt auf ihn gerichtet. Als der Herzog Mu von Ch'in ihn sah, da war er entsetzt und wollte fortlaufen, doch der Geist sagte: »Habe keine Angst, Shang-ti freut sich deiner erleuchteten Tugend und er hat mich gesandt, dir eine Verlängerung deines Lebens um neunzehn Jahre zu gewähren, damit dein Reich erblühe, deine Nachkommen zahlreich seien und das Haus der Ch'in nicht untergehe.« Und Herzog Mu verbeugte sich zweimal und berührte mit der Stirn den Boden und sagte: »Darf ich nach dem Namen des Geistes fragen?« Und der Geist erwiderte: »Ich bin Kou Mang.«[189] Wenn wir das, was der Herzog Mu von Ch'in mit eigenen Augen sah, als Beweis gelten lassen, wie kann man dann noch die Existenz von Geistern bezweifeln?

Es gibt jedoch noch andere Beweise. Einst ließ Herzog Chien von Yen[190] seinen Minister Chuang-tzu I töten, obwohl dieser unschuldig war. Chuang-tzu I sagte: »Mein Fürst läßt mich töten, obwohl ich unschuldig bin. Wenn tote Menschen kein Bewußtsein haben, dann ist es aus. Wenn sie aber ein Bewußtsein haben, dann werden keine drei Jahre vergehen und ich werde es meinen Fürst wissen lassen.« – Nach einem Jahr machte sich der Herzog von Yen mit seinem Wagen auf nach Tsu. (Tsu in Yen ist wie She-chi in Ch'i, Sang-lin in Sung und Yün-meng in Ch'u ein Ort, an dem sich Männer und Frauen als Zuschauer versammeln.[191]) Um Mittag, als Herzog Chien von Yen gerade in seinem Wagen auf dem Wege nach Tsu war, erschien Chuang-tzu I mit einem roten Stock und erschlug ihn. Der Herzog brach in seinem Wagen zusammen. Zu jener Zeit gab es unter den Gefolgsleuten von Yen keinen, der dies nicht sah, und unter den entfernter Wohnenden keinen, der nicht davon hörte. Und es wurde aufgezeichnet in den Annalen von Yen. Die Feudalfürsten überlieferten die Geschichte und sagten: »Wenn jemand einen Unschuldigen tötet, dann wird er Unheil auf sich laden und die Strafe der Geister unmittelbar auf sich ziehen.« Wie kann man angesichts dieses Berichtes die Existenz von Geistern bezweifeln?

Doch über diesen Bericht hinaus gibt es weitere Beweise. Einst, zur Zeit Paos, des Fürsten Wen von Sung, gab es einen Minister mit dem Namen Kuan-ku. Er war der Priester, der im Ahnentempel des Staates diente.[192] Der Schamane kam auf einen Stab gestützt heraus und sagte: »Kuan-ku, warum sind die Jadestäbe und die Jadescheiben nicht nach dem vorgeschriebenen Maß, warum sind die Wein- und Hirseopfer unrein und die Opfertiere nicht fett und vollkommen, und warum werden die Opfer zu den vier Jahreszeiten nicht zur rechten Zeit dargebracht? Bist du dafür verantwortlich oder Pao? – Kuan-ku erwiderte: »Pao ist ein kleines Kind, das noch in Windeln liegt; wie kann Pao davon etwas wissen? Mir obliegen diese Angelegenheiten, und ich bin für alles verantwortlich.« Da erhob der Schamane seinen Stab und erschlug ihn, so daß er auf dem Altar zusammenbrach. Zu jener Zeit gab es keinen unter den Gefolgsleuten von Sung, der dies nicht sah, und unter den Entfernten keinen, der davon nicht hörte. Und es wurde in den Annalen von Sung aufgezeichnet. Die Lehnsfürsten überlieferten es und sagten: »Alle, die die Opfer nicht mit der nötigen Ehrfurcht und Umsicht ausführen, werden von den Göttern so schnell bestraft.« Liest man diesen Bericht, wie kann man da noch an der Existenz von Geistern zweifeln?

Doch nicht nur jener Bericht spricht davon. Unter den Ministern des Fürsten Chuang von Ch'i gab es zwei mit den

Namen Wang Li-kuo und Chung Li-chiao. Diese beiden hatten drei Jahre im Rechtsstreit miteinander gelegen, doch eine Entscheidung war noch nicht gefallen. Der Fürst von Ch'i mochte sie nicht hinrichten, weil er fürchtete, einen Unschuldigen zu töten; er wollte sie aber auch nicht freilassen, da er keinen Schuldigen freilassen wollte. Da forderte er die beiden auf, gemeinsam ein Lamm zu nehmen und einen Schwur an dem Altar der Götter des Landes Ch'i zu leisten. Die beiden einigten sich darauf, das Blutopfer auszuführen. Sie töteten das Lamm und versprengten sein Blut ringsum. Und als der Fall des Wang Li-kuo bereits verlesen war und man mit der Verlesung des Falles des Chung Li-chiao gerade begonnen hatte, da sprang das Lamm auf und stieß ihn so, daß ihm ein Bein brach, er auf den Altar stürzte und so an dem Ort zusammenbrach, an dem der Schwur geleistet werden sollte. Unter den Leuten aus Ch'i, die zu jener Zeit anwesend waren, gab es keinen, der es nicht sah, und unter den entfernten keinen, der nicht davon hörte. Und es wurde aufgezeichnet in den Annalen von Ch'i. Die Lehnsfürsten überlieferten es und sagten: »Jemand, der wider besseres Wissen einen Schwur leistet, wird so schnell die Bestrafung der Geister auf sich ziehen.« Betrachtet man diesen Bericht, wie kann man dann noch die Existenz von Geistern bezweifeln? Daher sagte Meister Mo Ti: Selbst in tiefen Schluchten, weiten Tälern und an dunklen und entlegenen menschenleeren Orten muß man sich bei seinem Handeln in acht nehmen, denn auch dort werden einen die Geister erblicken.

Die heute die Existenz von Geistern leugnen sagen: »Wie können einem die Sinneswahrnehmungen der Menge genügen, um einen Zweifel beizulegen? Und wie kann einer, der ein hervorragender Gelehrter im Reiche zu sein wünscht, sich auf die Sinneswahrnehmungen der Menge verlassen?«

Meister Mo Ti sagte: Wenn man die Sinneswahrnehmungen der Menge nicht für hinreichend hält, um darauf zu vertrauen und Zweifel dadurch aufzulösen, so frage ich, können uns dann wenigstens die vorbildlichen Könige der drei Dynastien des Altertums, Yao, Shun, Yü, T'ang, Wen und Wu, als Maßstab dienen? Sicher wird vom mittelmäßigen Manne aufwärts jeder sagen, daß die vorbildlichen Könige der drei Dynastien des Altertums uns als Standard genügen. Daher werden wir die Vergangenheit untersuchen und die Taten der vorbildlichen Könige betrachten.

Als einst König Wu Yin angriff und dessen Herrscher Chieh bestrafte, ließ er die Lehnsfürsten bei den Opfern Unterschiede machen, und er sagte: »Die nahen Verwandten sollen an den inneren Opfern teilnehmen, die entfernt Verwandten sollen an den äußeren Opfern teilnehmen.« König Wu war also offenbar von der Existenz von Geistern überzeugt. Daher ließ er, als er Yin angriff und Chieh schlug, die Lehnsfürsten bei den Opfern Unterschiede machen. Wenn es keine Geister gäbe, warum hätte dann König Wu Unterschiede bei den Opfern anordnen sollen!

Doch es sind nicht allein die Taten des Königs Wu, die ihre Existenz bezeugen. Die vorbildlichen Könige verliehen ihre Belohnungen bei dem Ahnentempel, doch ihre Bestrafungen ließen sie beim Altar der Landesgötter verhängen. Warum belohnten sie im Ahnentempel? Um damit die Gerechtigkeit der Verteilung zu verkünden. Und warum wurden die Bestrafungen beim Altar der Landesgötter verhängt? Um die Gerechtigkeit des Urteils anzuzeigen.

Doch nicht allein diese Berichte beweisen die Existenz der Geister. Im Altertum wählten die Herrscher von Yü, Hsia, Shang und Chou, die vorbildlichen Könige der drei Dynastien, an dem Tage, an dem sie ihren Staat begründeten und die Hauptstadt einrichteten, einen Platz für den Hauptstaatsaltar. Und dort errichteten sie einen Ahnentempel. Sie suchten besonders gute und schöngewachsene Bäume aus, und in einem solchen Hain errichteten sie einen Tempel für die Götter des Landes. Unter den Älteren im Staate wählten sie die gütigsten, pietätvollsten, tugendhaftesten und friedfertigsten aus, damit sie als Diener und Priester in den Tempeln dienen. Von den sechs Haustieren nahmen sie die bestgenährten und schönsten als Opfertiere. Sie verteilten Jadestäbe und halbrunde Platten aus Nephrit in der angemessenen Güte und Anzahl und wählten Anteile vom Üppigsten und Besten der fünf Getreidearten aus, um sie als Wein- und Hirseopfer darzubringen, wobei die Güte stets dem Ergebnis der Jahresernte entsprach. So setzten die heiligen Könige des Altertums bei der Regierung des Reiches die Geister an erster und die Menschen erst an zweiter Stelle. Daher heißt es: Bei der Einrichtung der Verwaltung muß zuerst dafür gesorgt werden, daß Opfergefäße und Gewänder ausreichend in den Magazinen vorhanden sind, daß Priester und Leute für andere Zeremonien in genügender Anzahl bei Hofe eingesetzt werden und daß die Opfertiere von den Herden getrennt werden. Da die heiligen Könige des Altertums in dieser Weise die Regierung durchführten, müssen sie die Geister für existent gehalten haben.

In umfassendster Weise sorgten sie für die Geister, und da sie fürchteten, daß spätere Generationen dies nicht einsehen könnten, schrieben sie es nieder auf Bambus und Seide, um es so den späteren Generationen zu überliefern. Und da sie sich sorgten, daß diese Aufzeichnungen verrotten oder durch Insekten zerstört werden könnten und dann die Nachkommen davon nichts erfahren, ritzten sie es auch auf Teller und Becken und gravierten es in Metall und Stein. Denn sie fürchteten, daß die späteren Generationen nicht die angemessene Verehrung zollen würden und so nicht den Segen der Geister erlangen könnten. So finden sich in den Büchern, den fußbreiten Seidenrollen und den Bündeln von Bambustäfelchen der heiligen Könige immer und immer wieder Erwähnungen der Existenz von Geistern. Warum ist das so? Weil die heiligen Könige wert darauf legten. Die heute an der Nichtexistenz der Geister festhalten sagen: »Es gibt bestimmt keine Geister«, und damit widersetzen sie sich dem Anliegen der heiligen Könige. Doch dem, worauf die heiligen Könige wert legten, zuwiderzuhandeln, ist gerade nicht das, was den Weg eines Edlen ausmacht.

Die heute an der Nichtexistenz der Geister festhalten, sagen auch: »Unter den Büchern der vorbildlichen Könige gibt es keine fußbreiten Seidenrollen und Bündel von Bambustäfelchen, die immer wieder die Existenz von Geistern betonen. Aber welche Bücher sollten das denn sein?« Meister Mo Ti sagte: Zum Beispiel in dem *Ta-ya* unter den Büchern der Chou. Dort heißt es:

»König Wen in der Höhe
Erstrahlt am Himmel so hell.
Alt ist das Volk der Chou,
Doch neu ist des Himmels Befehl.
Das Land von Chou erstrahlte,
Als Gottes Befehl es empfing.
König Wen steigt auf und nieder
Zur Linken, zur Rechten des Herrn.«[193]

Wenn Geister nicht existieren, wie könnte da König Wen nach seinem Tode noch zur Linken und zur Rechten Shangtis sein? Daher weiß ich, daß Geister in den Büchern der Chou vorkommen.

Wenn aber nur in den Büchern der Chou Geister vorkämen, nicht aber auch in den Büchern der Shang, dann hätten wir nicht genügend Gründe für unsere Annahme. Daher wollen wir noch weiter zurückgehen und die Bücher der Shang untersuchen. Dort heißt es: »Als im Altertum die Herrscher der Hsia noch nicht von Unglück heimgesucht wurden, lebten alle Tiere und Insekten und selbst die Vögel einträchtig miteinander; um wieviel mehr war dies bei den Menschen der Fall! Hätten sie es gewagt, uneinig zu sein? Ebenso wagten auch die Geister und Dämonen der Berge und Flüsse nicht, friedlos zu sein. So brachten die Herrscher der Hsia mit Ehrfurcht und Aufrichtigkeit Harmonie in der Welt zustande und schützten unten das Land.«[194] Untersuchen wir nun, warum die Geister und Dämonen der Berge und Flüsse es nicht wagten, friedlos zu sein, so war es, weil sie die Pläne des Yü unterstützen wollten. Daher weiß ich, daß Geister in den Büchern der Shang vorkommen.

Doch wenn allein in den Büchern der Shang, nicht aber auch in den Büchern der Hsia Geister vorkämen, dann hätten wir noch keine sichere Grundlage für unsere Auffassung. So wollen wir noch weiter zurückgehen und die Bücher der Hsia untersuchen. In der *Erklärung des Yü* heißt es: »Da war eine große Schlacht bei Kan, und der König rief seine sechs Feldherren zur Linken und zur Rechten und gab vor den Truppen folgende Erklärung ab: ›Der Fürst von Hu vergeht sich gegen die fünf Elemente, und er vernachlässigt die drei Standards.[195] Der Himmel will daher mit Gewalt sein Mandat aufheben.‹ Auch sagte er:[196] ›Heute werde ich mit dem Fürsten von Hu um das Schicksal dieses Tages kämpfen. Ihr Generäle, Würdenträger und einfachen Leute, es ist nicht so, daß ich Eure Felder und Gebiete will, sondern ich will nur ehrfurchtsvoll die Strafe des Himmels vollstrekken. Wenn Ihr zur Linken nicht zur Linken Eure Pflicht tut und Ihr zur Rechten nicht zur Rechten, dann führt Ihr nicht meine Befehle aus. Wenn Ihr Wagenlenker Eure Pferde nicht ordentlich führt, dann werdet auch Ihr nicht meine Befehle ausführen. Entsprechend werde ich Euch dann auch im Ahnentempel belohnen und beim Altar der Landesgötter bestrafen.‹«[197] Warum wurden die Belohnungen in dem Ahnentempel vergeben? Um die Gerechtigkeit bei der Verteilung auszudrücken. Und warum wurden die Bestrafungen bei dem Altar der Landesgötter verhängt? Um zu zeigen, daß die Verteilung gerecht war. Die heiligen Könige des Altertums waren davon überzeugt, daß die Geister die Tüchtigen belohnen und die Schlechten bestrafen. Und daher belohnten sie im Ahnentempel und bestraften bei dem Altar der Landesgötter. Daraus erkenne ich das Vorhandensein der Geister in den Büchern der Hsia.

So ist zuerst in dem Buche der Hsia und dann in den Büchern der Shang und der Chou immer wieder von der Existenz der Geister die Rede. Warum ist das so? Weil ihnen die vorbildlichen Könige so große Wichtigkeit beimaßen. Wenn wir nun betrachten, was in den Büchern geschrieben steht, wie kann man dann noch an der Existenz von Geistern zweifeln!

Es heißt, daß im Altertum an dem glückverheißenden Tage Ting-mao[198] die Leute der Chou Gebete am Altar der Landesgötter in alle vier Himmelsrichtungen beteten, und alljährlich beteten sie im Ahnentempel, um die Jahre ihres Lebens zu verlängern. Wenn es nun keine Geister gäbe, wie könnten diese dann ihre Lebensjahre verlängern?[199]

Daher sagte Meister Mo Ti: Wenn die Tatsache, daß die Geister die Guten belohnen und die Schlechten bestrafen, zur Grundlage im Staate gemacht und den Leuten erklärt werden kann, dann ist dies ein Weg, auf dem man den Staat in Ordnung hält und der Bevölkerung nützt. Wenn dann bei den Beamten keine Lauterkeit und Selbstlosigkeit herrscht, und wenn es zwischen Männern und Frauen keine Trennung mehr gibt, würden das die Geister sehen. Wenn sich das Volk lasterhaft und verderbt verhält und sich empört und rebelliert, und wenn Diebe und Räuber mit Waffen, Gift, Wasser und Feuer unschuldigen Menschen auf Wegen und Seitenwegen auflauern und anderen Leuten Wagen, Pferde, Kleider und Pelze stehlen, um sich selbst zu bereichern, dann würden auch das die Geister sehen. Daher werden es die Beamten nicht wagen, unlauter und nicht selbstlos zu sein; wenn sie Gute sehen, werden sie nicht wagen, sie nicht zu belohnen, und wenn sie Schlechte sehen, werden sie nicht wagen, sie nicht zu bestrafen. Und daß die Bevölkerung lasterhaft und verderbt, rebellisch und aufsässig wird, daß Diebe und Räuber mit Waffen, Gift, Wasser und Feuer über unschuldige Leute auf Wegen und Seitenwegen herfallen, daß sie anderer Leute Wagen, Pferde, Kleider und Pelze an sich nehmen, um sich selbst zu bereichern, wird von da an aufhören.[200]

Dem wachen Auge der Geister kann man sich auch in düsteren Tälern oder weiten Sümpfen, in Bergen, Wäldern oder tiefen Schluchten nicht entziehen, denn die Augen der Geister werden einen dennoch sehen. Auch kann man sich der Strafe der Geister nicht durch Reichtum, Vornehmheit, zahlenmäßige Überlegenheit, Rüstungen oder Waffen entziehen, denn die Strafe der Geister läßt sich dadurch nicht abwehren.

Hält einer das für unzutreffend? – Im Altertum wurde König Chieh von Hsia in den Rang des Himmelssohnes erhoben, und das Reich wurde ihm anvertraut. Doch er beleidigte den Himmel und schmähte die Geister dort droben, und unten mißbrauchte und quälte er die Bevölkerung. Daraufhin[201] beauftragte der Himmel T'ang, die erleuchtete Strafe zu vollstrecken. T'ang stellte seine neun Wagen in Vogelflugformation wie bei dem Flug der Wildgänse auf, stieg den Ta-tsan empor, zerstreute die Streitkräfte der Hsia und drang in die Vorstadtbezirke ein, und mit eigenen Händen nahm er den T'ui-i Ta-hsi gefangen.[202]

Obwohl im Altertum der König von Hsia, Chieh, mit der Position des Himmelssohnes geehrt und das Reich ihm zueigen war und er über einen so tapferen Mann verfügte wie den T'ui-i Ta-hsi, der Rhinozerosse und Löwen bei lebendigem Leibe zerriß und mit einem Fingerzeig einen anderen töten konnte, und obwohl seine Leute nach Hunderttausenden und Millionen zählten und alle Niederungen und Hügel füllten, so vermochte er doch nicht, die Strafe der Geister abzuwenden. Das meine ich, wenn ich sage, daß man der Bestrafung der Geister auch nicht durch Reichtum, Vornehmheit, zahlenmäßige Überlegenheit, Anstrengung, Mut, Kraft, Kriegstüchtigkeit, Rüstungen oder Waffen entgehen kann.

Doch dies ist nicht alles! Im Altertum war König Chou von Yin mit der Position des Himmelssohnes beehrt worden, und er verfügte über das ganze Reich. Doch nach oben schmähte er den Himmel und beleidigte die Geister, und er mißbrauchte und schändete die Bevölkerung. Die runzligen Alten setzte er aus und ließ sie zugrunde gehen; kleine

Kinder ließ er umbringen, Unschuldige peinigte er, schwangere Frauen schlitzte er auf, und die einfachen Leute und die Alten, die Witwen und Witwer klagten und schrien, doch sie blieben ungehört. Da beauftragte der Himmel König Wu, die gerechte Bestrafung zu vollziehen. König Wu wählte hundert Streitwagen und vierhundert tapfere Soldaten aus[203], und nachdem er, ausgestattet mit den Insignien seiner Macht, die Truppen der anderen Staaten gemustert hatte, kämpfte er gegen Yin in der Ebene von Mu. Er selbst nahm Fei-chung und O Lai[204] gefangen, während der größte Teil desertierte und davonlief. König Wu verfolgte Chou bis in den Palast[205] und schlug ihm den Kopf ab, den er mit einem roten Ring an eine weiße Fahne heftete und ihn so dem Gespött der Lehnsfürsten des ganzen Reiches preisgab. Obwohl also König Chou von Yin mit dem Platz des Himmelssohnes beehrt und ihm das ganze Reich zueigen gegeben worden war, und obwohl er mutige und starke Männer wie Fei-chung, O Lai und Ch'ung Hou hatte, die mit einem Fingerzeig einen Menschen töten konnten, obgleich seine Leute nach Hunderttausenden und Millionen zählten und Niederungen und Höhen anfüllten, so war er trotz all seiner Macht doch nicht in der Lage, die Strafe der Geister abzuwenden. Das ist es, was ich mit den Worten meinte, die Strafe der Geister könne auch nicht durch Reichtum, Vornehmheit, zahlenmäßige Überlegenheit, Anstrengung, Mut, Kraft, Kriegstüchtigkeit, Rüstungen oder scharfe Waffen abgewendet werden.

Ferner sagen uns die Worte des Ch'in Ai: »Zur Erlangung des Glücks ist nichts zu geringfügig; gegen die Zerstörung eines Ahnentempels ist nichts bedeutend genug.«[206] Das heißt, daß die Geister bei ihrer Belohnung auch das belohnen, was geringfügig ist, und daß nichts noch so Bedeutendes sie von ihrer Bestrafung abhalten kann.

Die heute an der Nichtexistenz von Geistern festhalten sagen: »Der Geisterglaube nützt nicht nur nicht den Eltern, sondern schadet sogar den pietätvollen Söhnen.«

Meister Mo Ti sagte: Im Altertum wie heute sind die Geister und Dämonen die gleichen. Es gibt Geister des Himmels, es gibt Geister und Dämonen von Bergen und Flüssen, und es gibt Geister verstorbener Menschen. Heute kommt es schon einmal vor, daß ein Sohn vor seinem Vater oder ein jüngerer vor seinem ältesten Bruder stirbt, und dennoch gilt die alte Regel: »Der früher Geborene wird früher sterben.« So werden die, die früher sterben, die Eltern und die älteren Geschwister sein.

Wenn man nun reinen Wein und Hirse mit Ehrerbietung und Umsicht opfert, dann wird man, unter der Voraussetzung, daß es Geister und Dämonen wirklich gibt, damit seinen Vater, seine Mutter, seine ältere Schwester und seinen älteren Bruder speisen. Ist das nicht ein großer Nutzen?

Und wenn die Geister und Seelen wirklich nicht existierten, dann würden wir Wein und Hirse bei den Opferfesten nur vergeuden. Doch selbst wenn wir dies dabei vergeudeten, so wäre dies doch nicht so, als würden wir es in Kloaken und Gräben schütten und verkommen lassen. Denn die anderen Familienangehörigen und die Leute aus der Nachbarschaft kommen alle zusammen und trinken und essen, so daß man, selbst wenn es keine Geister und Seelen gäbe, dadurch immerhin eine fröhliche Gesellschaft zusammenbrächte und ein gutes Verhältnis zu den Nachbarn im Orte erlangte.

Die heute an der Nichtexistenz der Geister festhalten sagen: »Es gibt tatsächlich keine Geister! Daher darf man nicht seine Güter in Form von Wein, Hirse und Opfertieren darbringen. Es ist nicht so, daß ich mit diesen Gütern geize, doch was erreiche ich dadurch?« – Sie widersetzen sich den Schriften der vorbildlichen Könige und handeln dem Verhalten eines pietätvollen Sohnes zuwider. Und sie beanspruchen, hervorragende Gelehrte in der Welt zu sein, doch ist dies gerade nicht der Weg, ein hervorragender Gelehrter zu sein.

Daher sagte Meister Mo Ti: Wenn ich nun Opfer darbringe, dann ist es nicht so, als würde ich sie in Kloaken oder Gruben werfen und verkommen lassen, denn ich würde oben um den Segen der Geister ersuchen und unten die Leute zu einer fröhlichen Gruppe zusammenbringen und so die Zuneigung meiner Nachbarn gewinnen. Und wenn es Geister gibt, dann speise ich damit meinen Vater, meine Mutter und meine älteren Geschwister. Ist das etwa nicht von Nutzen für die Welt?

Daher sagte Meister Mo Ti: Wenn heutzutage die Könige, Fürsten und hohen Beamten, die Gelehrten und Edlen im Reiche wirklich den Nutzen des Reiches mehren und Schaden von ihm wenden wollen, müssen sie die Existenz von Geistern und Dämonen anerkennen und sie entsprechend verehren, denn dies ist der Weg der vorbildlichen Könige.

Gegen die Musik[207]

Meister Mo Ti sagte: Es ist die Aufgabe eines Menschlichen, sich um Mehrung des Nutzens im Reiche zu mühen, Schaden von ihm abzuwenden und ein Vorbild für die Welt zu sein. Deshalb tut er das, was den Menschen nützt, und unterläßt, was ihnen nichts nützt. Darüber hinaus denkt der Menschliche, wenn er den Nutzen des Reiches plant, nicht nur an das, was das Auge erfreut, dem Ohr behagt, dem Gaumen schmeckt und dem Körper angenehm ist. Denn wenn er dazu das Volk der für Kleidung und Nahrung notwendigen Güter berauben müßte, würde er es unterlassen.

Deshalb verurteilte Meister Mo Ti die Musik nicht, weil ihm der Klang der großen Glocken, der donnernden Trommeln, der Saiteninstrumente und Flöten nicht gefiele, oder weil er die Gestalt von Schnitzereien und Ornamenten für unschön hielte, oder weil ihm der Geschmack von gekochtem und gebratenem Fleisch nicht mundete, oder weil ihm der Aufenthalt auf hohen Terrassen, in herrlichen Pavillons und in der Abgeschiedenheit der Wildnis unangenehm erschiene, sondern der Körper findet es angenehm, der Mund erkennt den Geschmack, das Auge erfreut sich und das Ohr berauscht sich daran – doch untersucht man es, so hat dies nichts mit den Gewohnheiten der heiligen Könige zu tun, und betrachtet man es, so dient dies nicht dem Nutzen des Volkes. Daher sagte Meister Mo Ti: Musik zu machen ist schlecht.[208]

Wenn auch heutzutage die Könige, Fürsten und Würdenträger das Verfertigen von Musikinstrumenten nicht als Hauptaufgabe im Staate betrachten, so können sie diese doch auch nicht wie Salz aus dem Wasser schöpfen oder wie Erz aus der Erde graben. Sie müssen vielmehr dem Volke hohe Abgaben auferlegen, bevor sie die Klänge großer Glocken, Pauken, Zithern und Flöten genießen können. Auch die heiligen Könige des Altertums erhoben Abgaben vom Volk, doch bauten sie damit Boote und Wagen. Und wenn sie vollendet waren, und das Volk fragte: »Wozu brauchen wir die?«, erwiderten die Könige: »Die Boote werden auf dem Wasser und die Wagen auf dem Lande benutzt, so daß die Edlen darin ihre Füße ausruhen und die einfachen Leute damit ihre Schultern und Rücken entlasten können.« Daher entrichteten die Leute ihre Abgaben und wagten nicht zu murren. Warum? – Weil sie wußten, daß es von Nutzen für das Volk war. Und wenn die Musikinstrumente ebenso von Nutzen für das Volk wären, dann würde ich nicht wagen, sie zu verurteilen. Wahrhaftig, wenn die Musikinstrumente so nützlich wären wie die Boote und Wagen der vorbildlichen Könige, ich würde nicht wagen, sie zu verurteilen.

Das Volk hat dreierlei zu fürchten: daß es hungert und keine Nahrung bekommt, daß es friert und keine Kleider erhält und daß es ermüdet ist und sich doch nicht ausruhen kann. Diese drei Dinge bereiten dem Volke große Sorge. Wenn man es nun die große Glocken schlagen, die Trommeln rühren, die Zithern zupfen, die Pfeifen blasen und bei Kriegstänzen die Schilde und Äxte schwingen läßt, kann sich das Volk da noch die Mittel für Kleidung und Nahrung beschaffen? Ich glaube kaum! Doch lassen wir das vorerst.[209]

Heutzutage greifen große Staaten kleinere an, große Familien vernichten kleinere. Die Starken unterdrücken die Schwachen, die Mehrheit tyrannisiert die Minderheit, die Schlauen überlisten die Dummen, die Edlen verachten die Einfachen, und Rebellen und Aufständische, Diebe und Räuber treten überall zugleich auf und sind nicht aufzuhalten. Wenn man nun die großen Glocken schlagen, die Trommeln rühren, die Zithern zupfen, die Pfeifen blasen und Schilde und Streitäxte in Kriegstänzen schwingen läßt, läßt sich dadurch die Unordnung in der Welt beilegen und Ordnung wiederherstellen? – Ich glaube kaum! Daher sagte Mo Ti: Wenn man dem Volke schwere Abgaben auferlegt, um große Glocken, Trommeln, Zithern und Flöten anfertigen zu lassen, und wenn man so den Nutzen für das Reich zu mehren und Unheil von ihm abzuwenden sucht, dann wird man keinen Erfolg haben. Daher sagte Meister Mo Ti: Musik zu machen ist schlecht.

Heute sitzen die Könige, Fürsten und hohen Beamten auf hohen Terrassen und in weitläufigen Pavillons und blicken um sich, und die Glocken hängen dort wie umgestülpte große Kessel. Wenn diese nicht geschlagen würden, wie könnten sie sich dann an ihrem Klang erfreuen? Das heißt, sie benötigen Leute, die die Glocken schlagen. Sie werden bestimmt damit keine Alten oder Kinder betrauen, da deren Ohren und Augen nicht scharf genug und deren Arme nicht stark genug sind, sie die Töne nicht aufeinander abstimmen und die Glocken nicht rhythmisch schlagen können. Daher müssen sie Leute in angemessenem Alter einstellen, deren Ohren und Augen scharf und deren Arme kräftig sind, damit sie die Töne aufeinander abstimmen und die Glocken rhythmisch schlagen können. Werden junge Männer zu diesen Tätigkeiten eingestellt, dann werden sie für diese Zeit dem Pflügen, Säen und Pflanzen entzogen, und werden junge Frauen eingestellt, dann werden diese vom Spinnen und Weben abgehalten. Doch heute wollen die Könige, Fürsten und hohen Beamten ihre Musik hören, und sie nehmen damit dem Volke die Grundlage für Kleidung und Essen, zumal da sie die Musik in so großem Maße verlangen. Deshalb sagte Meister Mo Ti: Musik zu machen ist schlecht.

Selbst wenn heute große Glocken, Pauken, Zithern und Flöten alle vorhanden wären, die Könige, Fürsten und hohen Herren jedoch ruhig sitzen und sie alleine hören müßten, wie würden sie da Freude daran haben? Das heißt, daß sie zusammen mit Geringen oder Edlen zuhören müssen. Und wenn die Edlen mit ihnen hören müssen, halten sie diese dadurch von ihren Amtsgeschäften ab, und wenn die einfachen Leute mit ihnen zusammen hören müssen, hindern sie diese, ihren Geschäften nachzugehen. Dadurch, daß heute die Könige, Fürsten und hohen Beamten Musik machen lassen, rauben sie dem Volke die Mittel für Kleidung und Nahrung, zumal da sie die Musik in so großem Maße spielen lassen. Daher sagte Meister Mo Ti: Musik zu machen ist schlecht.

Einst ließ der Herzog K'ang von Ch'i[210] soviel Musik und Kriegstänze veranstalten, daß Zehntausende seiner Untertanen nicht einmal grobe kurze Hemden zum Anziehen oder einfache Kleie zu essen hatten.[211] Man sagte, daß wenn Essen und Trinken nicht gut sind, die Gesichtszüge der Tänzer unansehnlich werden, und wenn die Kleidung nicht erlesen ist, die Körper und die Bewegungen nicht betrachtenswert sind. Deshalb müsse man ihnen Hirse und Fleisch zu essen geben und sie sich in gestickte Kleider hüllen lassen. Die Tänzer sorgten sich nicht selbst um die Mittel für Kleidung und Nahrung, sondern nahmen sie von den anderen. Daher sagte Meister Mo Ti: Heute wollen die Könige, Fürsten und hohen Beamten die Musik und entziehen so dem Volke die Mittel für Kleidung und Nahrung, zumal da sie so ausgiebig Musik spielen lassen. Deshalb sagte Meister Mo Ti: Musik zu machen ist schlecht.

Die Menschen sind grundsätzlich verschieden von Tieren, Vögeln und Insekten.[212] Diese benutzen ihre Federn und ihr Fell als Kleider und Pelze, ihre Hufen und Klauen als Beinkleider und Schuhe und Wasser und Gras als Getränk und Speise. Deshalb brauchen bei ihnen die Männer nicht zu pflügen, zu säen und zu pflanzen und die Frauen nicht zu spinnen und zu weben, denn Kleidung und Nahrung sind für sie bereits vorhanden. Doch der Mensch ist von diesen verschieden. Er muß seine Kraft anstrengen, um zu leben, und wenn er seine Kraft nicht einsetzt, wird er nicht leben. Und wenn der Edle sich nicht um die Regierungsangelegenheiten müht, dann geraten Rechtspflege und Verwaltung in Unordnung. Wenn sich die einfachen Leute in der Verrichtung ihrer Geschäfte nicht abmühen, dann werden die Mittel und Güter nicht ausreichen.

Da die Gelehrten und Edlen in der Welt heute meinen Worten nicht glauben, wollen wir die verschiedenen Aufgaben der Leute in der Welt einzeln untersuchen und den Schaden, den die Musik dabei anrichtet, betrachten. Die Könige, Fürsten und hohen Beamten müssen morgens früh bei Hofe erscheinen und erst spätabends heimkehren, sie müssen Rechtsfälle anhören und die Regierungsgeschäfte besorgen. Dies ist ihre besondere Aufgabe. Daß die Gelehrten und Edlen die Kraft ihrer Glieder erschöpfen, daß sie die ganzen Kenntnisse ihres Geistes aufwenden, um in der Regierung Ämter zu verwalten und draußen an Pässen, auf Märkten, in den Bergen und Wäldern, an Seen und Deichen Abgaben zu erheben, damit die Korn- und Vorratshäuser gefüllt sind, das ist deren Aufgabe. Daß die Bauern in der Frühe aufs Feld gehen und erst spät heimkehren, pflügen, säen und pflanzen und große Ernten von Hülsen- und Feldfrüchten einbringen, das ist ihre Aufgabe. Und daß die Frauen früh aufstehen und sich erst abends zur Ruhe begeben, daß sie spinnen und weben und große Mengen von

Hanf, Seide und anderen Fasern ordnen und davon Stoffe herstellen, das ist ihre Aufgabe.[213]

Wenn die Könige, Fürsten und Minister sich heute der Musik erfreuen und sie anhören, dann können sie nicht frühmorgens bei Hofe erscheinen und spät erst heimkehren, Streitfälle anhören und Regierungsgeschäfte besorgen. Infolgedessen werden der Staat in Unordnung geraten und die Altäre der Landesgötter in Gefahr sein. Und wenn sich die Gelehrten und Edlen der Musik erfreuen und sie anhören, dann werden sie nicht in der Lage sein, die Kraft ihrer Glieder einzusetzen und alle Kenntnisse ihres Geistes aufzuwenden, um in der Regierung Ämter zu verwalten und draußen an Pässen, auf Märkten, in Bergen und Wäldern, an Seen und Deichen Abgaben zu erheben, damit die Korn- und Vorratshäuser gefüllt sind. Infolgedessen werden die Korn- und Vorratshäuser nicht gefüllt sein. Und wenn sich heute die Bauern der Musik erfreuen und sie anhören, dann werden sie bestimmt nicht in der Lage sein, in der Frühe aufs Feld zu gehen und erst spät heimzukehren, zu pflügen, zu säen und zu pflanzen und große Ernten von Hülsen- und Feldfrüchten einzubringen. Infolgedessen werden Hülsen- und Feldfrüchte nicht ausreichen. Wenn die Frauen ihrerseits sich der Musik erfreuen und sie anhören, dann werden sie gewiß nicht in der Lage sein, früh aufzustehen und sich erst abends schlafen zu legen, zu spinnen, zu weben und große Mengen von Hanf, Seide und anderen Fasern zu ordnen und davon Stoffe herzustellen, und infolgedessen wird auch davon nicht genügend da sein. – Wenn einer fragt, was es sei, das die Großen dazu bringt, die Regierungsgeschäfte zu vernachlässigen, und die Einfachen, ihren Aufgaben nicht nachzukommen, dann ist die Antwort: die Musik. Deshalb sagte Meister Mo Ti: Musik zu machen ist schlecht.

Woher wissen wir, daß das der Fall ist? In einem Buch der früheren Könige, dem *Beamtenstrafgesetzbuch des T'ang*[214], heißt es: »Beständiger Tanz im Palast, das ist das

Verhalten von Schamanen. Als Strafe dafür müssen die Edlen zwanzig Pfund Seide und die einfachen Leute zweihundert Stücke Kupfergeld entrichten.«[215] Ferner heißt es: »Oh, wie die Tanzenden wogen![216] Der Klang der Flöten ist laut und klar. Shang-ti hilft ihm nicht, und die neun Provinzen sind für ihn verloren.[217] Shang-ti stimmt ihm nicht zu, und er sendet hundertfaches Unheil herab und zerstört sein Haus.« Wenn wir untersuchen, warum er die neun Provinzen verlor, so war es, weil er eitel die Musik gepflegt hatte.

Im *Wu-kuan*[218] heißt es: »Ch'i[219] gab sich bei den ländlichen Gelagen ganz dem Vergnügen und der Musik hin, süßlich klangen die Flöten, mit Kraft schlug man die Pauken, der Herrscher badete selbst im Weine, und im Freien fanden wüste Schlemmereien statt. Der Wan-Tanz war prunkvoll[220], doch der Himmel, der dies deutlich vernahm, war damit nicht einverstanden.« So billigten es oben der Himmel und die Geister nicht und der Bevölkerung brachte es keinen Nutzen.[221]

Deshalb sagte Meister Mo Ti: Wenn heute die Gelehrten und Edlen im Reiche wirklich das Wohl des Reiches mehren und Unheil von ihm wenden wollen, dann kommen sie nicht umhin, die Musik, wo sie eine Rolle spielt, zu verbieten und zu unterbinden!

Gegen die Schicksalsgläubigkeit I

Meister Mo Ti sagte: Heutzutage wollen die Könige, Fürsten und hohen Beamten, die einen Staat regieren, alle, daß ihre Staaten reich sind, daß die Bevölkerung sich vermehrt und daß die Verwaltung wohlgeordnet ist. Doch was sie erreichen, ist nicht Reichtum, sondern Armut, nicht eine Vermehrung, sondern eine Verminderung der Bevölkerung, nicht Ordnung, sondern Unordnung. So bleibt gerade das aus, was sie erwünschen, und was ihnen zuwider ist, tritt ein. Warum ist das so?[222] Meister Mo Ti sagte: Weil es so viele Fatalisten unter den Leuten gibt!

Die Fatalisten sagen: »Wenn das Schicksal Wohlstand bestimmt, dann gibt es Wohlstand, und wenn das Schicksal Armut bestimmt, dann gibt es Armut. Bestimmt es Vermehrung, wächst die Zahl der Bevölkerung, bestimmt es Verminderung, gibt es Verminderung, gebietet es Ordnung, gibt es Ordnung, verhängt es Unordnung, gibt es Unordnung. Bestimmt das Schicksal langes Leben, gibt es langes Leben, bestimmt es kurzes Leben, gibt es frühzeitigen Tod. Und wenn sich einer auch noch so sehr dagegen stemmt, was kann er erreichen?« Solches sagen sie zu den Königen, Fürsten und hohen Beamten, und damit halten sie das Volk davon ab, seinen Aufgaben nachzukommen. Daher sind die Fatalisten nicht menschlich, und man muß ihre Reden unbedingt sorgfältig untersuchen.

Wie können wir ihre Lehren nun einer sorgfältigen Untersuchung unterziehen? Meister Mo Ti sagte: Es kommt darauf an, Urteilsregeln *(i)* aufzustellen. Denn wenn man ohne Urteilsregeln argumentiert, dann ist das, wie wenn man auf einer Drehscheibe Sonnenaufgang und Sonnenuntergang bestimmen wollte. Der Unterschied zwischen Wahrheit und Falschheit und zwischen Günstigem und Schädlichem läßt sich dabei nicht klar bestimmen. Daher muß eine Aussage drei Kriterien genügen. Welches sind diese drei Kriterien? Meister Mo Ti sagte: Es sind der Ursprung *(pen)*, die Begründbarkeit *(yüan)* und die Anwendbarkeit *(yung)*. Wie beurteilt man den Ursprung einer Aussage? Man beurteilt ihren Ursprung im Vergleich mit den Taten der heiligen Könige des Altertums. Und wie beurteilt man ihre Begründbarkeit? Indem man sie mit den Sinneswahrnehmungen der Bevölkerung in Zusammenhang bringt. Und wie ihre Anwendbarkeit? Indem man sie in Rechtspflege und Verwaltung anwendet und zusieht, ob sie dem Staate zum Vorteil gereicht. Das ist es, was mit den drei Kriterien für eine Aussage gemeint ist.

Unter den Gelehrten und Edlen im Reiche gibt es heute einige, die an das Schicksal glauben. Deshalb wollen wir die früheren Zeiten erforschen und sehen, was wir von den heiligen Königen des Altertums wissen. Im Altertum herrschte Chaos unter Chieh, doch T'ang löste ihn ab und stiftete Ordnung; und Unordnung herrschte unter Chou, doch König Wu folgte auf ihn und stiftete Ordnung. In ein und derselben Generation und ohne daß sich die Bevölkerung geändert hätte, herrschte unter Chieh und Chou Unordnung im Reiche, die von T'ang und Wu zur Ordnung gewendet wurde. Wie kann man da von Schicksal reden?

Trotzdem gibt es unter den Gelehrten und Edlen im Reiche heute einige, die an das Schicksal glauben. Wir wollen dies im Lichte der Bücher der früheren Könige betrachten. Unter den Büchern der früheren Könige gibt es solche, die vom Staate ausgegeben und unter der Bevölkerung verbreitet wurden, und dies nannte man »Verordnungen« *(hsien).* Gab es unter den Verordnungen der früheren Könige jemals solche, die besagten: »Glück läßt sich nicht erstreben und Unheil nicht vermeiden; Ehrfurcht zahlt sich nicht aus und Frevel hat keine Bestrafung zur Folge?« Solche Schriften, nach denen Rechtsfälle verhandelt und nach denen Vergehen bestraft wurden, nannte man »Strafgesetzbücher« *(hsing).* Heißt es in den Strafgesetzbüchern der früheren Könige irgendwo: »Glück läßt sich nicht erstreben und Unheil nicht vermeiden, Ehrfurcht zahlt sich nicht aus und Frevel hat keine Bestrafung zur Folge?« Die Schriften, nach denen die Armeen aufgestellt und das Vorrücken und Zurückweichen der Truppen geregelt wurde, nannte man »Erklärungen« *(shih).* Heißt es in den Erklärungen der früheren Könige jemals: »Glück läßt sich nicht erstreben und Unheil nicht vermeiden, Ehrfurcht zahlt sich nicht aus und Frevel hat keine Bestrafung zur Folge?« – Ich habe nicht alles aufgezählt; es wäre auch unmöglich, alle die vortrefflichen Bücher des Reiches anzuführen, sondern ich habe mich auf die drei genannten wichtigen Beispiele beschränkt.

Und wenn man auch noch so sehr nach Unterstützung für die Aussagen der Fatalisten sucht, man wird keine finden; sollte man sie daher nicht zurückweisen?

Die Worte der Fatalisten anzuwenden bedeutet, die Gerechtigkeit im Reiche zu zerstören. Und solche, die die Gerechtigkeit im Reiche zerstören, setzen das Schicksal dafür ein und lassen das Volk dabei leiden. Und die durch ihre Lehren dem Volke Leiden zufügen, zerstören die Menschen des Reiches.

Warum jedoch wünschen wir bei den Oberen Gerechtigkeit? – Wenn gerechte Männer an der Spitze des Reiches stehen, dann ist es wohlgeordnet, und Shang-ti, die Berge und Täler, die Dämonen und Geister haben ihre Verehrer, und das Volk hat großen Nutzen davon. Woher wissen wir das? – Meister Mo Ti sagte: Im Altertum wurde T'ang in Po belehnt. Bei Bereinigung der ungeraden Grenzen umfaßte sein Gebiet hundert Meilen im Geviert. Seinem Volke war er in allumfassender Liebe zugetan und in wechselseitiger Hilfe verbunden, und was im Überfluß da war, teilte er mit seinem Volk. Er leitete es an, oben den Himmel zu verehren und den Geistern zu dienen. Daher beschenkten ihn der Himmel und die Geister mit Reichtum, die Lehnsfürsten hielten zu ihm, das Volk fühlte sich ihm verbunden, und hervorragende Gelehrte kamen an seinen Hof. Und bevor ein Menschenalter vergangen war, beherrschte er das Reich und gebot über alle Lehnsfürsten im Land.

Als einst König Wen in Chou am Berge Ch'i belehnt wurde, umfaßte sein Gebiet, bei Bereinigung des ungeraden Grenzverlaufs, einhundert Meilen im Geviert. Seinem Volke war er in allumfassender Liebe zugetan und durch gegenseitige Hilfe verbunden, und was im Überfluß da war, wurde geteilt. So lebten die, die nahe bei ihm wohnten, friedlich unter seiner Herrschaft, und die entfernt Wohnenden wurden durch seine Tugend gewonnen. Alle, die von ihm hörten, machten sich auf und zogen zu ihm, und die Schwachen und Verkrüppelten, deren Glieder nicht die

Kraft hatten, blieben, wo sie waren, und klagten: »Wenn doch das Reich des Königs Wen auch unser Gebiet umfaßte und wir auch den Nutzen davon hätten! Warum können wir es nicht auch so haben wie die Untertanen des Königs Wen?« So bereicherten ihn der Himmel und die Geister, die Lehnsfürsten hielten zu ihm, das Volk war ihm zugetan, und hervorragende Gelehrte kamen an seinen Hof. Und es war noch kein Menschenalter vergangen, da regierte er das Reich und führte die Fürsten an. Wenn ich sagte, daß bei einem gerechten Mann an der Spitze das Reich wohlgeordnet ist, daß dann Shang-ti, die Berge und Täler, die Dämonen und Geister alle ihre Verehrer haben und das Volk davon großen Nutzen hat, dann habe ich das an diesen Beispielen erkannt.

So haben im Altertum die heiligen Könige Gesetze erlassen, Befehle ausgegeben und Belohnungen und Strafen ausgesetzt, um zum Guten zu ermuntern und von Schlechtem abzuhalten. Daher waren die Menschen innerhalb der Familie pietätvoll und gütig zu ihren Eltern und draußen ehrerbietig und freundlich zu ihren Nachbarn. Im Hause galten bestimmte Regeln und für draußen wie für drinnen bestimmte Vorschriften, und zwischen Männern und Frauen herrschten geordnete Beziehungen. Wenn einer mit der Verwaltung eines Amtes betraut wurde, dann stahl er nicht, und wenn einem die Verteidigung einer Stadt anvertraut wurde, dann mißbrauchte er nicht das in ihn gesetzte Vertrauen oder rebellierte gar. Geriet der Fürst in Not, dann opferte man sein Leben für ihn, und mußte er sein Land verlassen, folgte man ihm. Solches Verhalten wurde von den Oberen belohnt und von der Bevölkerung gepriesen.

Und doch sagen die Vertreter des Fatalismus: »Wenn einer von den Oberen belohnt wird, so ist es, weil das Schicksal ihm die Belohnung bestimmt hat, und er wird nicht wegen seiner Tüchtigkeit belohnt.«[223] Wenn das so wäre, dann wären die Leute in ihren Familien nicht gütig und pietätvoll gegenüber ihren Eltern und nicht ehrerbietig und freundlich zu ihren Nachbarn. Zu Hause gäbe es für sie keine Regeln, drinnen wie draußen gäbe es für sie keine Vorschriften und zwischen Männern und Frauen herrschten keine geordneten Beziehungen. Wenn man sie mit der Verwaltung eines Amtes betraute, würden sie stehlen, und wenn man ihnen die Verteidigung einer Stadt übertrüge, dann würden sie das in sie gesetzte Vertrauen mißbrauchen und womöglich rebellieren. Und wenn der Fürst in Schwierigkeiten ist, würden sie nicht für ihn in den Tod gehen, müßte er das Land verlassen, so würde keiner ihm folgen. Eine solche Handlungsweise würde von den Oberen bestraft und von dem Volke verurteilt und verdammt.

Dennoch sagen die Vertreter des Fatalismus: »Wenn einer von den Oberen bestraft wird, so deshalb, weil das Schicksal es für ihn bestimmt hat, nicht aber, weil er schlecht ist.«[224] Unter dieser Voraussetzung wären die Fürsten nicht gerecht, die Beamten nicht loyal, die Väter nicht gütig und die Söhne nicht pietätvoll, die älteren Brüder nicht großmütig und die jüngeren Brüder nicht ehrerbietig. Jene, die hartnäckig an solchen Ansichten festhalten, sind der Ursprung verwerflicher Lehren, und sie gehen den Weg der Schlechten.

Doch woher wissen wir, daß der Fatalismus der Weg der schlechten Menschen ist? – Einst begehrten die verarmten Leute Essen und Trinken, doch sie waren säumig bei der Verrichtung ihrer Arbeit. So genügten die Mittel für Kleidung und Nahrung nicht, und sie hatten Hunger und Kälte, Frost und Nahrungsmangel zu leiden. Doch sie erkannten nicht, daß sie schwach und verkommen und ohne Eifer ihrer Arbeit nachgegangen waren, sondern statt dessen sagten sie: »Das Schicksal hat uns die Armut bestimmt.« In früherer Zeit gab es die schlechten Könige, die die Sinneslust ihrer Augen und Ohren und die entarteten Triebe ihrer Herzen nicht beherrschen konnten. Sie beachteten nicht den Weg ihrer Vorfahren, und deshalb gingen sie bald ihrer Staaten verlustig und brachten Verheerung über die Altäre der Landesgötter. Doch auch sie erkannten nicht, daß sie schlecht und verkommen waren und die Regierungsgeschäfte nicht zufriedenstellend besorgt hatten, sondern sie sagten statt dessen: »Es ist unser Schicksal, daß wir unser Land verloren haben.«

In der *Erklärung des Chung Hui* heißt es: »Ich habe gehört, daß der Mann von Hsia mit dem Vorwand, unter dem Mandat des Himmels zu handeln, seine Befehle an das Volk erließ. So vernichtete Shang-ti ihn wegen seiner Schlechtigkeit und zerstreute sein Heer.« Dies zeigt, wie T'ang den Fatalismus des Chieh verurteilte.[225]

In der *Großen Erklärung* heißt es: »Chou war äußerst unverschämt, und er wollte Shang-ti, den Geistern und Dämonen nicht dienen. Er brachte Unheil über die Tempel seiner Ahnen und der Geister und wollte ihnen nicht opfern, sondern sagte: ›Mein Volk hat sein Schicksal.‹ Er war hochtrabend und herrschsüchtig, und so verwarf ihn der Himmel und schützte ihn nicht.« Dies zeigt, wie König Wu den Fatalismus des Chou verdammte.[226]

Wenn man den Worten der Fatalisten folgte, dann würden die Oberen nicht die Regierungsgeschäfte besorgen und die Untertanen nicht ihre Arbeit verrichten. Wenn die Oberen nicht die Regierungsgeschäfte besorgen, dann sind Rechtspflege und Verwaltung in Unordnung, und wenn die Untertanen nicht ihre Arbeiten verrichten, dann reichen die Mittel nicht aus. Dann hat man keine Hirse und keinen Wein, Shang-ti und den Geistern zu opfern, und man kann die fähigen Gelehrten in der Welt nicht ausreichend versorgen. Bei den auswärtigen Beziehungen kann man die Gäste der fremden Fürsten nicht bewirten und im Inneren hat man nichts, um die Hungernden zu versorgen, die Frierenden zu kleiden und die Alten und Schwachen zu verpflegen. Also nützt das Schicksal in der oberen Sphäre nicht dem Himmel, im mittleren Bereich nicht den Geistern und im unteren Bereich nicht den Menschen. Jene, die hartnäckig an solchen Ansichten wie dem Fatalismus festhalten, sind der Ursprung für verwerfliche Lehren, und sie gehen den Weg von schlechten Menschen.

Daher sagte Meister Mo Ti: Wenn die Gelehrten und Edlen im Reiche heute wirklich Wohlstand im Reiche wünschen und Armut verabscheuen, wenn sie Wohlgeordnetheit im Reiche wünschen und Unordnung hassen, dann können sie gar nicht anders als die Reden der Fatalisten zu verurteilen, denn sie sind das größte Übel für das Reich.

Gegen die Schicksalsgläubigkeit II

Meister Mo Ti sagte: Bei allen Äußerungen und Reden, die einer bestimmten Ordnung folgen sollen, muß man zuallererst Urteilsregeln aufstellen. Denn wenn man argumentiert, ohne Urteilsregeln zu befolgen, dann ist das, als ob man die Richtungen von Sonnenaufgang und Sonnenuntergang auf einer Töpferscheibe bestimmen wollte. Auch der geschickteste Handwerker könnte so kein richtiges Ergebnis erzielen. Heutzutage lassen sich die verkehrten Ansichten in der Welt nicht so ohne weiteres erkennen. Daher muß eine Aussage drei Kriterien genügen. Welches sind diese drei Kriterien? Es sind die Kriterien des Ursprungs, der Begründbarkeit und der Anwendbarkeit. Um den Ursprung zu beurteilen, muß man den Willen des Himmels und der Geister und die Taten der heiligen Könige untersuchen. Und um die Begründbarkeit zu beurteilen, muß man die Schriften der früheren Könige heranziehen. Und wie steht es mit der Anwendbarkeit? Indem man die Aussagen auf Rechtspflege und Verwaltung anwendet, erkennt man die Anwendbarkeit. Dies sind die drei Kriterien zur Überprüfung von Aussagen.

Unter den Gelehrten und Edlen des Reiches gibt es heute manche, die glauben, daß es ein Schicksal gibt, und einige, die glauben, daß es kein Schicksal gibt. Woraus können wir erkennen, ob es ein Schicksal gibt oder nicht? Aus den

Wahrnehmungen der Ohren und Augen der Menge. Was gehört und was gesehen wurde, nennen wir wirklich, und was niemals gesehen oder gehört wurde, nennen wir nichtexistierend. Warum untersuchen wir dann nicht die Wahrnehmungen der Menge! Denn hat seit dem Altertum bis heute, seit dem Anbeginn der Menschheit je einer so etwas wie das Schicksal gesehen oder einen Laut des Schicksals gehört? Das ist niemals vorgekommen!

Und wenn man das Volk für töricht und minderwertig und die Wahrnehmungen ihrer Ohren und Augen für nicht zureichend hält, sie zum Kriterium zu machen, warum untersucht man dann nicht die Überlieferungen der Lehnsfürsten und die von ihnen verbreiteten Worte! Hat seit dem Altertum bis heute, seit Anbeginn der Menschheit jemals einer von ihnen die Stimme des Schicksals vernommen oder den Körper des Schicksals gesehen? Das ist niemals vorgekommen!

Und warum untersucht man nicht die Handlungen der heiligen Könige! Die heiligen Könige des Altertums zeichneten die pietätvollen Söhne aus und ermunterten sie, ihren Eltern zu dienen. Sie ehrten tüchtige und edle Männer und bestärkten sie darin, Gutes zu tun. Sie gaben Verordnungen heraus und erließen Gesetze, um ihr Volk zu unterweisen, und sie belohnten und bestraften, um zu ermuntern und abzuschrecken. Auf diese Weise konnte Unordnung in Ordnung gewendet werden, und was vorher gefährlich war, war nun friedlich. Wenn jemand daran zweifelt, sei er nur darauf verwiesen, daß die Unordnung unter Chieh von T'ang und die Unordnung unter Chou von König Wu in geordnete Verhältnisse umgewandelt wurden. Die Zeiten hatten sich nicht geändert und das Volk sich nicht gewandelt, doch dadurch, daß sich oben die Regierung änderte, wurde das Volk in seiner Moral gewandelt. Unter T'ang und Wu herrschte Ordnung und unter Chieh und Chou Unordnung. Daß auf Gefahr Sicherheit und Ordnung auf Unordnung folgte, war eine Folge der von oben ausgeübten Regierung. Wie kann man da von dem Vorhandensein eines Schicksals sprechen?

Doch jene, die behaupten, es gäbe ein Schicksal, werden uns nicht zustimmen. Heute sagen die Fatalisten: »Wir haben diese Lehre nicht erst neuerdings eingeführt, sondern sie stammt bereits aus den drei Dynastien des Altertums und ist uns von daher überliefert.« Darauf erwiderte der Lehrer (d. i. Mo Ti): Man weiß nun nicht, ob die vorbildlichen und guten Männer oder aber die schlechten und unwürdigen Männer der drei Dynastien Fatalisten waren. Wie können wir das herausfinden?

Am Anfang waren die Beamten und die vortrefflichen Großwürdenträger sorgfältig in ihren Reden und wußten, was sie taten. Ihren Fürsten machten sie Vorschläge und das Volk belehrten und unterwiesen sie. So erhielten sie von oben Belohnungen von ihren Fürsten und von unten das Lob des Volkes. Der Ruhm dieser Beamten und vortrefflichen Würdenträger verhallte nie und ist bis auf unsere Tage überliefert. Und die ganze Welt sagt: »Dies ist das Ergebnis ihrer Bemühungen.« Sie würde bestimmt nicht sagen: »Ich betrachte das als Schicksal.«

Doch die frevelhaften Könige der drei Dynastien des Altertums zügelten nicht die Lüsternheit ihrer Sinne und beherrschten nicht die Begierden ihres Herzens. Draußen jagten sie in Wagen und bei der Jagd legten sie Netze und schossen mit Pfeilen. Drinnen gaben sie sich dem Wein und der Musik hin. Sie kümmerten sich nicht um die Regierung der Bevölkerung ihres Staates, sondern sie trieben vorwiegend Nutzloses. Sie unterdrückten das Volk, und infolgedessen waren die Untertanen ihnen nicht zugeneigt, das Land verödete und verwaiste, und sie selbst fielen der Bestrafung und Unheil anheim. Doch sie bekannten nicht und sagten etwa: »Ich bin schlecht und unwürdig und habe gefehlt bei der Ausführung der Regierungsgeschäfte.« Sondern sie sagten: »Es ist eben mein Schicksal, daß ich untergehen muß.« Auch das elende Volk zur Zeit der drei Dynastien war so. Sie waren nicht in der Lage, zu Hause ihren Eltern und nach außen hin ihren Fürsten und Vorgesetzten zu dienen. Höflichkeit und Bescheidenheit waren ihnen zuwider, und sie liebten ein freizügiges und leichtes Leben. Sie sannen auf Essen und Trinken, doch sie waren träge bei der Arbeit. Die Mittel für Kleidung und Nahrung reichten nicht aus, so daß sie Hunger und Frost, Kälte und Nahrungsmangel zu leiden hatten. Freilich konnten sie sich nicht eingestehen: »Wir sind dumm und unwürdig und nicht eifrig unseren Aufgaben nachgegangen.« Sondern sie sagten: »Es ist eben unser Schicksal, arm zu sein.« So also war das elende Volk zur Zeit der drei Dynastien.

Immer wieder ist der Fatalismus beschönigt, ist er der Menge gelehrt und sind einfache Menschen damit betört worden. Den vorbildlichen Königen machte dies große Sorgen. Deshalb ließen sie es auf Bambus und Seide schreiben und in Metall und Stein ritzen. In der *Erklärung des Chung Hui*, einer Schrift der früheren Könige, heißt es: »Ich habe gehört, daß zur Zeit der Hsia unter dem Vorwand, es handele sich um Anordnungen des Himmels, an das Volk Befehle ergingen. Shang-ti erzürnte darüber und zerstreute ihre Streitkräfte.« Dieser Ausspruch zeigt, wie der König der Hsia, Chieh, am Fatalismus festhielt und wie sowohl T'ang als auch Chung Hui dies verurteilten. – In der *Großen Erklärung*, einem Buch der früheren Könige, heißt es: »König Chou war unbotmäßig und wollte Shang-ti nicht dienen; er mißachtete seine Ahnen und die Geister und opferte ihnen nicht. Er sagte: ›Mein Volk hat sein Schicksal‹, und vernachlässigte seine Aufgaben. Der Himmel ließ daher von ihm ab und entzog ihm seinen Schutz.« Dies zeigt, wie Chou am Fatalismus festhielt und wie König Wu diese Haltung in seiner *Großen Erklärung* verurteilte.[227]

Auch in der Schrift *Die hundert Staaten der drei Dynastien* heißt es: »Lege nicht zu viel Gewicht auf die Bestimmung des Himmels.« In derselben Schrift wird auch gesagt, es gäbe kein Schicksal.[228] Und in der Schrift *Der Herzog von Shao* wird das Schicksal ebenso abgelehnt. Dort heißt es: »Es gibt bestimmt kein himmlisches Schicksal. Und da wollen wir beide (d. i. der Herzog von Shao und sein Bruder, der Herzog von Chou) nicht falsche Lehren verkünden. Das Schicksal kommt nicht vom Himmel, sondern man empfängt es von sich selbst.«[229] In den Liedern und Schriften der Shang und der Hsia steht, das Schicksal sei von den frevelhaften Königen eingeführt worden.

Wenn heute die Gelehrten und Edlen im Reiche wahr und falsch, Nutzen und Nachteil voneinander unterscheiden wollen, dann müssen sie unbedingt die Bestimmung des Himmels bestreiten, denn an dem Fatalismus festzuhalten, ist ein großes Unheil für das Reich, weswegen ihn auch Meister Mo Ti verurteilte.

Gegen die Schicksalsgläubigkeit III

Meister Mo Ti sagte: Um eine Aussage zu machen, muß man unbedingt vorher eine Urteilsregel aufstellen, bevor man sich äußert; denn wenn man sich äußert, ohne zuvor eine Urteilsregel festgesetzt zu haben, so ist das, wie wenn man auf einer sich drehenden Töpferscheibe die Richtungen von Sonnenaufgang und Sonnenuntergang bestimmen wollte. Ich meine, daß selbst ein so offenkundiger Unterschied wie der zwischen Sonnenaufgang und Sonnenuntergang auf eine solche Weise nicht auszumachen ist. Deshalb muß jede Aussage drei Kriterien genügen. Welches sind diese drei Kriterien? Die Prüfbarkeit *(k'ao)*, die Begründbarkeit *(yüan)* und die praktische Anwendbarkeit *(yung)*.[230] Worin besteht die Prüfbarkeit? – In der Prüfung der Handlungen der heiligen großen Könige des Altertums. Worin die Begründbarkeit? – In der Untersuchung der sinnlichen Wahrnehmungen der Menge. Und worin besteht die Anwendbarkeit? – In der Anwendung bei der Regierung des

Staates und der Prüfung der offenbaren Auswirkungen auf die Masse des Volkes. Dies sind die drei Kriterien.

Als die heiligen Könige der drei Dynastien des Altertums, Yü, T'ang, Wen und Wu über das Reich regierten, sagten sie: »Wir müssen die pietätvollen Söhne fördern und ermuntern und sie anspornen, ihren Eltern zu dienen, und wir müssen die tugendhaften und guten Menschen ehren und sie lehren, Gutes zu tun.« Und entsprechend führten sie ihre Regierung, gaben Belehrungen heraus und belohnten die Guten und bestraften die Schlechten. Da sie so handelten, konnten sie, wo Unordnung in der Welt herrschte, Ordnung stiften und die Gefahren für die Landesgötter bannen.

Wenn jemand daran zweifeln sollte, so läßt sich ihm entgegnen: Die Unordnung, die einst unter Chieh herrschte, wurde von T'ang beigelegt, und König Wu beendete die Unordnung unter Chou. Damals war nicht ein anderes Zeitalter angebrochen und auch das Volk hatte sich nicht gewandelt, sondern indem die Oberen ihre Regierungsweise änderten, änderte auch das Volk seine Verhaltensweisen. So herrschte unter Chieh und Chou Unordnung in der Welt, doch unter T'ang und Wu wurde Ordnung hergestellt. Daß das Reich wohlgeordnet war, war ein Verdienst der Bemühungen von T'ang und Wu, und daß es zuvor in Unordnung war, war die Schuld von Chieh und Chou. Betrachtet man dies, so hingen Sicherheit und Gefahr, Ordnung und Unordnung von der Regierungsführung der Oberen ab. Wie kann man da behaupten, es gäbe ein Schicksal?

Als Yü, T'ang, Wen und Wu das Reich regierten, sagten sie: »Wir müsen unbedingt den Hungrigen Nahrung, den Frierenden Kleidung, den Erschöpften Erholung und den Verwirrten Ordnung verschaffen.« So erlangten sie Ruhm und Lob im Reiche. Wie kann man das für Schicksal halten, wo es doch nur ihren eigenen Bemühungen entsprang? – Wenn heute die guten und vortrefflichen Menschen die Tugendhaftigkeit ehren und die Wege und Methoden, die der Welt nützen, lieben, dann erhalten sie von den Oberen, den Königen, Fürsten und hohen Beamten Belohnungen und von der Bevölkerung werden sie gepriesen, und ihr Ruhm und Ansehen verbreitet sich im ganzen Reiche. Wie kann man das für Schicksal halten, wo es sich doch nur um das Ergebnis ihrer Bemühungen handelt?

Doch heute weiß man nicht, ob die heiligen und guten Männer oder die frevelhaften und unwürdigen Männer der drei Dynastien des Altertums Fatalisten waren. Wenn man von ihren Reden ausgeht, können es bestimmt nicht die vorbildlichen, guten Männer der drei Dynastien des Altertums, sondern nur die frevelhaften und unwürdigen jener Zeit gewesen sein. Jene, die heute an ein Schicksal glauben, sind wie die verbrecherischen und frevlerischen Könige der drei Dynastien des Altertums, Chieh, Chou, Yu und Li. Diese hatten die Würde eines Himmelssohnes und verfügten über das ganze Reich. Doch sie konnten nicht die Begierden ihrer Sinne zügeln, sondern gaben sich ihren Leidenschaften hin. Draußen fuhren sie auf Wagen, und sie jagten und stellten Fallen, drinnen gaben sie sich ganz dem Wein und der Musik hin. Sie sorgten sich nicht um die Regierung des Staates und der Bevölkerung, sondern taten vorwiegend Nutzloses. Sie unterdrückten das Volk und verloren schließlich ihre Ahnentempel. Doch daraufhin sagten sie nicht etwa: »Wie schlecht und unwürdig bin ich! Bei der Besorgung der Regierungsgeschäfte habe ich mich nicht bemüht!« Vielmehr sagten sie: »Es war eben mein Schicksal, das alles zu verlieren.«

Auch die schlechten und unwürdigen Leute zur Zeit der drei Dynastien des Altertums waren so. Sie vermochten nicht, ihren Eltern und Fürsten Gutes zu tun und ihnen zu dienen, sondern sie verabscheuten Ehrfurcht und Mäßigung und liebten ein ungeordnetes leichtes Leben. Sie sannen nur auf Essen und Trinken und mieden es, ihre Arbeiten zu verrichten. So wurden die Mittel für Essen und Kleidung knapp, und infolgedessen hatte man unter Hunger und Kälte, Nahrungsmangel und Frost zu leiden. Auch sie sagten nicht: »Wie schlecht und unwürdig bin ich; ich habe mich nicht bemüht, meine Pflichten zu erfüllen.« Sondern sie sagten: »Es ist eben mein Schicksal, so arm zu werden.« So waren die elenden Leute unter den drei Dynastien des Altertums. Die frevlerischen Könige brachten einst diese Lehre auf, und das verarmte Volk folgte ihnen. Sie alle säten Zweifel bei der Menge und hemmten sie in ihrer Tätigkeit.[231]

Bereits die früheren vorbildlichen Könige litten sehr darunter. Daher ließen sie es auf Bambus und Seide schreiben, auf Gold und Steine ritzen und in Teller und Schalen eingravieren, um es dadurch ihren Nachkommen zu übermitteln. In welchen Büchern steht das? In dem *Tsung-te* des Yü[232] heißt es: »Wenn jemand sein Versprechen nicht hält, dann kann selbst der Himmel keinen Schutz mehr geben, Hat man den verderblichen Stern berührt, wird der Himmel seine Strafe senden. Wie kann das himmlische Schicksal den schützen, der nicht um seine Tugend besorgt ist?« – In der *Erklärung des Chung Hui* heißt es: »Ich habe gehört, daß der Mann von Hsia unter dem Vorwand, es handele sich um Befehle des Himmels, seine Anordnungen erließ. Shang-ti war darüber erzürnt und zerstörte seine Truppen.« – Er machte Gebrauch von etwas, das nicht vorhanden war, als sei es vorhanden. Daher der Ausdruck »Vorwand«. Hätte er etwas wirklich Vorhandenes als vorhanden bezeichnet, wie könnte man da von »Vorwand« sprechen? Einst handelte Chieh so als gäbe es ein Schicksal, und dies verurteilte T'ang in der *Erklärung des Chung Hui.*

In der *Großen Erklärung* heißt es: »Da sprach der Kronprinz Fa[233]: »Oh, Ihr Edlen, des Himmels Tugend ist leuchtend, und klar ist sein Wirken.[234] Nach einem Beispiel braucht man nicht lange zu suchen; es findet sich schon mit dem König von Yin.[235] Er sagte, jeder Mensch habe sein eigenes Schicksal, Ehrfurcht lohne sich nicht, Opfer nützten nicht und Schlechtigkeit schade nicht. Shang-ti wendet sich ab und die Neun Provinzen gehen verloren. Shang-ti stimmt dem nicht zu und sendet Unheil auf ihn herab. Unser Chou übernimmt das Reich der Shang[236].« – Chou glaubte an das Schicksal und verhielt sich entsprechend, und König Wu verurteilte dies in der *Großen Erklärung.* Warum geht man nicht auf die alten Berichte von Yü, Hsia, Shang und Chou zurück, wo man sieht, daß sich in keinem von ihnen eine Erwähnung von der Existenz eines Schicksals findet? Wie kann man das erklären?

Meister Mo Ti sagte: Die Gelehrten und Edlen des Reiches sollten heute gelehrte Äußerungen und Diskussionen nicht nur führen, um ihre Stimme und ihre Zungenfertigkeit zu trainieren und ihre Lippen zu üben, sondern es sollte ihnen auch an der Rechtspflege und Regierung der Bevölkerung in den Städten und Ortschaften des Staates gelegen sein. Wenn heutzutage Könige, Fürsten und hohe Beamte schon frühmorgens zum Hofe gehen und erst abends heimkehren, wenn sie über Rechtsstreitigkeiten sitzen und die Verwaltung den ganzen Tag über führen und nicht wagen, zu ruhen und nachlässig zu sein, warum ist das dann so? Sie sind der Auffassung, daß nur durch starken Einsatz die Ordnung gewährleistet wird und daß ohne diesen Einsatz mit Sicherheit alles ins Chaos stürze; daß nur dieser starke Einsatz Sicherheit gewährleisten, sein Fehlen aber Gefahren mit sich bringen würde. Daher wagen sie nicht, nachlässig zu sein. Wenn die Minister und hohen Beamten die ganze Kraft ihres Leibes einsetzen und ihr Wissen und Können erschöpfen, wenn sie im Inneren die Ämter verwalten und draußen an Toren, auf Märkten, in Bergen und Wäldern, an Seen und Fischgründen die Abgaben eintreiben, um den Staatsschatz zu füllen, und sie nicht wagen, nachlässig zu sein, was ist dann der Grund dafür? Sie sind der Meinung, daß man durch tatkräftigen Einsatz vornehm, ohne ihn aber nur gering ist, daß man sich nur durch Einsatz Ruhm, ohne diesen aber nur Schande erwirbt. Deshalb wagen sie nicht, nachlässig zu sein. Wenn die Bauern schon früh hinausgehen und erst bei der Dämmerung heimkommen, wenn sie mit ganzem Eifer pflügen, säen und pflanzen, um möglichst viel Bohnen und Hirse zu ernten, und sie nicht wagen, träge zu sein, was ist der Grund dafür? Weil sie der Auffassung sind, daß sie Wohlstand nur durch Eifer erlangen, ohne Eifer aber arm bleiben, daß sie durch Eifer reichlich zu essen haben, ohne Eifer aber Hunger leiden müßten, deshalb wagen sie nicht, nachlässig zu sein. Und wenn die Frauen frühmorgens aufstehen und sich erst in der Nacht zur Ruhe legen, wenn sie emsig spinnen und weben, um möglichst viel Hanf und Seide zu produzieren und Stoffe daraus zu weben, und nicht wagen, nachlässig zu sein, was ist dann der Grund dafür? Weil sie der Auffassung sind, daß sie Wohlstand nur durch Eifer erlangen, ohne Eifer aber arm bleiben, und daß sie es durch diesen Eifer warm haben, ohne ihn aber frieren müßten, deshalb wagen sie nicht, nachlässig zu sein.

Wenn sie nun an das Schicksal glauben und sich entsprechend verhalten würden, dann würden die Könige, Fürsten und hohen Herren bestimmt nachlässig über Streitfälle Gericht sitzen und die Verwaltung führen, und ebenso würden die Minister und hohen Beamten bei der Erledigung ihrer Amtsgeschäfte, die Bauern beim Pflügen, Säen und Pflanzen und die Frauen beim Spinnen und Weben nachlässig sein. Wenn die Könige, Fürsten und hohen Herren beim Anhören von Rechtsstreitigkeiten und die Minister und hohen Beamten bei der Erledigung ihrer Amtsgeschäfte nachlässig sind, dann wird meiner Ansicht nach das Reich bestimmt in Unordnung geraten. Wenn die Bauern beim Pflügen, Säen und Pflanzen und die Frauen beim Spinnen und Weben nachlässig sind, dann, so glaube ich, werden die Mittel für Kleidung und Nahrung nicht ausreichen. Und würde man nun diesen Schicksalsglauben auf die Regierung des ganzen Reiches ausdehnen, dann hätten oben der Himmel und die Geister an den ihnen dargebrachten Diensten keine Freude mehr, und wollte man das Volk damit ernähren, so hätte es keinen Nutzen davon. Es würde sich vielmehr zerstreuen und nicht mehr für Dienste zur Verfügung stehen. Dann würde innen die Verteidigung nicht stark und nach außen hin würden Feldzüge nicht siegreich sein. – Das, wodurch die verbrecherischen Könige der drei Dynastien, Chieh, Chou, Yu und Li, ihr Land verloren und die Tempel ihrer Landesgötter zerstörten, war eben diese Lehre.

Daher sagte Meister Mo Ti: Wenn die Gelehrten und Edlen im Reiche heute wirklich dem Reiche nützen und Schaden von ihm wenden wollen, dann müssen sie unbedingt mit aller Entschiedenheit die Lehren der Fatalisten zurückweisen. Denn das Schicksal ist eine Erfindung der verbrecherischen Könige, denen das verelendete Volk folgte. Es ist nicht die Lehre der Menschlichen. Daher müssen heute die Tugendhaften und Rechtschaffenen diese Lehre unbedingt prüfen und mit aller Entschiedenheit zurückweisen.

Gegen die Konfuzianer[237]

Die Konfuzianer sagen: »Für das Verhalten gegenüber Verwandten gibt es Vorschriften, und für die Respektbezeugung gegenüber ausgezeichneten Personen gibt es Abstufungen.«[238] Sie sprechen von Unterschieden, die zwischen nahen und entfernten Verwandten und zwischen ehrbaren und gewöhnlichen Personen zu machen seien. In ihren Ritenvorschriften heißt es: »Die Trauerfrist für Vater und Mutter beträgt drei Jahre, für die Ehefrau und den ältesten Sohn ebenfalls drei Jahre, für die Brüder des Vaters oder einen eigenen Bruder sowie einen der jüngeren Söhne ein Jahr und für sonstige nahe Verwandte fünf Monate.« Wenn die Zahl der Trauerjahre und -monate sich nach dem Grad der Verwandtschaft richtet, dann muß man um die nahen Verwandten eine lange Zeit und um die entfernten Verwandten eine kurze Zeit trauern. Danach behandelt man die Gattin und den ältesten Sohn dem Vater gleich. Wenn aber die Zahl der Jahre und Monate sich nach dem Grad der Ehrbarkeit richtet und man dennoch seine Gattin und seinen Sohn genauso wie seinen Vater und seine Mutter ehrt, während man die Brüder des Vaters und die eigenen Brüder mit den eigenen jüngeren Söhnen gleichstellt, was könnte widersprüchlicher sein?[239]

Wenn der Vater gestorben ist, bahren sie den Leichnam für eine lange Zeit auf, bevor sie ihn einkleiden; sie steigen auf das Dach, schauen in den Brunnen hinab, stochern in den Rattenlöchern und prüfen die Waschgefäße, um nach dem Verstorbenen zu suchen. Wenn sie annehmen, daß er wirklich noch existiert, dann ist das der Gipfel der Torheit, doch wenn sie wissen, daß er nicht mehr da ist, und doch nach ihm suchen, so ist das der größte Selbstbetrug!

Wenn sich ein Konfuzianer eine Frau nimmt, dann holt er sie persönlich ab. Dabei trägt er vorschriftsmäßige Kleidung und verhält sich wie sein eigener Diener, indem er die Zügel führt und ihr die Kordel zum Einsteigen in den Wagen reicht, so als geleite er seinen gestrengen Vater. Die Trauungszeremonien werden mit einer solchen Steifheit ausgeführt, als handele es sich um die Darbringung der Ahnenopfer. Oben und Unten werden verkehrt und Vater und Mutter geradezu beleidigt; denn sie werden auf die Stufe der Braut herabgesetzt, während die Braut wie die Eltern verehrt wird. Wie kann ein solches Verhalten pietätvoll genannt werden?

Die Konfuzianer verteidigen das, indem sie sagen: »Man nimmt sich eine Frau, damit sie später für die Ahnenopfer sorgt, und der Sohn wird bald den Ahnentempel unterhalten. Deshalb werden sie so geehrt.« Doch dem ist zu entgegnen, daß es einfach falsch und irreführend ist. Es kann vorkommen, daß der Onkel oder der ältere Bruder eines Mannes den Ahnentempel zunächst für mehrere Jahrzehnte unterhält, doch wenn sie sterben, werden die Konfuzianer nur ein Jahr um sie trauern. Oder die Frauen seiner Brüder mögen die Ahnenopfer besorgen, doch wenn sie sterben, wird man überhaupt nicht um sie trauern. Daraus wird doch offenbar, daß die Konfuzianer nicht deshalb um die Gattin und den älteren Sohn drei Jahre trauern, weil diese die Ahnenopfer besorgen. Aus Liebe zu ihrer Gattin und ihrem Sohn haben sie so großes Leid zu ertragen, und die Konfuzianer behaupten dann auch noch, sie täten es ihren Eltern zu Ehren. Nur um ganz ihren privaten Neigungen zu folgen, vernachlässigen sie, was sie am meisten ehren sollten. Ist das nicht der Gipfel an Perversion?

Und jene, die hartnäckig am Glauben an ein Schicksal festhalten, sagen auch noch: »Langes Leben oder früher Tod, Armut oder Reichtum, Sicherheit oder Gefährdung, Ordnung oder Chaos, dies alles ist durch das himmlische Schicksal bestimmt und läßt sich nicht ändern. Mißerfolg und Erfolg, Belohnungen und Strafen, Glück und Unglück sind bereits festgelegt, und menschliche Klugheit oder Kraft kann nichts daran ändern.« Wenn alle Beamten daran glauben, dann werden sie nachlässig in der Ausübung der ihnen zugewiesenen Amtspflichten, und wenn die einfachen Leute daran glauben, dann werden sie ihren Pflichten nicht mehr mit Eifer nachkommen. Wenn die Beamten die Regierungsgeschäfte nicht mehr ordentlich versehen, dann hat das Unordnung zur Folge, und wenn die Landwirtschaft vernachlässigt wird, wird Armut eintreten. Armut aber ist die Wurzel für ungeordnete Verhältnisse. Doch die Konfuzianer halten die Lehre vom Schicksal für die wahre Lehre. Sie sind es, die den Menschen im Reiche Unheil bringen!

Mit ihren verfeinerten äußerlichen Riten und der Musik verführen sie die Menschen, und durch lange Trauer und mit geheucheltem Schmerz täuschen sie ihre Eltern. Sie führen das Schicksal ein und nehmen Armut überhaupt nicht zur Kenntnis, während sie selbst auf großem Fuß leben. Sie wenden sich ab von den Grundprinzipien und vernachlässigen ihre Aufgaben, während sie ihren Müßiggang und ihren Stolz pflegen. Sie sind gierig nach Essen und Trinken, sind zu träge zum Arbeiten, und selbst wenn sie Hunger und Kälte zu erleiden haben, werden sie doch ihren Weg nicht aufgeben. Sie verhalten sich wie Bettler, sammeln wie die Hamster, blicken wie junge Böcke und laufen umher wie kastrierte Schweine. Und wenn ein Edler über sie lacht, dann sagen sie verärgert: »Was weißt du Müßiggänger schon über gute Konfuzianer!«

Im Sommer betteln sie um Getreide, und wenn die fünf Feldfrüchte eingebracht sind, dann schließen sie sich großen Trauerfeierlichkeiten an, gefolgt von allen ihren Söhnen und Enkeln, und so erhalten sie reichlich zu essen und zu trinken. Wenn sie so einigen Trauerfeierlichkeiten beigewohnt haben, haben sie vollauf genug. Sie mästen sich auf Kosten anderer Familien und verdanken ihre geehrte Stellung den Felderzeugnissen der anderen. Wenn in einer reichen Familie ein Todesfall eintritt, dann freuen sie sich sehr, weil sie sagen, daß dies wieder eine Gelegenheit ist, zu Kleidung und Nahrung zu kommen.

Die Konfuzianer sagen: »Der Edle muß die Kleider der Alten tragen und ihre Sprache sprechen, um als tugendhaft angesehen werden zu können.« Darauf läßt sich erwidern, daß die Sprache und die Kleidung der Alten einst auch einmal neu waren, und die Alten, die so redeten und sich so kleideten, waren demnach auch keine Edlen. Müssen wir also die Kleidung von Leuten tragen, die keine Edlen waren, und ihre Sprache sprechen, um als tugendhaft gelten zu können?

Ferner sagen die Konfuzianer: »Der Edle folgt nach und erfindet nicht selbst.«[240] Darauf läßt sich erwidern, daß im Altertum I den Bogen erfand[241], Yü den Panzer[242], Hsi-chung den Wagen[243] und der geschickte Ch'ui das Boot.[244] Sind also heute Gerber, Rüstungsschmiede, Wagner und Zimmerleute alle Edle, während I, Yü, Hsi-chung und der geschickte Ch'ui bloß ganz gewöhnliche Menschen waren? Außerdem: Jemand muß doch auch die Wege, denen die Konfuzianer folgen, eingeführt haben, so daß sie mithin dem Weg eines gewöhnlichen Menschen folgen.

Ferner sagen die Konfuzianer: »Wenn der Edle im Kampf siegreich ist, verfolgt er die fliehenden Feinde nicht; wenn sie ihre Panzerungen verloren haben, schießt er nicht auf sie. Und wenn ihnen ein Wagen umgestürzt ist, dann hilft er ihn wieder aufzurichten.« Darauf läßt sich erwidern, daß, wenn beide Seiten tugendhaft sind, sie keinen Grund haben, sich gegenseitig zu bekriegen. Tugendhafte Menschen teilen einander die Prinzipien mit, nach denen sie etwas vorziehen und etwas für wahr oder verwerflich halten. Jene Seite, die keine Gründe vorbringen kann, folgt der Seite, die Gründe hat; und jene, die nichts weiß, folgt der wissenden. Ohne Einwand ordnet sie sich der Meinung der anderen unter, und sieht sie Gutes, läßt sie sich davon überzeugen. Welchen Grund hätten sie da, sich zu bekriegen? – Und wenn beide streitenden Parteien schlecht sind, dann wird auch der Sieger unter ihnen, selbst wenn er den fliehenden Gegner nicht verfolgen oder auf den ungepanzerten nicht schießen will, sondern dessen umgestürzten Wagen noch aufzurichten hilft, dann also wird dieser, selbst wenn er sich noch so abmüht, dies zu tun, doch niemals als Edler gelten können.

Angenommen, es gebe einen verderbten tyrannischen Staat. Ein Weiser würde versuchen, dies Unheil aus der Welt zu schaffen, und er höbe ein Heer aus, um damit zu strafen. Wenn er dann den Sieg errungen hat, würde er entsprechend den konfuzianischen Vorschriften seine Soldaten anweisen: »Verfolgt keine Fliehenden, schießt nicht auf Ungeschützte, und wenn ein Wagen umgestürzt ist, dann helft ihnen, diesen wieder aufzurichten.«[245] Dann würden die verderbten und zügellosen Leute mit dem Leben davonkommen, doch die Welt würde von dem Unheil nicht befreit sein. Vielmehr brächte man damit Verderben über seine Eltern und seiner Zeit großes Unheil. Es gäbe keine größere Ungerechtigkeit.[246]

Ferner sagen die Konfuzianer: »Der Edle ist wie eine Glocke; schlägt man sie, tönt sie, schlägt man sie nicht, tönt sie nicht.« Darauf läßt sich erwidern, daß der Tugendhafte seinen Oberen mit der äußersten Loyalität und seinen Eltern in uneingeschränkter Pietät dient. Wenn diese gute

Taten begehen, lobt er sie, und wenn sie einen Fehler machen, dann ermahnt er sie. Dies ist der Weg eines Untertanen. Doch wenn er nur tönt, wenn er angeschlagen wird, und sonst still bleibt, dann verbirgt er sein Wissen und schont seine Kräfte, verharrt in dumpfem Schweigen und redet erst, wenn er gefragt wird. Und selbst wenn es um einen großen Vorteil für den Fürsten oder die Eltern geht, äußert er sich nicht, wenn er nicht gefragt wird. Selbst wenn ein großer Aufstand bevorsteht, Diebe und Räuber ihr Unwesen zu treiben beginnen oder irgendwelche dunkle Machenschaften zu befürchten sind und keiner außer ihm selbst davon weiß, wird er, selbst wenn er sich in der Nähe seines Fürsten oder seiner Eltern aufhält, ungefragt kein Wort darüber verlieren. Ein solcher ist der größte Landesverräter! Als Untertan ist er nicht loyal, als Sohn nicht pietätvoll. Gegenüber seinen älteren Brüdern ist er nicht respektvoll, und im Umgang mit anderen Menschen ist er unlauter.

Die Konfuzianer sind für das Hinausschieben und reden erst, wenn sie gefragt werden, es sei denn, sie sehen einen Vorteil für sich selbst darin. Und dies, obgleich sie befürchten müssen, daß der Fürst bei verspäteter Mitteilung keinen Vorteil mehr davon hat, so daß sie dann die Arme heben, zu Boden blicken, schweigen und dann mit ganz leiser Stimme sagen, sie verstünden von der ganzen Sache nichts, und obgleich es sehr eilig sei, solle man sich doch nicht falsch verhalten.[247]

Jede Lehre und jede Erziehung, Menschlichkeit und Rechtschaffenheit dienen im großen zur Regierung der Menschen und im kleinen dazu, einen für ein Amt zu befähigen. Nach außen hin muß man sie in der ganzen Welt verbreiten und innen dienen sie zur Kultivierung der eigenen Person. Man verhält sich nicht unrechtschaffen und tut nichts, was nicht im Einklang mit den Prinzipien ist. Man setzt sich ein, um direkt und indirekt den Nutzen für das Reich zu mehren, und man vermeidet, was ihm nicht nützt.

Dies ist der Weg des Edlen. Doch das, was wir über das Verhalten des Konfuzius gehört haben, war dem gerade entgegengesetzt.

Herzog Ching von Ch'i fragte Meister Yen: »Was für ein Mann ist Konfuzius?«[248] Meister Yen gab keine Antwort. Der Herzog fragte wieder, doch wieder gab Meister Yen keine Antwort. Da sagte der Herzog Ching: »Viele Menschen haben mir gegenüber von Konfuzius gesprochen, und alle hielten sie ihn für einen Weisen. Warum antwortest du nicht auf meine Frage?« – Meister Yen sagte daraufhin: »Ich bin nichtswürdig und unfähig, einen Weisen zu erkennen. Doch ich habe sagen hören, daß ein Weiser, wenn er in ein Land kommt, für eine einträchtige Beziehung zwischen dem Fürsten und seinen Untertanen arbeitet und Groll zwischen oben und unten zu beseitigen sucht. Doch als Konfuzius in den Staat von Ching kam, da erkannte er, daß der Herzog von Po einen Aufstand plante, und doch unterstützte er ihn durch Shih Ch'i. Der Fürst kam dabei fast ums Leben, und der Herzog von Po wurde entehrt.[249] Auch habe ich gehört, daß ein Weiser, der das Vertrauen des Fürsten erlangt, diesen nicht betrügt, und wenn er das Vertrauen der Untergebenen erlangt, bringt er diese nicht in Gefahr. Hört der Fürst auf seine Worte, dann nützt das dem Volk, und wenn sich das Volk nach seinem Rat richtet, dann nützt das dem Fürsten. Seine Worte sind klar und leicht zu verstehen, seine Handlungen sind klar und leicht nachzuahmen. Sein Verhalten und seine Rechtschaffenheit erleuchten das Volk, und seine Pläne und Gedanken geben dem Fürsten und seinen Ministern Einsicht.

Nun hat Konfuzius mit ausgefeilten Plänen und durchdachten Gedanken Verrätern gedient, und er hat seinen Verstand bemüht und seine ganzen Kenntnisse aufgeboten, um Verwerfliches zu begehen. Untertanen zu ermuntern, gegen ihre Oberen zu rebellieren, und Beamte zu lehren, ihren Fürsten zu ermorden, das ist nicht das Verhalten eines Weisen. In einen Staat zu kommen und sich mit den Rebellen zusammenzutun, das hat nichts mit Rechtschaffenheit zu tun. Zu erkennen, daß Leute nicht loyal sind, und sie dann noch zur Rebellion anzustacheln, das ist nicht in Übereinstimmung mit Menschlichkeit und Rechtschaffenheit. Sich vor anderen zu verstecken und nachher dann aufrührerische Pläne zu schmieden, vor anderen zu fliehen und nachher dann zu reden, das entspricht nicht dem Verhalten eines Weisen und der Rechtschaffenheit, die das Volk aufklärt, noch sind dies Pläne und Gedanken, die dem Fürsten und seinen Ministern Einsicht geben könnten. Daher weiß ich nicht, ob sich Konfuzius von dem Herzog von Po unterscheidet. Und dies ist auch der Grund, warum ich nicht antwortete.« – Herzog Ching sagte daraufhin: »In der Tat, du hast mir einen sehr großen Dienst erwiesen. Denn ohne dich hätte ich selbst niemals erkannt, daß Konfuzius mit dem Herzog von Po auf gleicher Stufe steht.«

Konfuzius ging nach Ch'i, um den Herzog Ching zu sehen. Der Herzog Ching war sehr erfreut und wollte ihm ein Lehen in Ni-ch'i geben. Er teilte dies Meister Yen mit, und dieser wandte ein: »Das geht nicht! Die Konfuzianer sind arrogant und selbstgefällig, und sie sind nicht in der Lage, ihre Untertanen richtig zu unterweisen. Sie lieben Musik und verleiten andere, und sie vermögen nicht, an der Regierung teilzuhaben. Sie behaupten, es gäbe ein Schicksal, sind daher müßig in der Ausführung ihrer Pflichten, und sie können daher kein Amt verwalten. Sie nehmen die Trauer sehr wichtig und dehnen die Trauerzeiten aus, so daß sie nicht angemessen für das Volk sorgen können. Sie tragen sonderbare Tracht und sind unterwürfig in ihrem Gebaren und daher nicht in der Lage, die Massen zu führen. Mit seinem ausgesuchten Gebaren und seinem Hang zu Verfeinerungen vergiftet Konfuzius die Welt. Mit Zitherspiel, Gesang, Trommeln und Pantomimen sucht er Anhänger zu gewinnen. Mit einer Vielzahl von Vorschriften für das Herauf- und Herabsteigen von Stufen legt er das Zeremoniell fest, und mit seiner Betonung des fliegenden Ganges will er der Menge ein Schauspiel geben.[250] Die umfangreiche Lehre der Konfuzianer können wir nicht zur Norm für unsere Zeit machen, und ihr ausgeklügeltes Denksystem ist keine Hilfe für das Volk. Man könnte mehrere Leben leben und würde doch nicht ihr ganzes Lehrsystem erschöpfend erfassen, und selbst in seinen besten Jahren vermag man nicht, alle Riten auszuführen. Und auch mit dem größten Reichtum lassen sich nicht die Unkosten für ihre Vergnügungen bestreiten. Mit all ihren Verfeinerungen und falschen Praktiken betören sie die Fürsten ihrer Zeit, und mit ihren aufwendigen Musikfesten verleiten sie das törichte Volk. Ihre Grundsätze dürfen in unserer Zeit nicht angewandt werden, und ihre Lehren dürfen nicht Richtschnur für die Massen sein. Wenn jetzt der Fürst Konfuzius belehnte, um die Sitten der Leute von Ch'i zu ändern, dann gäbe es nichts mehr, womit er den Staat leiten und dem Volke vorangehen könnte.«

Der Herzog sagte: »Sehr gut.« Daraufhin behandelte er Konfuzius zwar mit ausgesuchter Höflichkeit, doch die Belehnung hielt er zurück. Mit Ehrerbietung empfing er ihn, doch er fragte ihn nicht nach seiner Lehre.

Konfuzius war daraufhin sehr verärgert und zürnte dem Herzog Ching und Meister Yen, und er überredete Ch'ih-i Tzu-p'i, sich dem T'ien Ch'ang anzuschließen. Dann eilte er, nahdem er noch Meister Hui von Nan-kuo mitgeteilt hatte, was er ausgeführt zu haben wünschte, nach Lu zurück.[251] Kurze Zeit später hörte man davon, daß Ch'i einen Angriff auf Lu plane. Da sagte Konfuzius zu seinem Schüler Tzu-kung: »Tz'u[252], jetzt ist die Zeit für die große Unternehmung gekommen.« Daraufhin sandte er Tzu-kung nach Ch'i, wo dieser, durch Vermittlung des Meister Hui von Nan-kuo, von T'ien Ch'ang empfangen wurde. Er ermunterte diesen, Wu statt Lu anzugreifen. Auch unterrichtete er Kao-kuo Pao-yen, nichts gegen den Aufstandsplan des T'ien Ch'ang zu unternehmen, und ermunterte ebenso Yüeh, Wu anzugreifen. Drei Jahre lang drohte Ch'i und Wu der Untergang, und die Leichen türmten sich in unermeßlicher Zahl. Dies war die Rache des Konfuzius.

Als Konfuzius Justizminister in Lu war, verließ er das herzogliche Haus und unterstützte Chi Sun. Chi Sun war Kanzler des Fürsten von Lu, doch er verließ seinen Posten, und als er mit den Leuten in der Stadt stritt, daß sie ihm das Tor öffneten, da hob Konfuzius für ihn den Torbalken empor.

Als Konfuzius zwischen Ts'ai und Ch'en in Schwierigkeiten geriet, lebte er für zehn Tage von nichts als Kräutersuppe. Da briet Tzu-lu ein Ferkel für ihn, und Konfuzius aß das Fleisch und fragte nicht, woher es komme. Tzu-lu nahm auch jemandem sein Kleid weg und setzte es in Wein um, und Konfuzius trank den Wein, ohne nach dessen Herkunft zu fragen. Doch als Herzog Ai von Lu ihn empfing, setzte sich Konfuzius nicht, wenn die Matte nicht richtig lag, und er aß nichts von dem Fleisch, wenn es nicht richtig geschnitten war.[253] Da kam Tzu-lu zu ihm und fragte: »Warum tust du jetzt gerade das Gegenteil von dem, was du zwischen Ts'ai und Ch'en tatest?« Konfuzius sagte darauf: »Komm her, ich will es dir sagen. Damals hatten wir unser Leben zu erhalten; heute müssen wir uns vor allem rechtschaffen verhalten.« Wenn er hungerte und in Not war, zögerte Konfuzius also nicht, irgend etwas einfach an sich zu bringen, nur um sein Leben zu erhalten; war er aber gesättigt, legte er eine Scheinheiligkeit an den Tag, um selbst besonders kultiviert zu erscheinen. Gibt es etwas Widerwärtigeres und Scheinheiligeres?

Einst, als Konfuzius mit seinen Schülern zusammensaß, sagte er: »Wenn Shun den Ku Sou erblickte, dann war ihm unbehaglich zumute. Zu jener Zeit war das Reich in großer Gefahr.[254] War etwa Tan, der Herzog von Chou, ein tugendhafter Mann? Warum verließ er sein Haus und zog sich in die Einsamkeit zurück?«[255]

So war das Verhalten des Konfuzius, und soweit brachten ihn seine Begierden. Seine Anhänger und seine Schüler suchten alle, ihn nachzuahmen. So halfen Tzu-kung und Chi Lu dem K'ung Li, einen Aufstand in Wei anzuzetteln[256], Yang Huo putschte in Ch'i, und Pi Hsi schürte Unruhen in Chung-mou[257]; Ch'i Ch'iao wurde hingerichtet. Es gibt keine verwerflicheren Männer als diese.

Schüler und Anhänger folgen ihrem Lehrer, sie folgen seinen Lehren und nehmen sich sein Verhalten zum Vorbild. Nur manchmal ist ihre Kraft nicht ebenbürtig und ihr Wissen nicht gleich dem des Lehrers. Da sich Konfuzius nun so verhielt, muß man die Konfuzianer mit dem größten Mißtrauen betrachten.[258]

Literaturhinweis

Die bislang beste Text-Edition der Schriften Mo Tis ist *Mo-tzu chien-ku* von Sun I-jang (1848–1908), erstmals 1893 gedruckt. 1907 wurde eine verbesserte und durch ein Inhaltsverzeichnis und einen Anhang erweiterte Fassung dieser Edition herausgegeben. Diese Ausgabe kann als der krönende Abschluß der Bemühungen etlicher Gelehrter der Ch'ing-(Mandschu-)Dynastie (1644–1911) um eine kritische Wiederherstellung und Kommentierung des Textes bezeichnet werden. Zur Textanordnung sind heute die Untersuchungen von A. C. Graham maßgeblich, die unter dem Titel *Divisions in Early Mohism Reflected in the Core Chapters of Mo-tzu* 1985 in Singapore erschienen sind. Einen guten Überblick gibt Graham auch in seinem Buch *Disputers of the Tao. Philosophical Argument in Ancient China* (La Salle, Ill. 1989, S. 33–53 und 137–170).

Von Übersetzungen ins Japanische, die sich auch auf Sun I-jangs Edition stützten, einmal abgesehen, ist bis heute die erste und einzige vollständige Übersetzung der Schriften Mo Tis diejenige Alfred Forkes. *Me Ti, des Sozialethikers und seiner Schüler philosophische Werke*, Berlin 1922, (XIV, 638 S.). Der problematischste Teil dieser ausführlich kommentierten und mit einem umfangreichen Einleitungsteil versehenen Übersetzung sind die Kapitel zur Dialektik (Kap. 40–45). Die sicherlich bedeutsamste literarische Folge dieser Übersetzung Forkes sind die Prosatexte Bertolt Brechts, herausgegeben unter dem Titel *Me-ti, Buch der Wendungen*. Bereits im Jahre 1929 veröffentliche Yi-Pao Mei eine Übersetzung der Schriften Mo Tis unter Ausschluß der Kapitel zur Dialektik und Stadtverteidigung als *The Ethical and Political Works of Motse*, London. Eine Übersetzung einiger zentraler Kapitel legte 1963 Burton

Watson unter dem Titel *Mo-tzu – Basic Writings*, Columbia Univ. Press, New York–London, vor.

Zu den Aussagen der Mohisten zur Logik und Optik sind von in westlichen Sprachen verfaßten Übersetzungen und Kommentaren an erster Stelle die Arbeiten A. C. Grahams zu nennen, die auch neuere Textbearbeitungen der fraglichen Kapitel durch chinesische Gelehrte berücksichtigen, wie Kao Hengs *Mo-ching chiao-ch'üan*, Peking 1958, Veröffentlichungen T'an Chieh-fus und Ts'en Chung-miens. Diese Arbeiten hat A. C. Graham in einem Band unter dem Titel *Later Mohist Logic, Ethics and Science* (Hongkong 1978) zusammengestellt. Zur Verteidigungstechnik der Mohisten ist neuerdings grundlegend die Harvard-Dissertation von Robin D. S. Yates.

Fung Yu-lan, dessen Philosophiegeschichte von 1931 in der Übersetzung Derk Boddes unter dem Titel *A History of Chinese Philosophy* 1937 ff. erschien, beschäftigt sich im Kapitel 5 mit Mo Ti und den frühen Mohisten und im Kapitel 11 mit den späteren Mohisten und ihren Gedanken zur Logik. Eine kurzgefaßte Darstellung desselben Autors findet sich in seiner *Short History of Chinese Philosophy*, 1948. Mit den mohistischen Schriften, in denen sich protowissenschaftliche Gedanken finden, beschäftigt sich Joseph Needham in seinem Werk *Science and Civilisation in China*, Vol. II, Cambridge 1956. Die erste umfangreichere Studie zu diesen Texten in einer westlichen Sprache ist die Schrift Hu Shihs gewesen, *The Development of the Logical Method in Ancient China*, Shanghai 1922, S. 53–130. Ferner sind zu nennen: Yi-Pao Mei, *Motse, The Neglected Rival of Confucius*, London 1934; A. Forke, *Geschichte der alten chinesischen Philosophie*, Hamburg 1927; Erich Steinfeld, *Die sozialen Lehren der altchinesischen Philosophen Mo-tzu, Meng-tzu und Hsün-tzu*, Berlin 1971.

Mo Ti und Bertolt Brechts »Buch der Wendungen«

Bei der Sichtung von Bertolt Brechts Werk findet man an zahlreichen Stellen Hinweise auf seine Beschäftigung mit chinesischem Denken. Sie findet ihren Niederschlag in der Skizze *Verfremdungseffekte in der chinesischen Schauspielkunst*[259], dem Zyklus *Chinesische Gedichte*[260], der Parabel vom *Guten Mensch von Sezuan*[261]. Auch durch Hanns Eisler, den Exilgefährten, wissen wir, daß sich Brecht eingehend mit Konfuzius und dem Tao te king des Laotse beschäftigt hat. Wohl aber die intensivste Auseinandersetzung gilt Mo Ti, dessen Lehren und Lebensregeln, auf Brechtsche Art verfremdet und gleichzeitig nutzbar gemacht, in dem Buch *Me-ti, Buch der Wendungen*[262] niedergelegt wurden. So ist es fast verwunderlich, daß bisher noch keine Arbeit zum Thema *Bertolt Brecht und China* erschienen und erst kürzlich eine solche von Antony Tatlow in Aussicht gestellt worden ist.[263]

Dennoch scheint es angebracht, einige allgemeinere Anmerkungen zu Brechts Beschäftigung mit China vorauszuschicken, bevor wir uns den Zusammenhängen zwischen seinem Verhaltensbüchlein *Me-ti, Buch der Wendungen* und Mo Tis Lehren zuwenden. Hans Mayer schrieb einmal: »So sonderbar das klingen mag: Brechts Beschäftigung mit Latinität und Römerthemen machte es notwendig, die Poesie der Chinesen zu studieren.«[264] Der gemeinsame Zuordnungspunkt finde sich in dem, was später als »Historisierung der darzustellenden Vorgänge« auf dem Theater bezeichnet wurde.[265] Und weiter schreibt Mayer: »Beim Studium der chinesischen Schauspielkunst lernte Brecht, daß auch die ›Gestik‹, daß die ganze szenische Aktion eines Schauspielers den Charakter des Zitats annehmen kann. In seiner ... Polemik gegen Konstantin Stanislawskijs Schauspielkunst der Einfühlung konnte Brecht den Tücken einer solchen schauspielerischen Identifikationskunst entgegenhalten: ›Der chinesische Artist kennt diese Schwierigkeiten nicht, er verzichtet auf die restlose Verwandlung. Von vornherein beschränkt er sich darauf, die darzustellende Figur lediglich zu zitieren. Aber mit welcher Kunst tut er das!‹ Die Bedeutung des Chinesischen im Werk Bertolt Brechts ist aber nicht auf solche Erfahrungen mit chinesischer Schauspielkunst beschränkt. In Kunst und Philosophie der Chinesen fand der Lernende jene ›Einheit des Pädagogischen und des Artistischen‹ verwirklicht, die er seit langem anstrebte ... Bei den Chinesen glaubte Brecht diese Synthese nicht bloß als Ausnahme, sondern als Regel festzustellen.«[266]

Verbindungen zwischen Brecht und Ostasien lassen sich schon sehr früh nachweisen. So ist sein dialektisches Stück *Der Jasager* (1930/31) eine direkte Anlehnung an das von Arthur Waley übersetzte Nô-Stück *Tanikô*.[267] Seine erste Begegnung mit dem Drama im Nô-Stil hatte Brecht vermutlich im Jahre 1930 in der Aufführung von Paul Claudels *Christophe Colombe*.[268] Auch thematisch fand er im ostasiatischen Theater Anregungen. So basiert sein Stück *Der kaukasische Kreidekreis* auf Klabunds *Kreidekreis* (1925), der sich wiederum auf die von Wollheim da Fonseca (1876) besorgte deutsche Fassung von St. Juliens *L'Histoire du Cercle de Crai* (London 1832) stützte.[269] Und die politischen Ereignisse im China der 20er Jahre beschäftigten auch Brecht.[270]

Zur Aneignung chinesischer Thematik bei Brecht schreibt Tatlow: »Anders als bei Goethe entstand aus dem Verhältnis Brechts zu China eine wahre Assimilation, und das heißt Interpretation chinesischen Materials.« Den *Guten Menschen von Sezuan* zum Beispiel nehmend bemerkt er: »Er hat sich bekanntlich mit der Ausarbeitung des chinesischen Milieus sehr viel Mühe gegeben: Dennoch handelt es sich eindeutig um ein europäisches Stück. Es ist auf oberflächliche Weise ›chinesisch‹. Kein Wasserverkäufer könnte jemals Chuang Tzu zitieren. Das Stück hat mit dem chinesischen Theater eigentlich nichts oder zumindest nicht viel zu tun. Gleichzeitig sind jedoch die Motive des Stückes sehr chinesisch. Menzius, zum Beispiel, trat für das Recht des einzelnen auf sein Glück ein und behauptete, daß der Mensch dazu gezwungen werden muß, Böses zu tun. Wir wissen, daß Brecht Menzius gelesen hat. Der Humanismus der chinesischen Philosophen hat zweifelsohne einen starken und nachhaltigen Eindruck auf ihn gemacht. Hierin liegt ein wesentlicher Grund für die Wahl des chinesischen Schauplatzes.«[271] Tatlow wäre entgegenzuhalten, daß Brecht sicher kein chinesisches Stück hatte schreiben wollen, und es wäre einer Überlegung wert, warum Brecht gerade den Wasserverkäufer Chuang Tzu zitieren läßt. Die Motive des Stücks seien sehr chinesisch, schreibt Tatlow. Brecht hat das bestimmt nicht beabsichtigt, sondern ihm schienen viele Motive sehr menschlich. Wie sonst läßt es sich erklären, daß er in einem Epilog zu dem Stück schreibt:

«Zuschauer, wisse, die Hauptstadt von Sezuan
In der man nicht zugleich gut sein und leben kann
Besteht nicht mehr. Sie mußte untergehen.
Doch gibts noch viele, die ihr ähnlich sehn.«

Und zwei Zeilen später

»Zuschauer, wohnst du selber in einer solchen Stadt
Bau sie schnell um, ehe sie dich gefressen hat!
Kein größeres Glück gibt es auf Erden nun
Als gut sein dürfen und Gutes tun.«[272]

Es ist sicherlich kein Zufall, daß Brecht gerade während seiner Emigration das Thema »Exil« für sich entdeckte. So schrieb er im März 1942 in einem Geburtstagsbrief an Karin Michaelis: »Unsere Literaturgeschichte zählt nicht so viele exilierte Schriftsteller auf wie etwa die chinesische; wir müssen uns damit entschuldigen, daß unsere Literatur noch sehr jung ist und noch nicht kultiviert genug. Die chinesischen Lyriker und Philosophen pflegten, wie ich höre, ins Exil zu gehen, wie die unsern in die Akademie. Es war üblich.«[273] Und Ziffel sagt: »Die beste Schul für Dialektik ist die Emigration.«[274] Eines der wichtigsten Gedichte aus dem Zyklus *Svendborger Gedichte* gehört in diesen Zusammenhang, *Die Legende von der Entstehung des Buches Taoteking auf dem Weg des Laotse in die Emigration:*

»Als er Siebzig war und war gebrechlich
Drängte es den Lehrer doch nach Ruh
Denn die Güte war im Lande wieder einmal schwächlich
Und die Bosheit nahm an Kräften wieder einmal zu.
Und er gürtete den Schuh.
Und er packte ein, was er so brauchte:
Wenig. Doch es wurde dies und das.
So die Pfeife, die er immer abends rauchte
Und das Büchlein, das er immer las.
Weißbrot nach dem Augenmaß.
Freute sich des Tals noch einmal und vergaß es
Als er ins Gebirg den Weg einschlug.
Und sein Ochse freute sich des frischen Grases
Kauend, während er den Alten trug.
Denn dem ging es schnell genug.
Doch am vierten Tag im Felsgesteine
Hat ein Zöllner ihm den Weg verwehrt:
›Kostbarkeiten zu verzollen?‹ – ›Keine.‹
Und der Knabe, der den Ochsen führte, sprach: ›Er hat gelehrt.‹
Und so war auch das erklärt.
Doch der Mann in einer heitren Regung
Fragte noch: ›Hat er was rausgekriegt?‹
Sprach der Knabe: ›Daß das weiche Wasser in Bewegung
Mit der Zeit den mächtigen Stein besiegt.
Du verstehst, das Harte unterliegt.‹
Daß er nicht das letzte Tageslicht verlöre
Trieb der Knabe nun den Ochsen an
Und die drei verschwanden schon um eine schwarze Föhre
Da kam plötzlich Fahrt in unsern Mann

Und er schrie: ›He, du! Halt an!
Was ist das mit diesem Wasser, Alter?‹
Hielt der Alte: ›Interessiert es dich?‹
Sprach der Mann: ›Ich bin nur Zollverwalter
Doch wer wen besiegt, das interessiert auch mich.
Wenn du's weißt, dann sprich!
Schreib mir's auf! Diktier es diesem Kinde!
So was nimmt man doch nicht mit sich fort.
Da gibt's doch Papier bei uns und Tinte
Und ein Nachtmahl gibt es auch: Ich wohne dort.
Nun, ist das ein Wort?‹
Über seine Schulter sah der Alte
Auf den Mann: Flickjoppe. Keine Schuh.
Und die Stirne eine einzige Falte.
Ach, kein Sieger trat da auf ihn zu.
Und er murmelte: ›Auch du?‹
Eine höfliche Bitte abzuschlagen
War der Alte, wie es schien, zu alt.
Denn er sagte laut: ›Die etwas fragen
Die verdienen Antwort.‹ Sprach der Knabe: ›Es wird auch schon kalt!‹
›Gut, ein kleiner Aufenthalt.‹
Und von seinem Ochsen stieg der Weise
Sieben Tage schrieben sie zu zweit.
Und der Zöllner brachte Essen (und er fluchte nur noch leise
Mit den Schmugglern in der ganzen Zeit).
Und dann war's soweit.
Und dem Zöllner händigte der Knabe
Eines Morgens einundachtzig Sprüche ein.
Und mit Dank für eine kleine Reisegabe
Bogen sie um jene Föhre ins Gestein.
Sagt jetzt: kann man höflicher sein?
Aber rühmen wir nicht nur den Weisen
Dessen Namen auf dem Buche prangt!
Denn man muß dem Weisen seine Weisheit erst entreißen.
Darum sei der Zöllner auch bedankt:

Er hat sie ihm abverlangt.«[277]

Dieses Gedicht, schreibt Marianne Kesting, »enthält eine der wichtigsten Selbstdarstellungen Brechts«.[276] Doch die Weisheit des Laotse (ich folge hier der Schreibung Brechts), die er auch selbst befolgen möchte, setzt voraus, daß unsere Welt erst verändert wird. In dem Gedicht *An die Nachgeborenen* formuliert er diese Sehnsucht folgendermaßen:

»Ich wäre gerne auch weise.
In den alten Büchern steht, was weise ist:
Sich aus dem Streit der Welt halten und die kurze Zeit
Ohne Furcht verbringen
Auch ohne Gewalt auszukommen
Böses mit Gutem vergelten
Seine Wünsche nicht erfüllen, sondern vergessen
Gilt für weise.
Alles das kann ich nicht:
Wirklich, ich lebe in finsteren Zeiten!«[277]

Doch Laotse ist nicht nur weise, der Zöllner ist nicht nur wißbegierig; er ist auch ein Beispiel an Freundlichkeit.[278] »In dem bescheidenen Begriff der Freundlichkeit konzentrieren sich wesentliche Züge von Brechts denkerischem wie menschlichem Verhalten.«[279] So hat bei ihm gerade der Begriff Menschenfreundlichkeit als Katalysator im sozialen Prozeß vorrangige Bedeutung. Die gute Shen Te sagt:

»Es gibt noch freundliche Menschen, trotz des großen Elends. Als ich klein war, fiel ich einmal mit einer großen Last Reisig hin. Ein alter Mann hob mich auf und gab mir sogar einen Käsch. Daran habe ich mich oft erinnert. Besonders die wenig zu essen haben, geben gern ab. Wahrscheinlich zeigen die Menschen einfach gern, was sie können, und womit könnten sie es besser zeigen, als indem sie freundlich sind? Bosheit ist bloß eine Art Ungeschicklichkeit. Wenn jemand ein Lied singt oder eine Maschine baut oder Reis pflanzt, das ist eigentlich Freundlichkeit.«[280]

Marianne Kesting bemerkt weiter zu dem Laotse-Gedicht: »Die Freundlichkeit schließt ein eine gewisse Höflichkeit – und Distanz: es geht um die Sache des Wissens. In dem Gedicht ist nicht davon die Rede, daß zwischen dem Zöllner und Laotse eine besonders nahe menschliche Verbindung entstand; Laotse ritt weiter, man verabschiedete sich höflich und ohne große Worte, aber er hinterläßt sein Kostbarstes, seine Erkenntnis... Dieses Verhältnis zwischen Laotse und dem Zöllner zeichnete Brechts Beziehungen zu anderen Menschen in hohem Maße.«[281] In einer zerrütteten Welt wird dort »die Beziehung neu gegründet, wo die Arbeit an der neuen Gesellschaft die Menschen verbindet«.[282] In *Über die kleinste Einheit* läßt Brecht seinen Me-ti sagen: »Die Mitglieder der kleinsten Einheiten brauchen sich nicht zu lieben; sie müssen nur das gemeinsame Ziel lieben.«[283]

Für die Texte, die im postum veröffentlichten Werk *Me-ti, Buch der Wendungen* enthalten sind, gibt es von Brecht selbst keine Datierung. Sie sind jedoch zum größten Teil zwischen 1934 und 1939 geschrieben worden, im Exil in Dänemark also.[284] Es spricht auch alles dafür, daß Brecht die Mo-Ti-Übersetzung Alfred Forkes im Svendborger Exil durcharbeitete. Das Exemplar dieser Übersetzung mit seinen und Karl Korschs Anstreichungen, das sich in seinem Nachlaß befindet, ist offenbar in Svendborg gebunden worden. Bei den Me-ti-Texten lassen sich, wie wir unten sehen werden, direkte Bezüge zur Lehre Mo Tis erkennen; darüber hinaus sind viele Texte aber auch Überlegungen und Gedanken zu politischen Vorgängen der Zeit in chinesischem Gewande. Der Titel »Buch der Wendungen« ist eine Anspielung auf das I Ching, das *Buch der Wandlungen,* doch verstand Brecht unter Wendungen etwas anderes als das *I Ching.* Unter der Überschrift »Über Wendungen« schreibt Brecht: »Mi-en-leh lehrte: Das Einführen der Demokratie kann zur Einführung der Diktatur führen. Das Einführen der Diktatur kann zur Demokratie führen.«[285] Hinter Mi-en-leh verbirgt sich Lenin. Brecht selbst hat für das Büchlein einen Vorspann verfaßt:

»Das *Buch der Wendungen* ist unter Benutzung einer englischen Übersetzung aus dem Chinesischen von Charles Stephens ins Deutsche übertragen worden. Es gehört nicht zu den klassischen Büchern der chinesischen Antike, wenngleich sein Kern von *Mo Di* stammt. Die Lehre Mo Dis ist nach ihrer fast völligen Verdrängung durch die Konfuzianer im letzten Jahrhundert wieder in den Vordergrund getreten, da einige ihrer Elemente an gewisse westliche philosophische Strömungen erinnerten und fast modern anmuten. Das Kapitel *Von der Musik* und *Vom Benehmen* ist echter Mo Di. Andere Kapitel sind nicht von Mo Di, aber gleichfalls alt. Wieder andere sind neuen Datums, sie sind jedoch auch in der chinesischen Fassung im Stil der Alten geschrieben. Vom streng wissenschaftlichen Standpunkt aus sind Werke wie das *Buch der Wendungen* nicht unbedenklich. Der Leser aber, der sich weniger an den Echtheitsstempel als an den Inhalt hält, wird trotz der eklektischen Züge das Buch mit Gewinn lesen. Gerade die Einfügung moderner Gedankengänge und die teilweise recht amüsante Wahl der Vergleiche aus der modernen Geschichte für die Grundgedanken eines alten chinesischen Philosophen wird manchen Leser erfreuen.«[286]

Die Verkleidung verwandte Brecht auch an anderer Stelle. So lesen wir in den – ebenfalls im dänischen Exil konzipierten – Tui-Texten (Tui = Tellekt-Uell-In) über »Die Sandverkäufer« von einem Kloster in Bech-es-ga, das die Sandverkäufer in Pe-link belieferte.[287] Zu dieser Verkleidung im *Buch der Wendungen* schreibt Wolfgang Fritz Haug: »Die chinesische Manier, in der das Buch verfaßt ist, datiert es weit zurück. Die Datierung will umgekehrt gelesen werden. Sie deutet auf viel Zukunft. Die Manier muß versuchen, die Zeit zu überlisten. Was so alt ist, das wird noch lange halten. In die fernöstlich-antiquarisch stilisierten lehrhaften Anekdoten und Aphorismen sind Erfahrungen aus den Klassenkämpfen der ersten Hälfte des zwanzigsten Jahrhunderts eingekleidet. Vieles bezieht sich auf die Sozialdemokratie, auf den Faschismus, auf den durch Stalin geprägten Aufbau des Sozialismus in einem isolierten Land. Anderes bezieht sich auf Philosophie, Kunst, Liebe und Sexualmoral. In allem werden Lehren von Marx und Engels (›die Klassiker‹) zur Überlieferung aufbereitet.«[288]

Es ist deshalb nicht verwunderlich, wenn Martin Esslin schreibt: »Sowohl formal wie thematisch ist das *Buch der Wendungen* den Keuner-Geschichten nahe verwandt: nur daß hier politisch wie persönlich heikler Stoff ins Chinesische verfremdet ist. Der Einfluß der Übersetzungen chinesischer Klassiker durch Richard Wilhelm, die in den zwanziger Jahren bei Diederichs in gelbschwarzen Einbänden herauskamen, ist unverkennbar. Aus dem *I Ging*, dem Buch der Wandlungen, ist das Buch der taktischen Wendungen (und Windungen!) geworden.« Und weiter, »das Buch gibt einen in mancher Hinsicht erschütternden Einblick in die Geisteswelt eines Mannes von großer Intelligenz, der sich selbst immer wieder überzeugen mußte, daß stalinistische Politik richtig und zu rechtfertigen war... Es ist eine Art ideologische Autobiographie Brechts, der hier sowohl als der Philosoph Me-ti wie auch als der Dichter Kin-jeh erscheint«. Ein Buch, das »trotz allem und trotz der verzweifelten ideologischen Konvulsionen seines Autors letzten Endes ein schönes, ein menschlich erschütterndes Buch« sei.[289] Ob sich hier nicht eher der Rezensent gewunden hat?

Bei der Lektüre des Verhaltensbüchleins erinnern uns jedoch, wie Bertolt Brecht selbst in seiner Vorrede ankündigt, zahlreiche Gedanken an die Schriften Mo Tis und der Mohisten, die Brecht aus der Übersetzung Forkes ja auch bekannt waren. Und wenn wir im folgenden auf solche Ähnlichkeiten hinweisen, sollen damit weder die von Brecht selbst eingebrachten Erfahrungen aus der europäischen sozialistischen und kommunistischen Bewegung übersehen werden, noch soll Brecht damit, etwa einem bürgerlichen Verständnis von geistiger Urheberschaft folgend, der von ihm selbst beanspruchten »grundsätzlichen Laxheit in Fragen geistigen Eigentums« gezichtigt werden, im Sinne etwa einer Anekdote aus den zwanziger Jahren:

»Zwei Literaten treffen sich im Romanischen Café:

Erster Literat: Haben Sie das neueste Gedicht von Brecht gelesen?

Zweiter Literat: Ja, von wem ist es denn eigentlich?«[290]

Brecht läßt seinen Me-ti über sich selbst sagen: »Me-ti sagte: Der Dichter Kin-jeh darf für sich das Verdienst in Anspruch nehmen, die Sprache der Literatur erneuert zu haben ... Er wandte eine Sprechweise an, die zugleich stilisiert und natürlich war. Dies erreichte er, indem er auf Haltungen achtete, die den Sätzen zugrunde liegen: Er brachte nur Haltungen in Sätze und ließ durch die Sätze die Haltungen immer durchscheinen ... Der Dichter Kin erkannte die Sprache als ein Werkzeug und wußte, daß auch einer dann mit anderen spricht, wenn er mit sich spricht.«[291] Wolfgang Fritz Haug schreibt dazu: »So verkörpert Brecht in der dritten Person des Me-ti – dessen Name als Ich-du gelesen werden kann – die dritte Sache als Weisheit. Der jeweils ersten Person aber, die über Weisheit nur in der dritten Person verfügt, hinterläßt Brecht augenzwinkernd das ›Ideal eines Mannes aus früheren Zeiten‹.«[292]

Mo Ti – wir werden hinfort zwischen Mo Ti oder Motzu, dem chinesischen Philosophen, und Me-ti, Brechts Figur, unterscheiden – geißelt die Berufung auf das Schicksal, da sie nur dazu diene, eigene Fehler und mangelnde eigene Anstrengungen zu entschuldigen. Er zitiert aus der Schrift *Der Herzog von Shao* den Satz »Das Schicksal kommt nicht vom Himmel, sondern man empfängt es von sich selbst«.[293] Bei Brecht heißt es: »Das Schicksal des Menschen – Me-ti sagte: Das Schicksal des Menschen ist der Mensch.«[294] Daß »jeder seines Glückes Schmied« sei, will damit weder Mo Ti noch Brecht sagen. Vielmehr teilen beide die Einsicht, daß die Berufung auf das Schicksal nur dazu dient, Mißwirtschaft und Ungerechtigkeiten zu verschleiern. Ihnen ist gemeinsam, daß sie ungerechte Verteilung von knappen Gütern und Lebenschancen nicht einfach hinnehmen, sondern nach den Ursachen dafür suchen, Untersuchungen anstellen. Bei Mo Ti ist diese Vorgehensweise besonders auffällig: nach der Schilderung von Mißständen oder Widersprüchlichkeiten stellt er durch Betrachtung historischer Beispiele sowie durch gestellte Argumentationsabläufe fest, wo das Übel liegt, und zeigt einen Weg, wie es seiner Ansicht nach zu beseitigen sei.

Mo Ti berief sich auf die heiligen Könige des Altertums, die lehrten: »Wenn genug für den Bedarf des Volkes getan ist, dann soll man aufhören.« Solches sollte hergestellt werden, was den Menschen nützt, und alles Überflüssige sollte unterbleiben; Verschwendung verurteilte er. – Me-ti sagt: »Es wird viel für die Menschen und viel gegen die Menschen erfunden ... Wenn einer eine Lampe erfindet, die jahrzehntelang nicht ausbrennen kann, dann wird die Erfindung von den Lampenmachern gekauft, nicht damit solche Lampen nun hergestellt werden, sondern damit sie nicht hergestellt werden können.«[295] Die weitere Produktion von Glühbirnen, die nur eintausend Stunden brennen, wäre demnach Verschwendung. Der Unterschied ist nur, daß Brecht bereits weiß, daß gesteigerte Aufwendungen auch dem Volke nützen könnten, während Mo Ti gegen jede Steigerung in den Aufwendungen zu Felde zieht, da sie immer nur auf Kosten der Bevölkerung betrieben werden könne, womit er zu seiner Zeit, in der alle Güter knapp waren, zweifellos recht hatte. Diese Verschiebung der Positionen von Mo Ti und Me-ti wird auch in der Beurteilung des Stehlens, nichtsanktionierter Aneignung also, deutlich.

Wenn einer seinem Nachbarn einen Apfel stiehlt, wird er bestraft, stiehlt einer einen ganzen Staat, wird er noch gelobt und gepriesen. Das verurteilte Mo Ti, nicht nur weil er es für widersinnig hielt, daß Diebstahl bei dem einen bestraft, bei dem anderen hingegen noch gutgeheißen wird, sondern weil er Diebstahl überhaupt für unrecht hält. Etwas anders bei Brecht. Der schreibt von Kien-jeh, womit er sich selbst meint: »Kien-jeh zeigte eine gewisse Schwäche für Verbrecher einfacher Art, wie Diebe, Raubmörder, Fälscher und Gewalttätige... Sie sind einzeln und stehen doch nur scheinbar gegen die Allgemeinheit, das heißt gegen alle andern. Eigentlich stehen sie gegen wenige, welche sich aber den Anschein der Allgemeinheit zu geben wissen. Viel gefährlicher sind diejenigen, welche sie verfolgen und von welchen sie verfolgt werden, denn diese handeln als ein Haufen, wenn sie ihre Verbrechen begehen, und nennen sie sittliche Taten.«[296] Hierzu paßt auch der Satz des Mo Ti: »Wenn man zu schlechten Menschen sagt, daß der Himmel gerecht handelt, dann läßt sich ihr Charakter, auch wenn er verbesserungsfähig, nicht ändern. Man muß ihnen frohlokkend verkündigen, daß der Himmel schlecht handelt.«[297] »Dem Me-ti sagte man: Die Asozialen, welche ich gesehen habe, haben versucht, auf eigene Faust Verbesserungen in der Gesellschaft anzubringen, und zwar solche Verbesserungen, welche ihnen selber zugute kamen. Solche, die besonders große Schwierigkeiten sahen, solche Handstreiche zu vollführen, wurden häufig krank und handelten unsinnig, aber das heißt nur, daß man den Sinn ihrer Handlungen nicht mehr deutlich erkennen konnte: Auch sie waren Verbesserer auf eigene Faust... Die Schlechten werden verbessert, sagte Me-ti, indem man sie Verbesserungen machen läßt.«[298] »Wenn die schlechten Menschen glauben, sagt Mo Ti, daß ich den Himmel für schlecht und die Menschen für gut halte, dann wird ihr Charakter, auch wenn er nicht verbesserungsfähig ist, verbessert werden.«[299]

Zwar sagte Meister Mo Ti: »Meine Worte können angewandt werden. Wenn man Worte verschmäht und aufs Denken verzichtet, so ist das, wie wenn man Reis einheimsen will, ohne zu ernten.«[300] Jedoch sagte er auch: »Worte, welche sich in die Tat umsetzen lassen, mag man beständig im Munde führen, wenn sie sich aber nicht ausführen lassen, so soll man sie nicht immer wieder bringen, denn wenn man von dem, was sich nicht ausführen läßt, immer wieder redet, so ist das eitles Geschwätz.«[301] – »Wenn etwas zu gar nichts nützt und man es doch sagt, so ist es eiteles Geschwätz.«[302] »Worte, welche zu Handlungen führen, mag man beständig äußern, aber wenn sie keine Handlungen im Gefolge haben, so muß man nicht ewig davon reden. Wenn man sie so behandelt, als könnten sie zu Taten führen und immer davon spricht, so ist das nutzloses Geschwätz.«[303] »Wenn man Pläne nicht verwirklichen kann, dann muß man unter Hinzuziehung der Vergangenheit das Zukünftige kennenlernen und durch das Offenkundige das Verborgene erkennen. Wenn man so plant, dann kann man zur Einsicht kommen.«[304]

Me-ti sagte: »Denken ist etwas, das auf Schwierigkeiten folgt und dem Handeln vorausgeht.«[305] Ihm geht es um eine Philosophie, die »ein Handeln ermöglicht, ein nützliches Tun«.[306] Die *Große Methode* verlange, »daß man davon spricht, wie gewisse Dinge zum Vergehen gebracht werden können«.[307]

Mo Ti verfocht gegen die Konfuzianer das Prinzip der umfassenden Menschenliebe; man solle die Kinder seines Nachbarn wie die eigenen lieben, den Vater des anderen wie den eigenen Vater, usf.[308] Mo Ti begründete dies nicht damit, daß die Lehre des Konfuzius zwar einmal gültig, nunmehr aber überholt sei, sondern er erhob sein Prinzip zum zeitlos allgemeingültigen Prinzip. – Brecht sieht das anders. Er unterscheidet zwischen Urteilen und Handlungen. »Die Geschichte des Kungfutse zeigt, wie gering der Erfolg der erfolgreichsten Lehrer der Menschheit war. Er beabsichtigte, die Staatsform seiner Zeit zu einer ewigen zu machen durch die allgemeine Hebung der Sittlichkeit. Aber die Sittlichkeit verfiel, solange diese Staatsform dauerte, und es war ein Glück, daß sie nicht ewig war. Vieles versprach er sich von der Ausübung der Musik. Aber seine Ausführungen darüber behielt das Volk länger als die Musik... Wieviel konnte es von ihm brauchen, als es seine Haltung nachahmte! Seine Urteile, längst vergangene Lebensformen betreffend, wären längst ungerecht geworden, hätte man sie wiederholt, aber seine Haltung war die der Gerechtigkeit.«[309] Hier spricht Brecht aus, was man bei Mo Ti nur ablesen kann: Urteile können unzeitgemäß werden, Lebensformen können sich verändern, doch Haltungen brauchen sich nicht zu verändern, sondern sie führen nur zu verschiedenen Zeiten zu unterschiedlichen Äußerungen. Was Brecht hier als eine Haltung bezeichnet, ist so etwas wie ein »letzter Wert«. Auch Mo Ti maß alles an den Normen »Gerechtigkeit« und »Menschlichkeit«, die ebenso für Konfuzius verbindliche Normen darstellten. Doch die Anweisungen für die Lebensführung, die Konfuzius aus diesen Normen ableitete, verwarf Mo Ti, Brecht hielt sie für unzeitgemäß, wie sich an der Haltung beider zur sozialen Institution der Familie ablesen läßt.

In dem Abschnitt *Über die kleinste Einheit* schreibt Brecht: »Kung verwies auf die Familie. Me-ti sagte: Das mag in alter Zeit gegolten haben. Die Familien verteidigten ihr Besitztum gegeneinander ... Me-ti lehrte von der kleinsten Einheit: Sie entsteht, wo gearbeitet wird, oder wo nach Arbeit gefragt wird. Sie legt alle Erfahrungen mit der Umwelt in einen Topf. Sie ist klüger als alle ihre Mitglieder ... Kung sagte: Die Familie ist nicht zufällig. Die anderen Verbände sind zufällig. Me-ti sagte: Das mag für alte Zeiten gegolten haben ... Kung sagt, die Kinder sollen ihre Eltern lieben. Aber Liebe kann man nicht befehlen, und warum sollten gerade die Eltern geliebt werden? Die Mitglieder der kleinsten Einheiten brauchen sich nicht zu lieben; sie müssen nur das gemeinsame Ziel lieben. Die Familien bleiben, aber die kleinsten Einheiten sind voll Bewegung; sie dienen der Verbindung, die Familien dienen der Trennung.«[310] In Brechts Exemplar der Übersetzung Mo Tis ist auf Seite 526 »Man liebt seine Mitmenschen nicht des Lobes wegen. Analogie in: Gasthaus.« rot unterstrichen; daneben steht in der Handschrift Brechts: »das Gasthaus ist nicht gastlich der Gastlichkeit wegen, sondern der Verdienste wegen«. Und im Anschluß an Mo Tis Satz: »Man liebt die Eltern seiner Nächsten wie seine eigenen. Analogie: Sorge für die Alten.« verzeichnet er »gegen die Familie«.

Mo Ti wie Me-ti legten sich die Frage vor, wie weit sie sich für andere aufopfern sollten, und sie fanden folgende Antworten: Mo Ti sagte: »Daher, wenn ich am Leben bleibe, will ich lieber den anderen töten, denn, wenn ich nicht getötet werde, ist es mein Vorteil«; und in der Anmerkung dazu ist eine Textvariante verzeichnet, die in Brechts Ausgabe rot unterstrichen ist: »Ich würde einen anderen töten, um mir zu nützen, aber würde mir selbst nicht das Leben nehnmen, um anderen zu nützen.«[311] »Me-ti sagte: Ein schlechtes Leben muß man mehr fürchten als den Tod. Ihr müßt vielleicht mitunter euer schlechtes Leben riskieren, um ein besseres Leben zu gewinnen, aber den sicheren Tod sollt Ihr niemals aufsuchen.«[312] Und »Me-ti las folgende Geschichte: Ein Revolutionär übernahm eine Aufgabe, die zu seinem Tode führen mußte. Als er wegging, konnte er sich nicht aufrecht halten. ›Hast du Angst?‹ fragte ihn sein Begleiter. Er antwortete: ›Ja, ich habe Angst.‹ – ›Aber warum kehrst du nicht um, wenn du Angst hast?‹ Er sagte: ›Meine Angst ist meine eigene Schwachheit, mein Tod aber ist eine öffentliche Sache.‹ – Me-ti sagte: Das sind schlechte Zeiten, wo der Mensch seiner Angst nicht nachgeben darf. Aber mögen viele gehen für einen Zustand des Gemeinwesens, in dem der, welcher für sich selber sorgt, zugleich für das Gemeinwesen sorgt.«[313] Doch der Einsatz des eigenen Selbst geht nicht immer gleich so weit, daß man andere tötet oder sein Leben im revolutionären Kampf riskiert, wenngleich es heute erschreckend viele Leute gibt, die ihr Leben für eine Sache riskieren, die nicht ihre Sache ist, wenn sie sie auch dafür halten.

Mo Ti geht allerdings noch von einer gleichen Interessenlage bei allen aus. Daher konnte er sagen: »Die Liebe zu den Menschen schließt die eigene Person nicht aus, denn diese ist unter denen, die geliebt werden, und da dies der Fall ist, so erstreckt sich auch die Liebe auf die eigene Person. Die gewöhnlich sogenannte Eigenliebe ist Liebe zu den Menschen.«[314] Daher ist Mo Ti für Universalität und gegen Parteilichkeit. Auch Me-ti ist für Universalität, doch er sieht, daß ihr zuzeiten die Parteilichkeit vorausgehen muß als die Solidarität derer, die den Zustand der Universalität erstreben, »indem der, welcher für sich selbst sorgt, zugleich für das Gemeinwesen sorgt.« Er sagt: »Will man eine Eigenliebe haben, die sich nicht gegen andere richtet, dann muß man einen Zustand suchen, der eine solche richtige Eigenliebe erzeugt. Die unter diesem Zustand leben, werden einem helfen, ihn allgemein zu machen.«[315] Oder: »Das Mitleid mit anderen, das nicht das Mitleid mit sich selbst ist, muß man für weniger zuverlässig halten, als das Mitleid mit sich selbst, das zugleich das Mitleid mit anderen ist.«[316] Damit hängt auch zusammen, daß man nicht Tugend um ihrer selbst willen übt. »Die alten Sittenlehrer bestehen darauf, daß nur die Tugenden zählen sollen, die um ihrer selbst willen betätigt werden. Ka-meh warnt die Arbeiter vor solchen Tugenden und rät ihnen, nur Tugenden zu betätigen, die ihnen Nutzen bringen.«[317] Denn »die Produktionsverhältnisse sind die Quellen aller Sittlichkeit und Unsittlichkeit«[318], und es kommt darauf an, »statt Profite für die Wenigen, Vorteile für Alle« zu produzieren.[319] Mo Ti sagte: »Generosität schließt das eigene Selbst nicht aus«[320], und »man kann an dem Wohl der Menschheit seine Freude haben«.[321] Mo Ti würde sich selbst nie das Leben nehmen, um anderen zu nützen. Diese Haltung, die davon ausgeht, daß der Nutzen des anderen mit dem eigenen Nutzen identisch zu sein habe, teilt auch Brecht. Doch er betont, daß man mitunter ein schlechtes Leben riskieren solle, um ein besseres Leben zu gewinnen. Diese Wendung vollzieht Mo Ti nicht; zwar nennt er die Möglichkeit, daß sich eine bedrängte Bevölkerung gegen ihren Unterdrücker wenden kann, doch hat er eine Berichtigung der Verhältnisse von oben her im Auge. Wie auch die Bestrafung für unrechtes Verhalten von oben kommt, von dem Himmel, den Geistern, so werden auch die gerechten Verhältnisse von oben her installiert, und die Kritik von unten, die er im Abschnitt *Oben Angleichen* fordert, ist nur Korrektur. So ist es auch konsequent, wenn er, anders als Brecht, nicht in Erwägung zieht, daß sich durch Einsatz eines schlechten Lebens ein gutes Leben erkämpfen läßt. Im übrigen blieb ihm gar keine andere Wahl, waren seine Adressaten doch nicht organisierbare Bauern, sondern Landesfürsten, denen er vorhält, man könne »an dem Wohl der Menschheit seine Freude haben«.

Mo Ti verurteilte den Krieg, weil er weder dem Himmel, noch den Geistern, noch den Menschen nützt. Er räumte zugleich ein, daß es manchmal notwendig sein kann, einen ausbeuterischen Staat zu besiegen. Er wußte, auf wessen Kosten die Oberen ihre Kriege führen. Er sagte: »Die Angriffskriege der großen Staaten gegen die kleinen sind wie das Pferdespielen der Knaben. Wenn die Knaben Pferde spielen, so laufen sie ihre eigenen Beine müde. Wenn heutzutage ein großer Staat einen kleinen mit Krieg überzieht, so sind die Bauern die angegriffenen. Sie können ihre Felder nicht bestellen, und ihre Frauen können nicht weben, denn die Verteidigung ist die Hauptsache. Die Angreifer sind ebenfalls die Bauern; auch sie können nicht pflügen, und ihre Frauen können nicht weben, denn alle haben für den Angriff zu sorgen. Daher sind die Angriffskriege der großen Staaten gegen die kleinen wie das Pferdespielen der Knaben.«[322] Me-ti verband diesen Mißstand mit einer Hoffnung: »Wir sahen: Das Volk, das mit anderen Völkern in Frieden lebte, nährte einen Krieg seiner eigenen Klassen. Aber der Krieg mit anderen Völkern, welcher durch den Krieg der eigenen Klassen hervorgebracht wurde, erzeugte einen Burgfrieden der Klassen. Und dennoch verschärfte er den Krieg der Klassen zugleich; so zerfiel der Burgfrieden, und der Krieg der Klassen beendete den Krieg der Völker.«[323] Dafür, wie ein solcher Burgfriede hergestellt werden kann, gibt es zahlreiche Beispiele. »Das Volk von Ga hatte Brot und Arbeit verlangt. Es gab nämlich für viele keine Arbeit und also kein Brot. Die Forderung meinte, man wolle nicht Brot geschenkt haben, sondern es durch Arbeit verdienen. Als der Ti-hi zur Macht kam, ließ er ausrufen, er wolle dem Volk erst Arbeit geben und dann erst richtig Brot, und tatsächlich führte er große öffentliche Arbeiten aus, die der Kriegsvorbereitung dienten. Da nichts Richtiges gearbeitet wurde, wuchs der Mangel. Jetzt erfand Ti-hi die Parole: Brot oder Arbeit.«[324] Und »der Hu-ih forderte für die Nation *Lebensraum*, das heißt Bezirke, welche der Nation zur Ausbeutung zur Verfügung stünden. Me-ti nannte das *Tötungsraum.*«[325] Das klingt alt, ist es aber nicht, wenn von einer Supermacht ernsthaft die Besetzung eines ölproduzierenden Landes in Erwägung gezogen und in einem Jahr weltweiter wirtschaftlicher Rezession immerhin 210 Milliarden Dollar für Rüstung ausgegeben werden.[326] Genauso wie Hu-ih die Bevölkerung vor die Alternative stellt: Butter oder Kanonen, macht sich Wei-na dafür stark, in einem Jahr mit voraussichtlich nur geringem oder gar keinem wirtschaftlichen Wachstum den Rüstungsetat um acht bis neun Prozent aufzustocken, und er fordert, daß »die Bereitschaft der Bevölkerung für die erforderlichen Opfer« geweckt werde.[327] Nun, wer wünscht schon, daß die Worte Me-tis bald einmal im Verschwiegenen herumgereicht werden?

Über sinnlose Sätze und falsche Verknüpfungen machte sich Mo Ti Sorgen. Er sagte: »Der Satz: ›Ochsen und Pferde sind keine Ochsen‹ kommt der Bejahung dieses Satzes gleich.«[328] Me-ti erkannte die Gefahr fälschlicher Verknüpfungen sehr deutlich. »Philosophen werden meist sehr böse, wenn man ihre Sätze aus dem Zusammenhang reißt. Me-ti empfahl es. Er sagte: Sätze von Systemen hängen aneinander wie Mitglieder von Verbrecherbanden. Einzeln überwältigt man sie leichter. Man muß sie also voneinander trennen. Man muß sie einzeln der Wirklichkeit gegenüberstellen, damit sie erkannt werden ... Der Satz ›Der Regen fällt von unten nach oben‹ paßt zu vielen Sätzen (etwa zu dem Satz ›Die Frucht kommt vor der Blüte‹), aber nicht zum Regen.«[329] Ja, die Gefahr ist noch größer bei den Verknüpfungen. Er sagt: »Die Urteile, die auf Grund der Erfahrungen gewonnen werden, verknüpfen sich im allgemeinen nicht so, wie die Vorgänge, die zu den Erfahrungen führten ... Es ist die ganze Welt, die ein Bild erzeugt, aber das Bild erfaßt nicht die ganze Welt. Es ist besser, die Urteile an die Erfahrungen zu knüpfen, als an andere Urteile, wenn die Urteile den Zweck haben sollen, die Dinge zu beherrschen. Me-ti war gegen das Konstruieren zu vollständiger Weltbilder.«[330] Er berichtet auch davon, wie er selbst dieser Gefahr zum Opfer fiel. Er sagte: »Es ist schlimm mit mir. Überall werden Gerüchte verbreitet, daß ich die allerungereimtesten Dinge gesagt hätte. Und, ganz unter uns, das Unglück ist, daß ich die meisten wirklich gesagt habe. Es geht mir nämlich so: wenn jemand behauptet, 2 mal 2 sei 4, weil 8 minus 5 gleich 7 sei, dann sage ich sofort, 2 mal 2 sei dann nicht vier. Das kolportiert er dann.«[331] Doch Mo Ti wußte solchen Falschverknüpfern zu entgegnen. Als einmal Kung Mengtzu zu ihm sagte: »Wenn du die dreijährige Trauerzeit für falsch hältst, dann ist deine dreimonatliche auch verkehrt«, entgegnete er ihm: »Wenn du mit der dreijährigen Trauer die dreimonatliche widerlegen willst, so ist das ebenso, als wenn ein Nackter das Hochraffen der Kleider für unziemlich erklärt.«[332] Solche Erwiderungen dienen freilich nicht allein der Zurückweisung von falschen Verknüpfungen, sondern sollen auch Denkanstöße geben und zum Lernen führen.

Brecht wußte, daß Me-ti die Tugend für erlernbar hielt, ja er erkannte, daß man etwas lernen kann, ohne es sich vorgenommen zu haben, unfreiwillig gewissermaßen. Davon berichtet eindringlich die Geschichte *Der aufdringliche Künstler,* die mit folgenden Worten Me-tis an die Arbeiter schließt, die das »Lob des Lernens« betitelte Bild dem

Künstler eigentlich nur aus Mitleid abgekauft hatten: »Ich glaube beinahe, sagte er, ihr hattet dieses Bild kaufend, nicht so sehr mit dem Künstler, als mit euch Mitleid, und wart mehr großzügig zu euch selber, als zu ihm.«[333] Daß man einen unter Umständen auch einmal mit einer falschen Versprechung zu etwas bewegen muß, war auch Mo Ti bekannt. Er gewinnt einen Schüler mit der Versprechung: »Wenn du vorläufig bei mir studierst, werde ich dir ein Amt verschaffen«, doch als sich der Schüler nach längerer Zeit darüber beklagt, daß er kein Amt erhalten habe, erwidert ihm Mo Ti: »Hättest du nicht studiert, so würde dich die Welt verlacht haben, deswegen ermahnte ich dich zum Studium.«[334] Um ein bestimmtes Ziel zu erreichen, sind eben bisweilen besondere Mittel nötig, damit aber noch keineswegs geheiligt.

Die bisher von Mo Ti zitierten Gedanken sind allesamt in Brechts Ausgabe der Forkeschen Mo-Ti-Übersetzung angestrichen. Aus Anstreichungen ersehen wir auch, daß ihm solche Formulierungen wie »Wenn die Lippen fehlen, werden die Zähne kalt«[335], »Der Edle spiegelt sich nicht im Wasser, sondern er spiegelt sich in den Menschen«[336], »Der Edle ist wie eine Glocke; schlägt man sie, so tönt sie, schlägt man sie nicht, so tönt sie nicht«[337] oder wie »Der Weise gehört nicht zu den Tugendhaften, weil seine Frau ihn dafür hält«[338] ins Auge gefallen sind. So auch die Geschichte im Abschnitt *Gegen die Konfuzianer,* in der die doppelbödige Moral des Konfuzius gebrandmarkt wird.[339]

Brechts *Buch der Wendungen,* das seine Kritiker etwas ratlos ließ – Joachim Kaiser nannte es bei Erscheinen »Brechts chinesischen Steinbruch«[340] –, erschließt sich unserem Verständnis erst, wenn wir die Lehren Mo Tis kennen. So erhofft Brechts Me-ti einen Zustand des Gemeinwesens, »in dem der, welcher für sich selber sorgt, zugleich für das Gemeinwesen sorgt«; das ist alles andere als »altmodisch ökonomisch« gedacht. Vielmehr thematisiert Brecht damit ein Grundproblem des vergesellschafteten Menschen überhaupt; und die Schlichtheit der Formulierung, die dennoch nicht durch Vereinfachung erkauft wird, konnte er in hohem Maße von Mo Ti lernen. Freilich deckt sich Brechts Me-ti nicht mit dem historischen Mo Ti. Dieser kannte und postulierte allgemeingültige Prinzipien; Brecht hingegen weiß, daß Urteile jeweils vom gesellschaftlichen Kontext bestimmt sind. Er meint auch, man müsse manchmal ein schlechtes Leben riskieren, um ein gutes zu gewinnen; eben weil er nicht auf die ordnende Hand von oben, sondern auf die Massen setzt (»Der Krieg der Klassen beendet den Krieg der Völker«). So ist es die Auffassung vom gesellschaftlichen Prozeß, die Brecht von Mo Ti trennt. Doch in der Betrachtung der fundamentalen, der »zeitlosen« Bedingungen der Gesellschaft kommen sich beide erstaunlich nahe.

Diese verschiedenen und doch wieder ähnlichen Ausgangspunkte erzeugen eine dialektische Spannung, welche die Lektüre beider Werke so ergiebig macht – Brechts *Buch der Wendungen* gewinnt vor dem Hintergrund altchinesischer Lebenslehren, Mo Tis sozialethische Schriften (aus dem 5. Jahrhundert v. Chr.) erweisen ihre Aktualität in der Transformation.

Anmerkungen

1 Eine umfassende Darstellung über Utopien und Idealvorstellungen in China gibt Wolfgang Bauers *China und die Hoffnung auf Glück*, München 1971; jetzt auch als Taschenbuchausgabe erhältlich (dtv 4547).

2 Siehe Hu Shih, *The Development of the Logical Method in Ancient China*, Shanghai 1922; Reitsma, J., Een Chineesch voorlooper van Christus, in: *China*, Amsterdam, 2 (1926–27), S. 281–288; zur Mo-Ti-Rezeption vgl. auch den Anhang zu Sun I-jangs Mo-Ti-Edition sowie Forke, *Me Ti*, S. 54ff.

3 Daß Mo Ti schon in frühen Bibliothekskatalogen als »Großwürdenträger aus Sung« bezeichnet wird, mag seinen Grund darin haben, daß er nirgendwo sonst einen Beamtenposten innehatte.

4 Siehe Werner Eichhorn, *Kulturgeschichte Chinas*, Stuttgart 1964, S. 58; zahlreiche Spekulationen über die Herkunft Mo Tis und seiner Anhänger knüpfen an seinem Namen an. Hier seien nur die beiden wichtigsten Beispiele gegeben: Chan Wing-Tsit schreibt: »Der Name Mo war vielleicht ein Familienname; oder er bezeichnete eine besondere Bestrafungsart. Die Tatsache, daß die Anhänger Mo Tis Asketen waren und regelrechte Führer hatten, legt die Annahme nahe, daß sie Gefangene oder Sklaven waren... Tatsache ist jedenfalls, daß sie die arbeitende Klasse vertreten haben dürften.« Aus: *A Source Book in Chinese Philosophy*, Princeton Univ. Press 1963, S. 212; s. dazu auch W. Bauer, *a.a.O.*, S. 56. – Herbert Franke schreibt: »In bezug auf seine soziale Herkunft ist aufgrund der Bedeutung seines Familiennamens Mo (›Tusche‹) vermutet worden, daß er einer Sippe von Orakelpriestern oder Schreibern entstammte.« H. Franke u. R. Trauzettel, *Das Chinesische Kaiserreich*, Frankfurt/Main 1968, S. 58.

5 Siehe H. Franke und R. Trauzettel, *a.a.O.*, S. 48.

6 Siehe Erich Steinfeld, *Die sozialen Lehren der altchinesischen Philosophen Mo-tzu, Meng-tzu und Hsün-tzu*, Berlin-Ost 1971, S. 88f.

7 Menzius (372–289 v. Chr.), konfuzianischer Theoretiker. Erst unter der Sung-Dynastie (960–1280) wurde die unter seinem Namen, Meister Meng, überlieferte Schrift in den Kreis der vier konfuzianischen Hauptschriften *(ssu-shu)* aufgenommen. Hsün-tzu (ca. 298–238 v. Chr.) vertrat im Gegensatz zu Menzius die

Auffassung, daß der Mensch von Natur schlecht sei und »sozialisiert« werden müsse. Darin zeigt sich bereits ein starker legalistischer Einfluß auf die konfuzianische Schule.

8 Daß diese beiden Werke von Konfuzius zusammengestellt worden sind, ist wohl eine Erfindung späterer konfuzianischer Hagiographie. Hingegen scheint die Niederschrift dieser Bücher spätestens in der ersten Hälfte des 5. Jahrhunderts v. Chr. stattgefunden zu haben.

9 *Huai-nan-tzu,* Kap. 21, Edition *Chu-tzu chi-ch'eng,* S. 375.

10 Vgl. dazu auch unten Anm. 47.

11 *Chuang-tzu,* Kap. 33, Übersetzung von Richard Wilhelm, *Dschuang Dsi, Das wahre Buch vom südlichen Blütenland,* Düsseldorf/Köln (11.–13. Tsd.) 1951, S. XV–XVI.

12 Über die Ackerbauschule *(nung-chia),* in der der Gott-Landmann *(Shen-nung)* verehrt wurde, sind uns nur spärliche Berichte überliefert. Sie muß jedoch recht weit verbreitet gewesen sein. Ihre Anhänger vertraten die Auffassung, daß jeder selbst die Güter für den eigenen Verbrauch herstellen solle.

13 Shun war einer der mythischen Urkaiser, der traditioneller Datierung zufolge in der Zeit von 2233–2184 v. Chr. regiert haben soll, nachdem er von Yao, seinem Vorgänger, auf den Thron berufen worden war.

14 Siehe *Mo Ti,* Kap. 49, Edition *Chu-tzu chi-ch'eng,* S. 286.

15 Aus dem *Lü-shih ch'un-ch'iu;* Übersetzung nach Richard Wilhelm, *Frühling und Herbst des Lü Bu We,* Düsseldorf/Köln 1971, S. 322; eine andere Redaktion dieser Geschichte findet sich auch bei *Mo Ti,* Kap. 49.

16 Leitern, die man bei der Einnahme von Städten verwendete. »Wolkenleitern« wurden sie genannt, weil man mit ihnen »bis in die Wolken« steigen konnte.

17 Aus dem *Lü-shih ch'un-ch'iu;* in R. Wilhelms Übersetzung (vgl. oben Anm. 15), S. 282/3; andere Redaktionen dieser Begebenheit finden sich bei *Mo Ti,* Kap. 50, und bei *Huai-nan-tzu,* Kap. 29.

18 Siehe unten das Kapitel *Oben Angleichen I.*

19 Aus dem Kapitel *Allgemeine Menschenliebe I,* s. u.

20 Siehe das Kapitel *Der Wille des Himmels,* unten S. 156 ff.

21 Aus dem *Lü-shih ch'un-ch'iu;* R. Wilhelm, *Frühling und Herbst des Lü Bu We,* S. 13.

22 *Chuang-tzu,* Kap. 33; Richard Wilhelm, *Dschuang Dsi,* S. XV; vgl. auch Burton Watson, *The Complete Works of Chuang Tzu,* Columbia Univ. Press 1970, S. 365 f.

23 Babeuf, aus: *Manifest der Plebejer,* zitiert nach: *Die frühen Sozialisten, Dokumente der Weltrevolution,* Olten 1967, S. 117.

24 Siehe unten das Kapitel *Maßhalten im Aufwand.*
25 Vgl. unten das Kapitel *Gegen die Musik.*
26 Beide Zitate sind dem Kapitel *Über die offenkundige Existenz von Geistern* entnommen.
27 Siehe W. Eichhorn, *Kulturgeschichte Chinas,* Stuttgart 1964, S. 60.
28 Aus dem Kapitel *Über die offenkundige Existenz von Geistern.*
29 Vgl. Joseph Needham, *Science and Civilization in China,* Vol. II, Cambridge Univ. Press 1956, S. 167; siehe auch T. Pokora, in: *China Handbuch,* Düsseldorf 1974, Sp. 908.
30 *Li Gi (Li-chi), Das Buch der Sitte,* übersetzt von Richard Wilhelm, Düsseldorf/Köln 1958.
31 Dies bezieht sich wahrscheinlich auf jene Texte, die auch heute noch als mohistischer Kanon bekannt sind, die Kap. 40–45 des Buches *Mo Ti.*
32 *Chuang-tzu,* Kap. 33, Edition *Chu-tzu chi-ch'eng,* S. 217/218.
33 *Han Fei-tzu,* Edition *Chu-tzu chi-ch'eng,* S. 351.
34 Siehe Watanabe Takashi, *Bokka no shudan to sono shiso (Die Organisation der Mohisten und ihre Gedanken),* in: *Shigaku zasshi* 1961, 70, S. 1198–1231 und 1351–1385, hier S. 1221–1223.
35 *Chuang-tzu,* Kap. 33, s. R. Wilhelm *Dschuang Dsi, Das wahre Buch vom südlichen Blütenland,* S. XVI.
36 *Huai-nan-tzu,* Kap. 20.
37 Werner Eichhorn, *Kulturgeschichte Chinas,* Stuttgart 1964, S. 60.
38 Siehe Hu Shih, *Development of the Logical Method in Ancient China,* Shanghai 1922, S. 6–7 und S. 9.
39 Ts'en Chung-mien veröffentlichte 1958 in Peking eine eingehende Studie zu den mohistischen Schriften zur Stadtwallverteidigung *(Mo-tzu ch'eng-shou ke-p'ien chien-chu);* zu den Optik-Kenntnissen der Mohisten siehe A. C. Graham und Nathan Sivin, *A systematic Approach to the Mohist Optics (ca. 300 B. C.),* in: S. Nakayama und N. Sivin (Hrsg.), *Chinese Science,* The MIT Press, 1973, S. 105–152.
40 Daß Alfred Forke in seiner Übersetzung von 1922 dagegen mit dem Satz polemisierte: »Sehr schön in der Theorie, aber ist die Liebe Englands schon einmal über seine Insel hinausgegangen und hat es jemals seine Feinde geliebt?«, wird man nur aus der Zeit und der Haltung des Autors dieses Satzes erklären können.
41 Mit »Gelehrter« ist hier wie im Folgenden der Begriff *shih* übersetzt. *Shih* hatte ursprünglich die Bedeutung »Fürstendiener«, dann »Edelmann« und erst mit der Literarisierung der Oberschicht gewann er die Bedeutung »Gelehrter« oder »Experte«. Vgl. a. H. Franke und R. Trauzettel, *Das Chinesische Kaiserreich,* S. 55.

42 *Hsien*, der Tüchtige, der Weise; im Folgenden zumeist als »Weiser« übersetzt.

43 Herzog Wen von Chin regierte 779–744 v. Chr. Er ist der zweite der »Fünf Führer der Fürsten«.

44 Herzog Huan von Ch'i, reg. 685–642 v. Chr. Der erste der sog. »Fünf Führer der Fürsten«.

45 Kou Chien, König von Yüeh, reg. 496–465 v. Chr.

46 Der Edle, *chün-tzu*, eigtl. »Fürstensohn«, war zu Mo Tis Zeiten bereits seiner ständischen Bedeutung entkleidet und bezeichnete den sittlich Edlen, das Ideal, an dem sich zuerst der Herrscher messen zu lassen habe.

47 Die legendären Tyrannen Chieh und Chou führen die Liste der schlechten Herrscher der drei Dynastien Hsia, Shang und Chou an: Chieh, Chou, Yu und Li; sie werden den vorbildlichen Herrschern Yao, Shun, Yü, T'ang, Wen und Wu gegenübergestellt. Daß abschreckende und vorbildliche Beispiele in die Vergangenheit verlegt werden, ist ein Charakteristikum traditioneller chinesischer Geschichtsspekulation. Der Vorzug einer neuen Lehre wurde von ihren Verfechtern auch zumeist dadurch glaubhaft zu machen versucht, daß sie sich einen noch früheren Herrscherheroen zum Stammvater erkoren. Zu diesen Legitimierungsbemühungen siehe auch Gustav Haloun, *Die Rekonstruktion der Chinesischen Urgeschichte durch die Chinesen*, in: *Japanisch-deutsche Zeitschrift für Wissenschaft und Technik*, 3. Jg. Heft 7, Juli 1925, S. 243–270.

48 Zu diesem Topos s. a. A. Forke (Übers.) *Lun Heng*, 2 Bde., 1907/11, Bd. I, S. 366, 373, Bd. II, S. 193, 196–197, 206 und öfter.

49 Schildkrötenschalen wurden zum Wahrsagen gebrannt. Die Schalen wurden zunächst geglättet, poliert und mit Kerben versehen. Um das Orakel zu erhalten, führte man glühende Bronzestäbchen in diese Kerben und las an den dabei entstehenden Sprüngen und Rissen den Spruch des Orakels ab.

50 Um Regen herbeizuführen, verbrannte man in Dürrezeiten Wasserschlangen.

51 Pi Kan kritisierte den Tyrannen Chou.

52 Eine Schönheit in Wu am Hofe des Königs Fu Ch'ai; als Yüeh im Jahre 473 v. Chr. Wu unterwarf, wurde sie in einen Fluß geworfen.

53 Ein berühmter Feldherr in Ch'u, der i. J. 381 v. Chr. hingerichtet wurde.

54 Dieser Abschnitt scheint mir, auch aufgrund der Beispiele aus dem 4. Jahrhundert v. Chr., die Mo Ti vermutlich gar nicht kennen konnte, ein späterer Einschub zu sein.

55 Diese Zeilen sind im Original in Reimen gefaßt.

56 Vgl. hierzu einen Abschnitt aus dem *Ta-hsüeh,* ursprünglich ein Kapitel des *Li-chi,* des konfuzianischen Ritenbuchs, später herausgenommen und zu einem der vier konfuzianischen Hauptschriften erhoben. »Die Alten, die die leuchtende Tugend im ganzen Reich erstrahlen lassen wollten, ordneten zuerst ihren Staat, und noch bevor sie den Staat ordneten, regelten sie ihre Familienverhältnisse. Da sie ihre Familienverhältnisse zu regeln wünschten, kultivierten sie zunächst ihr Selbst.« *Ta-hsüeh, Worte des Konfuzius,* 4.

57 Im *Lü-shih ch'un-ch'iu,* Buch II, Kap. 4, gibt es ein ganz ähnliches Kapitel; s. R. Wilhelm, *Frühling und Herbst des Lü Bu We,* S. 22 ff.

58 Hsü Yu, ein Einsiedler, der den Thron, den Kaiser Cao ihm übertragen wollte, ablehnte; s. a. R. Wilhelm, *Dschuang Dsi* I, 2. – Po Yang ist einer von sechs Weisen, die im Zusammenhang mit Yao und Shun oft erwähnt werden.

59 Kao Yao diente Shun als Minister. Po I diente unter Shun und half später Yü bei der Wasserregulierung.

60 I Yin und Chung Hui waren Minister T'angs, des Begründers der Dynastie Shang (trad. 1766–1132 v. Chr.).

61 König Wu war der Begründer der Dynastie Chou.

62 Chieh, der letzte Herrscher der Dynastie Hsia.

63 Chou, der letzte Fürst des Hauses Shang/Yin.

64 König Li, der als schlechter Monarch galt, herrschte von 878–827 v. Chr., s. oben Anm. 47.

65 Zu Herzog Huan von Ch'i siehe oben Anm. 44. – Kuan Chung (starb 645 v. Chr.) war ein berühmter Minister des Herzogs Huan von Ch'i.

66 Pao Shu war ein enger Freund Kuan Chungs. Als Kuan Chung im Sterben lag, soll er jedoch seinem Herzog davon abgeraten haben, Pao Shu zu seinem Nachfolger zu bestimmen. Vgl. *Frühling und Herbst des Lü Bu We,* I, 4.

67 Chiu Fan, ein Beamter des Herzog Wen von Chin; Kao Yen, oder Kuo Yen, war ein Großwürdenträger und Wahrsager.

68 Sun-shu und Shen Yin waren Kanzler des Königs Chuang von Ch'u (reg. 612–589 v. Chr.).

69 König Ho-lü, auch Ho-lu geschrieben, regierte von 514–496 v. Chr..

70 Zu König Kou Chien s. oben Anm. 45.

71 Chang-liu Shuo und Wang Hsing (oder Wang Sheng) waren beide um 490 v. Chr. Hausräte des Fan-Klans.

72 Der Chung-hang-Klan hatte große Besitzungen in Chin.

73 Fu Ch'ai regierte 495–473 v. Chr. als König von Wu.
74 Die Familie Chih war aus dem Staate Chin.
75 Chung-shan, ein Gebiet in Chin, wurde im Jahre 408 v. Chr. von Wei geschlagen.
76 Der König von Sung, der den posthumen Ehrennamen K'ang führt, fragt einst T'ang Yang, seinen Kanzler, warum sich trotz der zahlreichen von ihm vollstreckten Hinrichtungen die Leute nicht vor ihm fürchten. T'ang Yang erwiderte: »Die Leute, die Ihr verurteilt, waren alle schlechte Menschen. Weil Ihr die Schlechten bestraft, darum fürchten sich die Guten nicht vor Euch. Wenn Ihr wünscht, daß alle Beamten fürchten, so empfiehlt es sich mehr, ohne Rücksicht ob gut oder schlecht, von Zeit zu Zeit einen zu bestrafen. Auf diese Weise werden Euch alle Beamten fürchten.« – Nicht lange darauf ließ der Fürst von Sung den T'ang Yang selber hinrichten. Die Antwort des T'ang Yang wäre besser ungesagt geblieben.« *Lü-shih ch'un-ch'iu* XVIII, 5, vgl. *Frühling und Herbst des Lü Bu We,* S. 306.
77 Tuan-kan Mu, ein hervorragender Gelehrter in Wei, um 400 v. Chr.; Ch'in-tzu ist einer der bekanntesten Schüler Mo Tis; Fu Yüeh war Minister des Shang-Herrschers Wu-Ting.
78 I Ya war der Koch und Shu Tiao ein Eunuch am Hofe des Herzogs Huan von Ch'i.
79 In dem uns überlieferten *Shih-ching*-Text findet sich dieser Satz nicht.
80 Die fünf Instrumente sind Winkelmaß, Zirkel, Schnur, Lot und – hier offenbar ausgefallen – Wasserwaage.
81 Hierzu bemerkt Forke in einer Fußnote (1922): »Bisweilen läßt er aber auch einige Millionen verhungern, namentlich in China und Indien und neuerdings auch in Rußland.«
82 In der Ausgabe des Mao K'un aus dem Jahre 1581 heißt es statt dessen: »Kinder des Himmels«.
83 Vgl. *Lü-shih ch'un-ch'iu,* XI, 3; vgl. R. Wilhelm, *Frühling und Herbst des Lü Bu We,* S. 135f.
84 Auch eine Metapher für den Geschlechtsverkehr.
85 Dies Kapitel bezieht sich auf die drei vorbildlichen Herrscher Yao (und Shun), Wen und Wu, die – nach Mo Tis Auffassung – die Musik nicht besonders schätzten. Eigentlich ist Mo Ti gegen Musik überhaupt; siehe unten den Abschnitt *Gegen die Musik.* Offenbar konnte jedoch auch Mo Ti nicht leugnen, daß die früheren Herrscher Musik anhörten, und so bezieht er hier den Standpunkt, daß sie die Musik nicht sehr wichtig nahmen – und im übrigen habe mit jeder neu hinzugefügten Musik die Unordnung im Reiche zugenommen.

86 Das ist offenbar eine Anspielung auf die Errettung des Reiches von der Tyrannenherrschaft des Chieh.
87 Der Name eines Liedes im *Shih-ching (Buch der Lieder)*.
88 Der Text dieses letzten Absatzes bleibt etwas unklar; er ist vermutlich verderbt.
89 Die Weisen *(hsien)*, vgl. oben Anm. 42, sind auch die Tüchtigen. Das »Hochschätzen« *(shang)* hat auch den Sinn »Heranziehen«, »Bevorzugen«.
90 I aus Yin war ein bedeutender Minister unter den Herrschern Shun und Yü.
91 I Yin soll in der Palastküche des T'ang gearbeitet haben.
92 Hung Yao war Berater des Königs Wen.
93 *San-tai*, die drei Dynastien der Hsia, Shang und Chou. S. unten Anm. 163.
94 Der Text hier weicht etwas von dem Text im uns erhaltenen *Shih-ching* ab; vgl. *Shih-ching*, Abt. *Ta-ya*, »Sang-Jou«, Mao-Text No. 257, Legge IV, S. 522.
95 Ich folge hier der Auffassung des Kommentators Pi Yüan.
96 Die Herkunft des ersten Zitats ist unbekannt. Die *Erklärung des T'ang* ist ein Teil des *Buchs der Urkunden (Shu-ching)*, in dessen uns überlieferter Fassung sich der zitierte Satz jedoch nicht findet; mit dem großen Heiligen ist offenbar I Yin gemeint; s. o. Anm. 91.
97 Siehe die vorangegangene Anmerkung. Eine Tochter des Hsin-Klans heiratete den Herrscher T'ang.
98 Sie sollen alle Minister des legendären Herrschers Shun gewesen sein.
99 Der Text im *Buch der Urkunden* weicht an manchen Stellen von dem Zitat hier ab; vgl. J. Legge, III, S. 593–596; Karlgren, *The Book of Documents*, Stockholm 1950, S. 74–76. Das *Lü-hsing, Strafkodex von Lü*, soll unter der Herrschaft des Königs Mu von Chou im Jahre 951 v. Chr. verfaßt worden sein.
100 Diese Zeilen finden sich nicht in unserem *Buch der Lieder*.
101 Hier lasse ich einen überflüssigen Satz ausfallen.
102 Gemeint ist König Mu der Chou, unter dessen Regierung im Jahre 951 v. Chr. der *Strafkodex von Lü* verfaßt worden sein soll.
103 Vgl. Legge, *The Chinese Classics*, III, S. 601, und B. Karlgren, *The Book of Documents*, Stockholm 1950, S. 76–77.
104 Das *Shu Nien* war, wie auch das *Hsiang Nien*, vielleicht einmal ein Teil des *Shu-ching*. In dem uns überlieferten *Shu-ching* finden sich die Texte jedoch nicht.
105 Dies waren die vier Minister des Königs Wu, vgl. *Shu-ching*, Legge, III, S. 481.
106 D. h.: in der ganzen kultivierten Welt.

107 Mit der Übersetzung der Überschrift *Shang-t'ung* als *Oben Angleichen* soll die Ambivalenz angedeutet werden, daß sich nämlich zwar die Untertanen an die Oberen anzupassen, ihnen zu folgen haben, daß jedoch auch die Oberen sich anzugleichen haben, an den »Himmel« nämlich, der allen gleichmäßig nützt und alle liebt. Joseph Needham spricht in diesem Zusammenhang von »social solidarity«, vgl. *Science and Civilization in China*, II, Cambridge 1956, S. 168.

108 In alten Schriften werden als die fünf Strafen im allgemeinen folgende genannt: Brandmarken, Abschneiden der Nase, Abschneiden der Füße, Kastration, Tod.

109 Pferd, Rind, Schaf, Huhn, Hund, Schwein.

110 Ich folge hier der Lesung Pi Yüans.

111 Zum *Lüh-hsing* vgl. oben Anm. 99.

112 Diese Stelle findet sich mit einigen Abweichungen im *Buch der Urkunden*, s. Legge, III, S. 591; Karlgren, S. 74.

113 Diese Stelle findet sich heute im Abschnit »Ta Yü mo« des *Buchs der Urkunden;* siehe Legge, III, S. 63. Das *Shu Ling* scheint ein anderes, heute verlorenes Buch des *Buchs der Urkunden* zu sein.

114 Siehe *Shih-ching (Buch der Lieder);* vgl. Legge, IV, S. 591; Arthur Waley, *The Book of Songs*, London 1937, S. 232; B. Karlgren, *The Book of Odes*, Stockholm 1950, S. 46, übersetzt: »They appear before their sovereign king, they seek their emblems of distinction.«

115 Vgl. Legge, IV, S. 249–250.

116 Wörtl.: »Die Tempel der Landesgötter festigen.«

117 Dieser Satz ist nicht im *Buch der Urkunden* belegt.

118 Ich folge hier dem Kommentar Wang Yin-chihs.

119 *Chien-ai*, »vereinigende Liebe«, »universal love«, ist der zentrale Begriff in der Lehre Mo Tis.

120 Der Heilige, *sheng-jen*, im Folgenden oft als »der Weise« übersetzt.

121 *Luan*, im Gegensatz zu *chih*, Ordnung, geordnete Verhältnisse, ordnen, regieren, heißt demnach Unordnung, Aufstand, Erhebung, Chaos.

122 Dies ist ein Einschub Sun I-jangs, um die Aufzählung analog zu anderen Abschnitten zu vervollständigen.

123 Zu Herzog Wen von Chin s. oben Anm. 43.

124 König Ling von Ch'u regierte von 539–527 v. Chr.

125 Zu Kou Chien, s. oben Anm. 45.

126 Dieser Satz, der im Folgenden als Abschlußsatz wiederkehrt, ist etwas unklar. Als »allgemeine Liebe« wird hier *chien* aufgefaßt, als sei es eine Verkürzung des Ausdrucks *chien-ai*.

127 Ich folge hier der Auffassung Mei Yi-paos.
128 Vgl. Legge, III, S. 292.
129 Dieser Text findet sich nicht in unserem *Shu-ching*.
130 Hier werden *chien* und *pieh* gegenübergestellt, Vereinigung und Trennung, hier mit »Universalität« und »Parteilichkeit« übersetzt.
131 An dieser Stelle ist offenbar durch die Überlieferung etwas ausgefallen.
132 Das heißt, sie sei eine Utopie.
133 Damit sind Yao, Shun, Yü, T'ang, Wen und Wu gemeint. Für alle sechs werden jedoch im Folgenden keine Beispiele genannt.
134 *Die Große Erklärung* (oder: *Der Große Schwur*) ist vermutlich eine Rede des Königs Wu, Sohn des Königs Wen, eine Abteilung des *Shu-ching;* dieser Teil war sehr früh verloren gegangen, und der unter dem gleichen Titel heute im *Buch der Urkunden* enthaltene Abschnitt ist eine Fälschung des 3. Jahrhunderts n. Chr.
135 Siehe Anm. 134.
136 Hier sind auch die Himmelsgeister und die Erdgeister gemeint.
137 Dies ist als die personalisierte Instanz des Himmels zu begreifen.
138 Vgl. *Lun-yü, Gespräche des Konfuzius,* XX, 1.
139 Die ersten vier Zeilen finden sich heute im *Shu-ching,* wo die Verse umgestellt sind, so daß 2 und 4 auf den Stellen 1 und 3 stehen. Für *pu* ist *wu* gesetzt. Der zweite Teil findet sich im *Shih-ching,* Mao-Text No. 203. Vgl. Legge, III, S. 331–332; Karlgren, *The Book of Documents,* S. 32; sowie Karlgren, *The Book of Odes,* Stockholm 1950, S. 154.
140 Die Zeilen sind aus dem Gedicht *Yi* (Mao-Text No. 256) in der Abteilung *Ta-ya* des *Shih-ching,* die letzten beiden Zeilen finden sich ähnlich auch in einem Liebesgedicht des *Mu-kua*-Textes (Mao-Text No. 64) in der Abteilung *Kuo-feng,* vgl. Legge, IV, S. 514 und 515f., und Karlgren, *The Book of Odes,* S. 214 und 244.
141 Zu König Kou Chien von Yüeh s. oben Anm. 45.
142 *pu-jen* und *pu-i,* mit »Verwerflichkeit« übersetzt, werden hier synonym verwendet. – *tsui,* »Verbrechen«, kann auch mit »Bestrafung« übersetzt werden.
143 König Ho-lü von Wu regierte von 514–496 v. Chr.
144 Fu Ch'ai war der Nachfolger Ho-lüs.
145 Kou Chien, König von Yüeh, regierte 496–465 v. Chr. Mo Ti spielt an anderer Stelle auf eine Geschichte an, derzufolge Kou Chien seinem Feinde Fu Ch'ai die Schönheit Hsi Shih schenkte, der Fu Ch'ai erlag, so daß der Staat Wu allmählich in Unordnung geriet und im Jahre 473 von Kou Chien erobert werden konnte. Siehe oben S. 58 u. Anm. 52.

146 Im *Buch der Urkunden*, findet sich nur dieser erste Satz, wo statt »der Edle« einfach »der Mensch« steht. Bernhard Karlgren übersetzt diese Stelle folgendermaßen: »men should not (examine =) mirror themselves in water; they should mirror themselves in the people.« Vgl. *The Book of Documents,* Stockholm 1950, S. 45; James Legge, *The Chinese Classics,* Bd. III, S. 409f.

147 Shang-ti, ursprünglich der von den Chou verehrte »Gottkaiser in der Höhe«, später nur noch schlicht mit dem Himmel identifiziert. Bei Mo Ti hat Shang-ti wie ja auch der Himmel noch stark personale Züge.

148 Hier lasse ich die Negation ausfallen.

149 In dem ganzen Absatz und besonders an dieser Stelle ist der Text in sehr schlechtem Zustand, so daß die hier gegebene Übersetzung eher als Vorschlag zu betrachten ist.

150 Alfred Forke merkt hierzu an: »Immer derselbe Schwindel! Jeder Eroberer hält sich für ein besonderes Werkzeug der Vorsehung oder für einen besonderen Kulturträger, der nur Strafexpeditionen gegen verbrecherische Nationen unternimmt.«

151 Kao Yang ist ein Vorfahr des Shun, der hier wohl gemeint ist.

152 Diese Rede ist nach Ansicht vieler Kommentatoren zu streichen.

153 Dieses Tier heißt eigentlich *ch'eng-huang*, »gelbreitend«; einigen Berichten zufolge soll dieses Tier einem Fuchs ähneln, dem zwei Hörner aus dem Rücken wachsen. Die Übersetzung mit »gelbes Pferd« ist hier sehr frei.

154 Es gab zu jener Zeit über zwölf mehr oder weniger unabhängige Staaten, wenngleich die genannten vier die mächtigsten waren.

155 Zum Thema des gesamten Kapitels siehe auch oben das Kapitel *Keine Übertreibungen.*

156 Nach dem *Chou-li, Riten der Chou,* sollte ein Mann mit 30 und ein Mädchen mit 20 Jahren verheiratet sein. Vgl. É. Biot, *Le Tcheou-li ou Rites des Chou,* Paris 1851, T. I, S. 307.

157 Die fünf Geschmacksrichtungen sind: sauer, bitter, süß, scharf und salzig. Siehe Marcel Granet, *Das Chinesische Denken* (orig. *La Pensée Chinoise,* deutsch von Manfred Porkert), München 1963, S. 284.

158 Chiao-tzu, der alte Name für das heutige Cochinchina.

159 Über solch zeremonielles Gehabe bei Konfuzius siehe *Lun-yü* X, 4.

160 Zu den Kleiderfarben des Konfuzius siehe *Lun-yü* X, 6.

161 Das ursprünglich nächstfolgende Kapitel, *Mäßigung im Aufwand III,* ist nicht überliefert.

162 Die beiden vorangehenden Kapitel, *Einfachheit bei Begräbnissen* I und II, sind nicht überliefert.

163 Mit den weisen Königen der drei Dynastien des Altertums sind Yao, Shun, Yü, T'ang, Wen und Wu der Dynastien Hsia, Shang/Yin und Chou gemeint. In Aufzählungen werden oft Yao, Shun und Yü weggelassen, da es in der Reihe der schlechten oder bösen Könige der drei Dynastien des Altertums, Chieh, Chou, Yu und Li, zu diesen dreien keine Entsprechung gibt.

164 Hier versteht Mo Ti unter »den Edlen« *(chün-tzu)* offenbar vornehmlich die Konfuzianer.

165 Die Armen reich zu machen, die Bevölkerung zu vermehren und Ordnung herzustellen sind drei Arten des Nützens.

166 Mo Ti überzeichnet hier die konfuzianischen Begräbnis- und Trauervorschriften etwas. So meinten auch die Konfuzianer, daß das Trauern nicht der Gesundheit der Trauernden abträglich sein dürfe; und Menschenopfer bei Begräbnissen verurteilten sie sogar.

167 Hier ist der Text etwas verderbt; manche Kommentatoren versuchen, ihn durch Analogien zu vervollständigen.

168 Hier lasse ich 44 Worte aus, die nur eine wörtliche Wiederholung der Passage sind, in der die Folgen der Befolgung solcher Trauervorschriften geschildert werden.

169 Chieh, Chou, Yu und Li sind die schlechten Könige der drei Dynastien des Altertums.

170 Es handelt sich bei diesem Stamm nicht, wie manche Kommentatoren meinen, um Menschenfresser, sondern um Menschenfresser handelt es sich bei den vorgenannten Leuten von Chen-mu; von denen wird an anderer Stelle, *Mo-tzu,* Kap. 49, berichtet, daß sie das Fleisch des ältesten Sohnes ihrem Anführer geben, der, wenn es ihm gut schmeckt, den Vater belohnt, was ja dann auch dem nächstfolgenden Sohn zugute kommt.

171 Was hier mit »richtig« übersetzt wird, kann auch mit »ordentlicher Regierung«: »Gerechtigkeit ist die Voraussetzung einer geordneten Regierung«, übersetzt werden. *cheng* »richtig, ordentlich« und *cheng* »geordnete Regierung« sind hier wie auch im Folgenden auswechselbar.

172 Zur Belohnung und Bestrafung der heiligen und der bösen Könige des Altertums siehe auch oben, S. 47.

173 Das heißt alle zivilisierten Menschen.

174 Vgl. *Shih-ching, Buch der Lieder,* Mao No. 207; Legge, *The Chinese Classics,* IV, S. 363; Arthur Waley, *The Book of Songs,* London 1937, No. 143.

175 Mit den sechs Haustieren sind Pferde, Rinder, Schafe, Schweine, Hühner und Hunde gemeint.

176 Siehe *Shih-ching, Buch der Lieder,* Mao No. 241; Legge, IV, S.

454; Waley No. 243; ich folge hier der Übersetzung von Peter Weber-Schäfer, *Altchinesische Hymnen,* Köln 1967, S. 116. »Gott« ist hier der Übersetzungsbegriff für Shang-ti; vgl. dazu oben Anm. 147.

177 Eine ähnliche Stelle findet sich in dem uns überlieferten *Buch der Urkunden, Shu-ching;* vgl. Legge, III, S. 286.

178 Eine ausführlichere Darlegung dieses Zusammenhangs findet sich oben zu Beginn des Abschnitts *Der Wille des Himmels I.*

179 Vgl. oben Anm. 171.

180 Das heißt, er setzt die Standards, belohnt und bestraft.

181 Vgl. oben Anm. 181.

182 Zu Parteilichkeit *(pieh)* und Universalität, Einigkeit *(chien)* vgl. auch oben S. 167.

183 Solche Unterscheidungsunfähigkeit wiegt im Zusammenhang der chinesischen Ordnungsvorstellungen ungleich schwerer, als es uns auf den ersten Blick scheinen mag. Vgl. beispielsweise Marcel Granet, *Das Chinesische Denken,* S. 284, sowie R. Wilhelm, *Frühling und Herbst des Lü Bu We,* Düsseldorf/Köln 1971, S. 463f.

184 Hier lasse ich drei unverständliche Zeichen aus.

185 Siehe oben Anm. 176.

186 Die beiden ursprünglich vorangehenden Abschnitte, die den gleichen Titel tragen, sind nicht überliefert. Der hier gewählte Titel *Über die offenkundige Existenz von Geistern* ist am Inhalt orientiert; zur Problematik der Übersetzung des chinesischen Titels *ming-kuei* vgl. auch A. Waley, in: *Asia Major,* Bd. 1, Leipzig 1924, S. 185.

187 König Hsüan von Chou lebte, traditioneller Datierung zufolge, 827–783 v. Chr.

188 Im Text steht Herzog Mu von Cheng, doch die hier erwähnte Begebenheit wird uns aus anderen Quellen im Zusammenhang mit dem Herzog Mu von Ch'in (659–620 v. Chr.) berichtet.

189 Kou Mang, einer der fünf Geister *(wu-shen),* die in der Chou-Zeit verehrt wurden. Er ist der Geist des Frühlings, des Ostens und des Elementes Holz. Vgl. auch A. Forke, *Lun-heng,* Bd. I, Leipzig, London, Shanghai 1907, S. 518, Anm. 4.

190 Herzog Chien von Yen, 504–492 v. Chr.

191 Dieser Hinweis ist als Anmerkung zu verstehen.

192 Der Tod des Pao, Fürst Wen von Sung (610–589), ist in den *Frühling- und Herbst-Annalen (Ch'un-ch'iu)* im 2. Jahr des Herzogs Ch'eng (Legge, V, S. 338) verzeichnet. Das hier berichtete Ereignis wird auch von Wang Ch'ung in seinem *Lun-heng* überliefert; vgl. A. Forke, *op. cit.* (Anm. 189), S. 512.

193 Siehe *Shih-ching, Buch der Lieder,* Mao No. 235; Legge, IV, S. 427; Waley No. 241; in der Übersetzung folge ich Peter Weber-Schäfer, op. cit. (Anm. 176), S. 109.

194 Dieser Text stammt vermutlich aus einem heute nicht mehr erhaltenen Teil des *Buchs der Urkunden, Shu-ching;* vgl. Legge, III, S. 193f.

195 Die drei Standards sind Himmel, Erde und Mensch.

196 Der Text von »Auch« bis unten »Ortschaften« (= 32 Zeichen) fehlt in der uns überlieferten Fassung des *Shu-ching.*

197 Vgl. *Shu-ching,* Legge, III, S. 152ff. *Kan-che,* die *Erklärung von Kan,* ist eine Ansprache vor der Schlacht bei Kan, die nach dem *Shu-ching* im Jahre 2194 v. Chr. von Ch'i, nach Mo Ti von Yü gehalten wurde.

198 Die Bezeichnung des Tages nach dem Sechzigerzyklus; Sechzigerzyklus s. a. Marcel Granet, *Das Chinesische Denken,* S. 115.

199 Diese Passage steht etwas zusammenhanglos an dieser Stelle.

200 Hier habe ich eine offensichtliche Wiederholung (= 21 Zeichen) ausgelassen.

201 Die vorangehenden acht Zeichen lasse ich aus.

202 Im Abschnitt *Womit gefärbt wird* wird T'ui-i Ta-hsi (dort als T'ui Che bezeichnet) als schlechter Berater des Chieh genannt; vgl. oben S. 43.

203 Im *Lü-shih ch'un-ch'iu* heißt es: Der König Wu hatte dreitausend Mann, die sich rennende Tiger nannten, und dreihundert auserwählte Kriegswagen, ... Vgl. R. Wilhelm, *Frühling und Herbst des Lü Bu We,* S. 98.

204 O Lai wird im Kapitel *Womit gefärbt wird* als Berater des Königs Chou von Yü genannt.

205 Hier lasse ich vier unverständliche Zeichen aus.

206 Vermutlich aus einer verlorenen Abteilung im *Buch der Urkunden.*

207 Von den Abschnitten *Gegen die Musik (fei yüeh)* ist nur der erste erhalten geblieben. Im Yang-Kommentar zum Kapitel *Fu-kuo* des *Hsün-tzu* heißt es: »Mo-tzu sagte, Musik sei nicht zuträglich für die Menschen, und daher verfaßte er sein Kapitel *Gegen die Musik.*« – Eine Polemik gegen die Musik findet sich auch im Abschnitt *Drei Erörterungen;* vgl. oben, S. 66ff.

208 Unter »Musik« versteht Mo Ti auch alle sonstigen sinnlichen Vergnügungen, wie zum Beispiel Tanz; hinsichtlich der Nahrungsaufnahme und des Geschlechtsverkehrs gestattet er jedoch das nützliche Ausmaß.

209 Ich folge hier der Interpretation Yü Yüehs.

210 Herzog K'ang von Ch'i, 404–378 v. Chr.

211 Zu solchen Tänzen siehe Arthur Waley, *The Book of Songs*, London 1937, S. 338–340, der sie als Opfer-, nicht als Kriegstänze betrachtet.
212 Im chinesischen Text steht hier eine ausführlichere Aufzählung einzelner Tiere und Tiergattungen.
213 Vgl. oben, S. 66.
214 Dies scheint der verlorengegangene Titel eines Buches im *Shu-ching* zu sein.
215 Vgl. Legge, III, S. 196; der letzte Satz ist sehr zweifelhaft.
216 Vgl. *Buch der Lieder*, Legge, IV, S. 625.
217 Die neun Provinzen sind ein Ausdruck für China, das sich im Altertum aus neun Provinzen zusammengesetzt haben soll. Mit »er« ist hier vermutlich Chieh gemeint, der als schlechter Herrscher der Hsia von T'ang gestürzt wurde.
218 Ein nicht erhaltener Text.
219 Darüber, wer mit diesem Ch'i gemeint ist, herrscht keine Einmütigkeit. Manche sehen in ihm den Sohn Yüs, den zweiten Herrscher der Hsia-Dynastie.
220 Zum Wan-Tanz siehe oben Anm. 211.
221 Der ganze Abschnitt ist in vielen Punkten sehr unklar.
222 Dieser Text ist nahezu identisch mit den einleitenden Sätzen zum Abschnitt *Hochschätzung der Weisen I;* vgl. oben, S. 61.
223 Den folgenden Satz lasse ich hier mit dem Kommentator Yü Yüeh fort, da er überflüssig ist.
224 Lasse hier wieder einen Satz aus.
225 Chung Hui war ein Minister des T'ang; eine ähnliche Stelle findet sich im *Buch der Urkunden*, Legge, III, S. 179. – Die Ausdrücke für »Mandat« und »Schicksal« sind im Chinesischen identisch.
226 Siehe Anm. 177.
227 Siehe Anm. 177 und Anm. 225.
228 Eine verlorengegangene Schrift des *Shu-ching*.
229 Auch diese Schrift ist uns nicht überliefert. – Vielleicht war es diese Stelle, die Brecht zu dem Aphorismus anregte: »Das Schicksal des Menschen ist der Mensch.«
230 Hier heißen die drei Kriterien Prüfbarkeit *(k'ao)*, Begründbarkeit *(yüan)* und Anwendbarkeit *(yung)*, während in den beiden vorangehenden Abschnitten das erste Kriterium mit Ursprung *(pen)* angegeben wird.
231 Ich folge hier der Auffassung Pi Yüans.
232 *Umfassende Tugend*, vermutlich ein verlorengegangener Abschnitt des *Shu-ching*.
233 Ich folge hier der Auffassung Sun I-jangs.
234 Vgl. *Shu-ching*, Legge, III, S. 294.

235 Vgl. ebd., Legge, S. 291.
236 Ich folge hier dem Kommentar des Chuang Shu-tsu; vgl. auch Legge, III, S. 297.
237 Ursprünglich gab es zwei Abschnitte unter dem Titel *Verurteilung der Konfuzianer,* von denen der erste heute nicht mehr erhalten ist.
238 Im *Chung-yung,* einem der klassischen Bücher des Konfuzianismus, wird von den vorbildlichen Königen des Altertums gesagt, sie hätten die Toten so geehrt und respektiert als lebten sie noch, entsprechend dem Verwandtschaftsgrad. Vgl. zum Beispiel *Chung-yung,* XX, 5.
239 Mo Ti beharrt hier auf der, im Prinzip auch von den Konfuzianern bejahten, Vorrangigkeit der Beziehung zwischen Sohn und Vater vor der Beziehung zwischen dem Sohn und seiner eigenen Frau und seinem Sohn.
240 Vgl. *Lun-yü,* VII, 1.
241 I war ein berühmter Bogenschütze zur Zeit des Herrschers Ku um 2400 v. Chr.
242 Yü war der Sohn des Herrschers Shao K'ang, dem er 2057–2040 v. Chr. in der Regierung folgte.
243 Hsi-chung soll unter Yü der Befehlshaber über die Wagen gewesen sein.
244 Chuang-tzu rühmt Ch'ui wegen seiner Geschicklichkeit.
245 Ich folge hier der Emendation Waleys; der ganze Text ist anscheinend sehr verderbt.
246 Eine Darstellung der ritterlichen Etikette der Kriegsführung, wie sie die Konfuzianer vertraten, findet sich bei M. Granet, *La Civilisation Chinoise,* Paris 1968 (Ed. Albin Michel), S. 316ff.
247 Ein Beispiel für die nichtssagenden Ratschläge der Konfuzianer, die sich durch keine Festlegung in Schwierigkeiten bringen wollten.
248 Meister Yen (starb 500 v. Chr.) war Minister unter Herzog Ching. Geschichten über ihn und sein Wirken finden sich im *Yen-tzu ch'un-ch'iu.*
249 Der Herzog von Po, ein Prinz des Staates Ch'u, auch Ching genannt, führte einen Aufstand gegen den Fürsten von Ch'u im Jahre 479 v. Chr., also im Todesjahr des Konfuzius. Der Aufstand wurde schnell niedergeworfen, und der Herzog von Po beging Selbstmord. Da auch Meister Yen zu jener Zeit bereits tot war, scheint diese Geschichte eine spätere Erfindung zu sein.
250 Vgl. *Lun-yü,* X, 3–5.
251 T'ien Ch'ang war ein General von Ch'i und Meister Hui einer seiner Anhänger.

252 Tz'u ist der persönliche Name des Tzu-kung, der einer der 72 Schüler des Konfuzius war.
253 Vgl. *Lun-yü*, , X, 8.
254 Vgl. Menius V, I, IV, 1. Ku Sou war der nichtswürdige Vater des Shun, der diesem gegenüber nur unmutig seine Sohnespflichten erfüllte.
255 Indem Mo Ti dem Konfuzius solche lästerlichen Reden in den Mund legt, will er ihn verumglimpfen.
256 K'ung Li war ein Rebell im Staate Wei.
257 Von der Bereitschaft des Konfuzius, mit Pi Hsi zusammenzuarbeiten, berichtet *Lun-yü*, XVII, 7.
258 A. Forke merkt hier an: »Die Beteiligung an Revolutionen ist an und für sich noch kein Verbrechen, wie es hier dargestellt wird.«
259 WA (= Bertolt Brecht, *Gesammelte Werke in 20 Bänden*, Werkausgabe Edition Suhrkamp, Frankfurt am Main 1967) 16, S. 619ff. Die erste Skizze Brechts, die er, unmittelbar nachdem er den chinesischen Schauspieler Mei Lan-fang in Moskau (Mai 1935) gesehen hatte, verfaßte, erschien in englischer Sprache in *Life and Letters Today*, Vol. XV, 1936, No. 6, unter dem Titel »The fourth wall of China«. Diese Nachricht entnehme ich Walter Benjamin, »Was ist das epische Theater?«, *Maß und Wert* 2 (1939); Nachdruck in: ders., *Versuche über Brecht*, Frankfurt am Main 1966, S. 22ff. – Weitere Bemerkungen Brechts über das Theater der Chinesen sind zusammengestellt in WA 15, S. 424ff.
260 Erschienen 1938 in der Zeitschrift *Das Wort*, Moskau; WA 10, S. 618ff. Eine Studie zu diesen Gedichten hat Antony Tatlow vorgelegt: *Brechts chinesische Gedichte*, Frankfurt am Main 1973.
261 WA 4; vgl. auch »Zeitungsbericht« in WA 17, S. 1157ff.
262 Bertolt Brecht, Me-ti, *Buch der Wendungen*, Frankfurt am Main 1965; (Prosa, Bd. V); Wa 12, S. 417–585; im Folgenden wird nach der Werkausgabe zitiert.
263 Antony Tatlow, op. cit., S. 155, Anm. 1; seit 1975 sind einige wichtige Arbeiten zum Thema »Brecht und China« erschienen, die in den einschlägigen Bibliographien aufgeführt sind.
264 H. Mayer, *Bertolt Brecht und die Tradition*, München 1965, S. 93.
265 Ebd., S. 94; daß die ursprüngliche Fassung der *Bemerkungen über die chinesische Schauspielkunst* 1938 entstand, ist wohl ein Irrtum Mayers; vgl. oben Anm. 259.
266 Ebd., S. 94–96; vgl. etwa auch Brechts »Über die Malerei der Chinesen« in WA 18, S. 278f.
267 Arthur Waley, *The Nô Plays of Japan*, London 1921; vgl. hierzu auch Patrick Bridgwater, »Arthur Waley and Brecht«, in: *German Life and Letters*, Bd. XVIII, No. 3, Oxford 1964, S. 216–232.

268 Vgl. ebd. S. 231, Anm. 4.

269 Siehe auch Bertolt-Brecht-Archiv (BBA) 15472 (28/18) »die Kreidekreisprobe des alten chinesischen Romans«.

270 Siehe etwa das Gedicht »Dreihundert ermordete Kulis berichten an eine Internationale«, WA 8, S. 296, dem folgender Text voransteht: Aus London wird telegrafiert: »300 Kulis, die von den Truppen der chinesischen weißen Armee gefangen gesetzt waren und in offenen Eisenbahnwaggons nach Ping Tschuen befördert werden sollten, sind während der Fahrt vor Kälte und Hunger gestorben.«

271 Antony Tatlow, op. cit., S. 11/12; vgl. auch ders., »China oder Chima?« in *Brecht Heute*, Jg. 1, Frankfurt am Main 1971, S. 27–49.

272 Zitiert nach WA 4, S. 2 der Anmerkungen.

273 WA 19, S. 478.

274 WA 14, S. 1462.

275 WA 9, S. 660–663; zu diesem Gedicht siehe auch Walter Benjamin, »Kommentare zu Gedichten von Brecht«, in: ders., *Versuche über Brecht*, Frankfurt am Main 1966, S. 79ff.; A. Tatlow, »Towards an Understanding of Chinese Influence in Brecht«, in: *Dt. Vierteljahresheft*, Jg. 44, Heft 2, 1970, S. 363–387, hier S. 374ff. Marianne Kesting, *Bertolt Brecht in Selbstzeugnissen und Bilddokumenten*, Hamburg 1959, S. 85ff.; B. Schulz, in: *Wirkendes Wort 7*, 1956/57. Über die höflichen Chinesen hatte Brecht bereits am 9. 5. 1925 im *Berliner Börsen Courier* einen Text publiziert: »Weniger bekannt in unserer Zeit ist es, wie sehr ein der Allgemeinheit geleisteter Dienst der Entschuldigung bedarf. So ehrten die höflichen Chinesen ihren großen Weisen Laotse mehr als meines Wissens irgendein anderes Volk seinen Lehrer. Durch die Erfindung folgender Geschichte. Laotse hatte von Jugend auf die Chinesen in der Kunst zu leben unterrichtet und verließ als Greis das Land. Weil die immer stärker werdende Unvernunft der Leute dem Weisen das Leben erschwerte. Vor die Wahl gestellt, die Unvernunft der Leute zu ertragen oder etwas dagegen zu tun, verließ er das Land. Da trat ihm an der Grenze des Landes ein Zollwächter entgegen und bat ihn, seine Lehren für ihn, den Zollwächter, aufzuschreiben. Und Laotse, aus Furcht, unhöflich zu erscheinen, willfahrte ihm. Er schrieb die Erfahrungen seines Lebens in einem dünnen Buche für den höflichen Zollwächter auf und verließ erst, als es geschrieben war, das Land seiner Geburt. Mit dieser Geschichte entschuldigen die Chinesen das Zustandekommen des Buches Taoteking, nach dessen Lehren sie bis heute leben« (BBA 53/9).

276 Op. cit., S. 87.
277 WA 9, S. 723.
278 Walter Benjamin, op. cit., S. 81. Die Moral, die aus dem Laotse-Gedicht hervorgehe, sei: »Wer das Harte zum Unterliegen bringen will, der soll keine Gelegenheit zum Freundlichsein vorbeigehen lassen« (ebd., S. 83).
279 Marianne Kesting, op. cit., S. 87.
280 WA 4, S. 1525/26.
281 Op. cit., S. 87.
282 Op. cit., S. 88.
283 WA 12, S. 454.
284 *Bertolt-Brecht-Archiv, Bestandsverzeichnis des literarischen Nachlasses,* Bd. 3 (Prosa, Filmtexte, Schriften), bearbeitet von Herta Ramthun, Aufbau Verlag, Berlin und Weimar 1972, S. VI.
285 WA 12, S. 434.
286 Ebd., S. 419.
287 Was es mit dem Kloster und den Sandverkäufern auf sich hatte, ist nachzulesen in WA 12, S. 663f. Walter Benjamin verzeichnet unter dem 27. September 1934 in den Svendborger Notizen: »Der Tui-Roman ist bestimmt, einen enzyklopädischen Überblick über die Torheiten der Tellektuall-Ins zu geben (der Intellektuellen); er wird, wie es scheint, zumindest zum Teil in China spielen.« Walter Benjamin, *Versuche über Brecht,* Frankfurt am Main 1966, S. 125.
288 *Das Argument* 46, S. 1.
289 In *Die Welt der Literatur,* Jg. III, 1966, No. 4, S. 14.
290 Siehe Antony Tatlow, op. cit., S. 155.
291 WA 12, S. 458f.
292 Op. cit., S. 12. – Diese Übertragung in die dritte Person fällt häufig auf: »Me-ti, der in der Verbannung lebte« (WA 12, S. 554). Und Me-ti sagte selbst: »Man kann auch in der dritten Person leben.« (Ebd., S. 548; vgl, auch S. 546.)
293 Vgl. oben den vorletzten Absatz im Abschnitt *Gegen die Schicksalsgläubigkeit II.*
294 WA 12, S. 432.
295 Ebd., S. 433.
296 Ebd., S. 438.
297 Mo Ti (in der Übersetzung Alfred Forkes: *Mê Ti des Sozialethikers und seiner Schüler philosophische Werke,* Berlin 1922), S. 505.
298 WA 12, S. 459/460.
299 Mo Ti, S. 505.
300 Mo Ti, S. 561.
301 Ebd., S. 544.

302 Ebd., S. 549.
303 Ebd., S. 554.
304 Mo Ti zu Beginn des Abschnittes *Gegen den Angriffskrieg II.*
305 WA 12, S. 443.
306 Ebd.
307 Ebd., S. 469.
308 Vgl. die Abschnitte *Allgemeine Menschenliebe.*
309 WA 12, S. 569f.
310 Ebd., S. 453f.
311 Mo Ti, S. 598.
312 WA 12, S. 477.
313 Ebd., S. 432; siehe auch S. 469 »Über die Todesfurcht«.
314 Mo Ti, S. 504.
315 WA 12, S. 470.
316 Ebd., S. 473.
317 Ebd., S. 477.
318 Ebd., S. 478.
319 Ebd., S. 529.
320 Mo Ti, S. 510.
321 Ebd., S. 511.
322 Mo Ti, S. 543f.
323 WA 12, S. 488.
324 Ebd., S. 557.
325 Ebd., S. 535.
326 *Süddeutsche Zeitung*, 13. Juni 1975.
327 Am 14. Juli 1975 auf einer Pressekonferenz in Bonn.
328 Mo Ti, S. 435.
329 Mo Ti, S. 471f.
330 Ebd., S. 463.
331 Ebd., S. 503.
332 Mo Ti, S. 569.
333 WA 12, S. 531f.
334 Mo Ti, S. 573f.
335 Ebd., S. 276; vgl. oben S. 129.
336 Ebd., S. 277; vgl. oben S. 130.
337 Ebd., S. 403.; vgl. oben S. 220.
338 Ebd., S. 507.
339 Siehe oben S. 225f.
340 Joachim Kaiser, *In Bertolt Brechts chinesischem Steinbruch*, Süddeutsche Zeitung vom 5. Februar 1966.

Stimmen zu Mo Ti

JAMES LEGGE
Mo Tis vereinigende Liebe findet ihren Anwendungsbereich und ihre Erfüllung in der guten Regierung Chinas. Er hatte ebenso wie Konfuzius oder Menzius nicht die Vorstellung vom Menschen als Menschen. Doch wie kann diese Vorstellung auch überhaupt entwickelt werden, wo es nicht das rechte Wissen um einen lebendigen und wahren Gott, den Schöpfer und gemeinsamen Vater aller gibt?

The Chinese Classics, 1861

WILHELM GRUBE
Es liegt unstreitig ein revolutionärer Zug in seiner Denkweise. Gehörte gewiß schon Mut dazu, einem Konfuzius Opposition zu machen, so erscheint es in noch höherem Grade gewagt, an Anschauungen, Bräuchen und Institutionen zu rütteln, die von alters her als unantastbar galten und sozusagen zum eisernen Bestande der nationalen Kultur und Eigenart gehörten. Beides tut Mo Ti.

Geschichte der chinesischen Literatur, 1909

HU SHIH
Mo Ti war mehr als nur ein Philosoph. Er war der Gründer einer Religion, ja, er war der einzige Chinese, von dem man sagen kann, er habe eine Religion begründet. – Einer der bemerkenswertesten Grundzüge des Mohismus ist seine Askese. Seine Anhänger führten ein einfaches Leben, trugen grobe Kleider, förderten harte Arbeit, pflegten Selbstverleugnung, ächteten Gesang und Musik und verwarfen alle Begräbnis- und Trauerriten.

The Development of the Logical Method
in Ancient China, 1922

ALFRED FORKE
Mo Ti hat mehrere Jahrhunderte lang seinen Rivalen Kungfutse und Laotse den Rang streitig gemacht, dann verschwand seine Lehre und er wurde zwei Jahrtausende fast vergessen. Da er von Mong Dsi als Ketzer gebrandmarkt war, fanden die orthodoxen Konfuzianer, die das ganze wissenschaftliche Denken beherrschten, keine Veranlassung mehr, sich mit ihm zu beschäftigen.
Mo Ti ist kein Sozialist, wenn dieses Wort als gleichbedeutend mit

Sozialdemokrat aufgefaßt wird, denn er will keineswegs die sozialen Klassen beseitigen, welche er ausdrücklich anerkennt, denkt nicht an die Aufhebung oder Beschränkung des Privateigentums und tritt nicht für den Klassenkampf ein. Man kann vielleicht sagen, daß Mo Ti einen ethischen Sozialismus vertritt, indem er durch sein großes, allumfassendes Prinzip die fünf Klassen oder Kategorien, an welche nach Konfuzius die Menschenliebe gebunden ist, lockert, aber erst die späteren Mohisten haben dadurch, daß sie für gleiche Liebe eintraten, diese fünf Beziehungen ganz beseitigt. Das ist ein direkt kommunistischer Zug.

Mo Ti des Sozialethikers und seiner Schüler
philosophische Werke, 1922

ARTHUR WALEY

Ohne Zweifel wäre die Welt ein viel erfreulicherer Ort, wenn Mo Ti sie erfolgreich zu seinen Ansichten bekehrt hätte. Und selbst die Verehrung der Geister und eine Welt ohne Musiker wären kein zu hoher Preis für universalen Frieden und Freundschaft.

Asia Major, 1924

RICHARD WILHELM

Seine Werke sind nüchtern, praktisch, modern im Stil ebenso wie in der Anschauung. Mo Ti war eine geistige Macht in China. – Er weiß, daß alles auf die menschliche Tätigkeit ankommt. Aber diese Tätigkeit muß bewußt auf das möglichst große Glück der möglichst großen Zahl gerichtet sein. Alle Güter, von den äußeren Lebensmitteln an bis auf das Höchste, die Liebe, müssen gleichmäßig unter die Menschen verteilt werden, und darum ist aller Luxus, aller Überfluß, und damit auch alle Kunst, zu meiden. Seine Strenge ist die Strenge des religiösen Asketen, der den Menschen helfen will. Diese Liebe zu den Menschen war die Triebkraft seines ganzen Lebens.

Die chinesische Literatur, 1926

MARCEL GRANET

Die sektiererischste und kriegerischste unter den Schulen des Altertums ist die des Mo Ti. Man hat sie mit einem Ritterorden verglichen, der es sich zur Aufgabe gemacht hat, den Unterdrückten beizustehen. Man könnte sie besser noch mit einer Kongregation von Dominikanern vergleichen.

La Pensée Chinoise, 1934

LILY ABEGG

Der uns Abendländern geistesverwandte Mo Ti mutet uns im Vergleich zu den philosophischen Lehren und der Weltanschauung, die in China durch die Jahrtausende herrschten, recht unchinesisch an. Als die christlichen Missionare nach China kamen, empfanden die gebildeten Chinesen das Christentum als »nichts Neues«; sie erklärten, indem sie auf die Mohisten verwiesen, die gleichen Lehren seien in China schon vor 2000 Jahren aufgekommen, jedoch schon damals abgelehnt worden. – Mo Ti, der durchaus kein Mystiker war, versuchte seine Lehren rational zu beweisen und zu unterbauen. Er ist nicht nur der erste theistische Kirchengründer, sondern auch der erste Logiker Chinas gewesen.

Ostasien denkt anders, 1948

DERK BODDE

In beinahe Marxscher Manier legt er besonders Gewicht auf die widerstreitenden Gruppeninteressen und ist erbittert über »den großen Staat, der kleinere angreift, die große Familie, die kleinere belästigt, den Starken, der die Schwachen ausbeutet, den Klugen, der die Dummen übervorteilt, den Edlen, der die Einfachen verhöhnt«. Auch scheut er sich nicht, die »Edlen der Welt« scharf anzugreifen, die solche Zustände stillschweigend dulden. Doch im Gegensatz zu Marx kommt er nicht zu der Schlußfolgerung, die Schwachen hätten sich zusammenzuschließen, um die Starken zu enteignen. Vielmehr bleibt er ganz der chinesischen Vorstellungstradition verhaftet; indem er die bestehende Klassenstruktur billigt und fordert, eine Reform müsse auf dem Wege sittlicher Belehrung von oben durchgeführt werden, die für ihn vor allem in der berühmten Lehre von der vereinigenden Liebe seinen Ausdruck findet.

Harmony and Conflict in Chinese Philosophy, 1953

TILEMANN GRIMM

Gleichberechtigte Liebe, die im Nächsten wie im Entfernten nichts anderes sieht, als sich selbst, gegründet auf vollkommene Auslieferung an den »Willen des Himmels«, der alles gleich umfaßt, daher soziale Gleichheit und aktive Sorge um den Frieden der Welt bis zur Selbstaufopferung – das ist Mo Ti.

Fischer Lexikon Philosophie, 1967

JOACHIM SCHICKEL

Mo Ti *gilt* als einer der großen und *ist* einer der unbekannten Philosophen, obwohl von ihm Traditionen bis zu Mao Tse-tung reichen. So sagt Mo Ti: »Bewegung: Indem eine Türangel fortfährt, sich seitwärts zu drehen, bleibt sie frei von Insekten«; sagt Mao: »Türangeln werden nicht wurmstichig.« So sagt Mo Ti: »Angemessen: Wenn in Wirren Soldaten auftreten und man für die Produktion sorgt, so ist das *korrekt*«; sagt Mao : »Wir haben Truppen für die Kriegführung und auch Truppen für die produktive Arbeit. Als kriegführende Truppen besitzen wir die Achte Route-Armee und die Neue Vierte Armee; aber auch diese Armeen sollen für zweierlei Aufgaben eingesetzt werden: für die Kriegführung und für die Produktion.« Endlich sind Leibniz und Mo Ti selber miteinander vergleichbar; nicht nur wegen der Universalität ihrer Themen, ihres politischen Interesses, sondern primär aus Gründen der Dialektik.

Große Mauer Große Methode, 1968

PETER WEBER-SCHÄFER
Die Bewußtseinsexegese nimmt bei Mo Ti nicht die Form der Spekulation über *physis* und *telos* des Menschen und seiner theomorph verstandenen psychischen Ordnung an, die der philosophischen Anthropologie des griechischen Kulturbereichs ihr spezifisches Gepräge gab, sondern bleibt dem Bereich der seinsgebundenen Sozialspekulation verhaftet.

Oekumene und Imperium, 1968

WOLFGANG BAUER
Dieser über mehr als zwei Jahrtausende fast vergessene Philsoph war für Chinesen und Abendländer der letzten beiden Jahrhunderte fast so etwas wie eine Neuentdeckung, und zwar in ganz verschiedener Weise: Auf der einen Seite verblüffte er westliche Gelehrte, nicht zuletzt auch Missionare, durch sein bereits im 4. Jahrhundert v. Chr. liegendes Bekenntnis zur allgemeinen gegenseitigen Liebe unter den Menschen; auf der anderen Seite erkannten die Chinesen (mit mehr Berechtigung) in dieser Menschenliebe eine klare Vorform des Sozialismus westlicher Prägung. Zugleich fanden sie in den mohistischen Schriften überraschenderweise genau die Ansätze jener Wissenschaften, die den Westen offensichtlich zu Macht und Erfolg geführt hatten: Logik und Technik. In gewisser Weise mochte es daher wohl erscheinen, als habe der Sieg des Konfuzianismus über die Schule des Mo Ti China von einem Weg abgebracht, der es unendlich viel früher als den Westen in eine moderne Welt geführt hätte.

China und die Hoffnung auf Glück, 1971

FREDERICK W. MOTE
Mo Ti war der einzige einheimische Religionsstifter, den China je hatte, wenn wir jene Anführer von Sektenbewegungen des kaiserlichen

China ausnehmen, die keine eigene Lehre begründeten. Er formulierte einige religiöse Vorstellungen, denen in China eine beträchtliche Originalität zukommt.

Intellectual Foundations of China, 1971

ERICH STEINFELD

Mo Tis Aufforderung, die anderen Großfamilien mit der eigenen Familie und die anderen Lehnsstaaten mit dem eigenen Staat gleichzustellen, entspricht den Bestrebungen der Chan-Kuo-Periode, die auf die Festigung der territorialen Struktur gerichtet sind. – Das mohistische Prinzip der Übereinstimmung mit den Oberen ist den feudalen Produktions- und Herrschaftsverhältnissen angemessen. Denn nur wenn die bäuerlichen Produzenten die Sonderstellung der Grundherren anerkennen, sind sie zum Austausch ungleicher Leistungen bereit. Die Erwartungen des Philosophen, daß Vereinigung und Übereinstimmung mit den Oberen die ausreichende Versorgung des Volkes mit Kleidung und Nahrung gewährleisten würden, beruht auf einer Überschätzung der Möglichkeiten der feudalen Produktionsweise.
Mo Ti, der keine Bindungen zur Erbaristokratie hat, wendet sich gegen die Bewahrung des patriarchalischen Elements und vertritt am konsequentesten die bürokratischen Tendenzen. Von dieser Position aus unternimmt er als erster chinesischer Sozialethiker den Versuch, die fragwürdigen Verhaltensregeln der Sippenaristokratie zu überwinden und seinen Zeitgenossen neue Wege des Handelns und Verhaltens zu weisen.

Die sozialen Lehren der altchinesischen Philosophen
Mo-tzu, Meng-tzu und Hsün-tzu, 1971

Weitere Titel zu

Kultur und Philosophie Chinas

im Eugen Diederichs Verlag

Dschuang Dsi

Das wahre Buch vom südlichen Blütenland

Übers. u. hrsg. von Richard Wilhelm.
DG 14. 336 Seiten mit 5 Abb.

Eines des berühmtesten und sicher das sprachgewaltigste Buch über Tao. Dschuang Dsi bringt die Bewegung seines Denkens zu unmittelbarer Anschauung – durch Geschichten, Gleichnisse, Lehrgespräche.

Laotse

Tao te king

Das Buch vom Sinn und Leben

Übers. u. hrsg. von Richard Wilhelm.
DG 19. 223 Seiten mit 5 Abb.

Über zweieinhalb Jahrtausende hinweg hat sich das Tao te king als eine unversiegliche Quelle metaphysischer Erkenntnis und als Unterweisung in einer natürlichen, meditativen Lebensführung erwiesen.

Kungfutse

Gespräche · Lun Yü

Übers. u. hrsg. von Richard Wilhelm.
DG 22. 224 Seiten mit 4 Abb. und Frontispiz

»Die Gespräche des Konfuzius sind das älteste vollkommene geistige Porträt eines Menschen. Man empfindet es als ein modernes Buch, nicht nur alles, was es enthält, auch alles, was in ihm fehlt, ist wichtig.« Elias Canetti

Wolfram Eberhard

Lexikon chinesischer Symbole

Die Bildsprache der Chinesen

DG 68. 320 Seiten mit 269 Abbildungen

Dieses Lexikon ist eines der informativsten und dabei vergnüglichst zu lesenden Bücher über die Chinesen – in Alltag und Jahresfesten, Kultur- und Geheimgeschichte. Ein mittlerweile internationales Standardwerk.

Wang Wei

Jenseits der weißen Wolken

Die Gedichte des Weisen vom Südgebirge

Übers. u. hrsg. von Stephan Schuhmacher.
DG 38. 160 Seiten

Ein Buch der Poesie, der meditativen Stille und Klarheit. Wang Wei war einer der größten Lyriker und Maler Chinas.

Geheimnis der Goldenen Blüte

Das Buch von Bewußtsein und Leben

Übers. u. hrsg. von Richard Wilhelm. Mit e. Komm.
von C. G. Jung. Erg. übers. von Barbara Hendrischke.
DG 64. 192 Seiten mit Abb.

Zwei zentrale Texte der alten chinesischen Ganzheitslehre, aufgehellt durch zwei Gelehrte von Weltrang: »gewonnen aus metaphysischer Weisheit und psychologischer Tiefsicht, wie sie der Taoismus selbst entwickelt hat« (Erwin Rouselle).

Chantal Zheng
Mythen des alten China

Aus dem Franz. von Frank Fiedeler. DG 87. 164 Seiten

Die mythischen Überlieferungen und religiösen Vorstellungen der Chinesen in den letzten zwei Jahrtausenden vor unserer Zeitrechnung. Ein unverzichtbares Nachschlagewerk für alle Freunde der chinesischen Kultur und Geschichte.

Han Shan
150 Gedichte vom Kalten Berg

Übers. u. komm. von Stephan Schuhmacher. DG 5. 176 Seiten

Han Shan Shih (»Gedichte vom Kalten Berg«) heißt die Sammlung, die drei Dinge in sich vereinigt: eine lange poetische Tradition, die mystische Lehre der großen Taoisten Lao-tse und Chuang-tse und Erfahrungen zen-buddhistischer Versenkung. Die Darstellungen des Han Shan gehören zu den Meisterwerken chinesischer Kunst.

Liä Dsi
Das wahre Buch vom quellenden Urgrund

Übers. u. hrsg. von Richard Wilhelm. DG 28. 256 Seiten

Weisheit der Philosophen und Weisheit der Straße, wie sie uns unmittelbar anspricht. Der unterhaltsamste Text der chinesischen Klassik, gedanklich wie sprachlich von hohem Reiz.

Marianne Beuchert
Die Gärten Chinas

Mit Tuschezeichnungen von Professor He Zhengquiang und Farbfotos der Autorin. 256 Seiten, Leinen

»Ein imposantes Kompendium der Wissenschaft von Wasser und Wind, der Lehre vom Tao, der reichen Pflanzensymbolik, der chinesischen Mythologie; lebendig zusammengefaßt zu einer Biographie der Landschaftsgärten und der Gartenlandschaft, die uns auf Schritt und Tritt auch mit der chinesischen Kultur bekanntmacht – von den frühen kaiserlichen Dynastien bis in die Zeit der Kulturrevolution.« (Münchner Merkur)

Chinesische Märchen
aus der Reihe
Die Märchen der Weltliteratur

Übers. u. hrsg. von Richard Wilhelm. 396 Seiten, Halbleinen

Märchen von Heiligen und Zauberern, Natur- und Tiergeistern, Kinder- und Kunstmärchen, Göttersagen, Gespenstergeschichten und Historische Sagen vereinigt dieser repräsentative Band.